国家出版基金项目
国家重大出版工程项目
"十二五"国家重点图书

◎ 王军 李钰 靳亦冰 编著

陕西古建筑

中国古建筑丛书

中国建筑工业出版社

审图号：GS（2015）2780号

图书在版编目（CIP）数据

陕西古建筑／王军，李钰，靳亦冰编著.—北京：中国建筑工业出版社，2015.12

（中国古建筑丛书）

ISBN 978-7-112-18828-4

Ⅰ.①陕… Ⅱ.①王… ②李… ③靳… Ⅲ.①古建筑－介绍－陕西省 Ⅳ.①K928.71

中国版本图书馆CIP数据核字（2015）第297724号

责任编辑：李东禧　唐　旭　吴　绫　杨　晓
书籍设计：康　羽
责任校对：李美娜　刘梦然

中国古建筑丛书

陕西古建筑

王军　李钰　靳亦冰　编著

*

中国建筑工业出版社出版、发行（北京西郊百万庄）
各地新华书店、建筑书店经销
北京锋尚制版有限公司制版
北京顺诚彩色印刷有限公司印刷

*

开本：880×1230毫米　1/16　印张：21½　字数：568千字
2015年12月第一版　　2015年12月第一次印刷
定价：348.00元
ISBN 978-7-112-18828-4
（25830）

版权所有　翻印必究

如有印装质量问题，可寄本社退换

（邮政编码100037）

《中国古建筑丛书》总编委会

总顾问委员会：

罗哲文　张锦秋　傅熹年　单霁翔　郑时龄

总编辑委员会：

主　任： 吴良镛　周干峙
副主任： 沈元勤　陆元鼎
总主编： 陆　琦　戴志坚
委　员（按姓氏笔画排序）：

丁　垚　王　军　王　南　王金平　王海松　左满常　朱永春
刘　甦　李　群　李东禧　李晓峰　李乾朗　杨大禹　杨新平
吴　昊　张玉坤　张兴国　张鹏举　陆　琦　陈　琦　陈　颖
陈　蔚　陈伯超　陈顺祥　范霄鹏　罗德启　柳　肃　胡永旭
姚　糖　徐　强　徐宗威　翁　萌　高宜生　唐　旭　黄　浩
谢小英　雍振华　蔡　晴　谭刚毅　燕宁娜　戴志坚

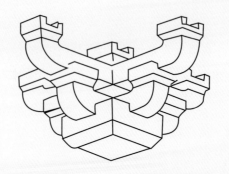

《陕西古建筑》

编　　著：王　军　李　钰　靳亦冰
顾问委员会：赵立瀛　侯卫东　刘临安
编写委员会：王树声　林　源　孟祥武　周春芳　宋桂杰　燕宁娜　武彦文
审　稿　人：刘临安

总 序

中国历史悠久，地大物博，人口众多，是一个多民族的国家，文化遗产极为丰富。中国古建筑是世界建筑史上的四大体系之一，五千年来，光辉灿烂，独特发展，一脉相传，自成体系。在建筑历史发展过程中，从来都没有中断过，因而，积累了大量的极为丰富的优秀建筑文化遗产。中国古代建筑的实践经验、创作理论、工艺技术和艺术精华值得总结、传承和发扬。

中国古代建筑具有强大的生命力，首先是独特的地理环境。中国位于亚洲东方，北部有长白山、乌苏里江高山河流阻挡，西有天山、喀喇昆仑山脉和沙漠横贯，西南有喜马拉雅山脉，东南则沿海，形成封闭与外界隔绝的地域，加上地处热带、温带和寒带，宽阔的地理和悬殊的气候，促进建筑与环境的巧妙和谐结合。

其次，独特的民族性格。中国是以汉族为主的多民族所组成。以中原文化为主的汉族人民团结、凝聚着居住和生活在各地的少数民族。由于各民族的历史、文化、宗教信仰、生活习俗与审美爱好的不同，以及他们所处地区的自然条件和地理环境的差异，长期的劳动实践，形成了各民族独特的性格和绚丽灿烂的建筑风貌。

其三，文化的独特体系。中国文化是以黄河流域中原文化为中心，周围有燕赵文化、晋文化、齐鲁文化、吴越文化、楚文化、秦文化和巴蜀文化所烘托，具有历史渊源长久、人类智慧集中、思想资源丰富的特点。中国传统文化思想的集中表现是以儒学、道学为代表，其后，佛教的传入与中国传统文化的结合，形成以儒学为主的儒、道、释三者合一的中国传统文化思想。归纳起来，就是天人合一的宇宙观念，以人为本、和为贵的人文思想，整体直觉的思维方式，真善美相结合的美学观念。

封闭而独特的地理环境，团结凝聚而又富于创造的民族性格，以儒学为主的文化独特体系，创造了中华民族的雄伟壮丽的建筑工程。长期的经验积累，独树一帜，虽经战争的炮火，民族之间的斗争与融合，外来文化之传入及本土化，但中华民族建筑始终一脉相传，傲然生存下来，顽强发展，独树一帜而不倒，在世界建筑史发展中是罕见的、独有的。

中国古代建筑发展经历了原始社会、奴隶社会和封建社会三个历史阶段。

旧石器时代，原始人群利用天然崖洞作为居住场所。南方湿热多雨，虫害兽多，出现巢居。1973年，在浙江余姚河姆渡村发现大约建于6000~7000多年前的、长约23米、进深约8米的木构架建筑遗址，推测是一座长方形、体量相当大的干阑式建筑，这是我国最早采用榫卯技术构筑房屋的一个实例。

原始社会晚期，黄河流域有广阔而丰厚的黄土层，土质均匀，含有石灰质。黄河中游的氏族部落，在利用黄土层作为壁体的土穴上，用木架和草泥建造简单的穴居，逐步发展到浅穴居，再到地面上的房屋，形成聚落。

奴隶社会，夯土技术逐步成熟，宫室建于高大的夯土台上，木构建筑逐步成为中国古代建筑的主要结构方式。等级制度出现。工程管理有了专职的"司空"，以后各朝代沿袭发展成为中国特有的工官制度。

封建社会初期，高台建筑盛行，修建了长城、驰道和水利工程。东汉时代，建筑中已大量使用成组的斗栱，木构楼阁增多，城市和建筑类型扩充，中国古代独特的木构建筑体系基本形成。

两晋南北朝是我国历史上充满着民族斗争和民族融合的时期，佛教的传入，宗教建筑大量兴建，高大的寺庙、壮丽的塔幢，石窟中精美的雕塑和壁画，这是我国古建筑吸收外来文化使之本土化的创造时期。

隋、唐统一全国，开凿贯通南北的大运河，促进了我国南北物资和文化的交流和发展。唐代的长安、洛阳成为世界上最大的城市。木构建筑的宫殿、楼阁和石窟、塔、桥，无论布局或造型都具有较高艺术和技术水平，唐代建筑已发展到成熟的阶段。

宋、辽、金时期，南方在经济和文化方面居于先进地位。由于手工业分工更加细致，国内商业和国际贸易活跃，城市逐渐开放，改变了汉以来历代都城采用的封闭式里坊制度，形成沿街设店的方式。建筑的设计和施工达到一定程度的规格化、制度化，公元12世纪初在总结经验的基础上编写了《营造法式》这一部重要文献。

元代大都建立，喇嘛教和伊斯兰教建筑影响到各地。明、清时期官式建筑已经达到完全程式化、定型化阶段。明代后期出现资本主义萌芽，清代在城市规划上、建筑群体布局和建筑艺术形象上有所发展，例如北京城、故宫、天坛等。民居、园林和民族建筑遍布各地，呈现一片繁荣景象。

中国古建筑有明显的特征。在城市规划上，严谨规整、对称宏伟，表现出庄重威武的中华民族性格。单体建筑中，雄伟的飞檐屋宇、大红的排列柱廊、高大的汉白玉台基，呈现出崇高壮丽又稳定的形象。黄河流域盛产的木材资源，形成了中国古建筑木构架体系的特色。室外装饰的富丽堂皇、金碧辉煌，室内陈设装修的华丽多样、细腻雕饰，体现了中国古建筑绚丽多彩的民族风格。

聚居建筑方面，包含民居、祠堂、家庙、书院等遍布全国各地，它们与人民生活息息相关。各地各族人民根据自己的生活习俗、生产需要、经济能力、民族爱好和审美观念，结合本地的自然条件和材料，因地制宜、因材致用地进行设计与营造。他们既是设计者，又是营建者、使用者，可以说设计、施工、使用三位一体，因而，这种建造方式所形成的民宅民间建筑，既实用简朴，又经久美观，并富有民族风格和地方特色。

中国古园林的特征。以自然山水即中国山水画为蓝本，并以景区、景物和建筑、山水、花木为构件，由景生情，产生意境联想，达到艺术感受。皇家园林因其规模大、范围广，其园林布局自秦、汉时期的一池三岛，到唐、宋以山水画为蓝本，明、清仍沿袭池中置岛古制，但采用人工造山置水的方法。

明、清私家园林因属民间，士大夫文人常在宅后设园休闲宴客，吟诗享乐，其特点是以最小的场所造成无限的景色为目的。因其规模小，常以叠石或池水为主，峰峦洞壑、峭壁危径或曲径通幽取胜。在情景中则采用巧于因借、精在体宜的手法。

我国是一个人口众多的多民族国家。相传秦汉以前，中华大地上主要生存着华夏、东夷、苗蛮三大文化集团，经过连年不断的战争，最终华夏集团取得了胜利，上古三大文化集团基本融为一体，历史上称为华夏族。春秋、战国时期，东南地区古老的部族称为"越"，逐渐为华夏族所兼并而融入华夏族之中。秦统一各国后，到汉代都用汉人、汉民这个称呼，直到隋、唐，汉族这个名称才固定下来。

由于各民族的历史文化、宗教信仰、生活生产、习俗性格的不同，又由于各族人民所处地区的自然条件和环境的不同，导致他们各自产生了富有特色的建筑和民宅，如宏伟壮丽的藏族布达拉宫，遍布各族聚居地的寺院庙宇、寨堡围村、楼阁宅居，反映了绮丽多彩的民族风貌。

中国传统文化渗透了中国古建筑，中国古建筑深刻地体现了中国文化。

新中国成立后，作为全国性有领导有组织地编写中国古代建筑史，第一次是1959年，由原建筑科学研究院组织"编写三史"开始。当时集中了全国高等院校、科研部门分工编写，1962年由中国工业出版社出版《中国建筑简史》第一册（古代部分）。随后，又组织有关院校、文化、历史、考古等单位对古代建筑史有研究的人员，经多次修改，由刘敦桢教授执笔主编的《中国古代建筑史》，于1966年完成。由于"文化大革命"，未能出版，1980年才由中国建筑工业出版社正式出版。作为高等院校的中国建筑史教材则由全国高校教师编写，参考了上述专著，由中国建筑工业出版社1982年出版。

作为系统的、全面的、编写中国古建筑丛书是从1984年开始，当时作为《中国美术全集》中的一个门类——建筑艺术，称为《中国美术全集·建筑艺术编》，共6辑，包含宫殿、坛庙、陵墓、宗教建筑、民居、园林，1988年完成出版。

第二次编写从1992年开始，编写的原因是《中国美术全集·建筑艺术编》6辑出版后，各界反映良好，但感到篇幅不够，它与我国极为丰富的建筑文化遗产大国不相适应。于是，再次组织编写《中国建筑艺术全集》丛书30辑，其中古建筑24辑，近现代建筑6辑。古建筑部分仍按类型编写。该丛书中的24辑于1999年5月出版。

由于这两次丛书都是全国性编写，按类型写，又着重在艺术，因此，一些地方特色和民族特色的、中型的优秀古建筑就难于入选。为了弘扬和传承优秀传统建筑文化体系，总结经验和规律，保护我国优秀传统建筑文化遗产，因此，全面地、系统地、按省（区）来编写古建筑丛书是非常必要的、合时宜的。

本丛书编写的主要特点是：其一，强调本省（区）古建筑的民族特色和地方特色；其二，编写不限于建筑艺术，而是对本省（区）古建筑的全面叙述，着重在成就、价值、特色、技术和经验、规律等各个方面，这是我国民族和地区的资料比较全面和丰富的传统建筑文化丛书。

陆元鼎

2015年1月10日

前　言

陕西位处中国内陆腹地，黄河中游，全省南北长约870公里，东西宽约200～500公里，总面积20.6万平方公里。早在80万年前，蓝田猿人就在陕西这片土地上繁衍生息。距今约6000多年前的西安半坡、姜寨为代表的仰韶文化原始聚落的遗存，标志着人类由"穴居野处"向筑屋室居的历史跨越。因此，陕西当之无愧地成为中华文明的摇篮之一。

得天独厚的人文与地理环境，不仅使陕西孕育了中华文明的滥觞，而且从公元前11世纪开始，就一直是当时中国社会、文化发展的核心区域。奴隶社会的西周，封建社会的秦、西汉、东汉（末年）、新莽、西晋（末年）、前赵、前秦、后秦、西魏、北周、隋、唐等13个王朝都曾于陕西建都，前后历时1100多年。西周的都城丰镐、秦都咸阳、西汉长安、隋唐长安，都是当时中国政治、经济、文化的中心，在城市规划、建设和管理上都代表了当时的最高水平。尤其是中国封建社会鼎盛时期的唐长安城，是当时世界贸易的中心和"丝绸之路"的出发地。此外，以咸阳塬为中心，渭河两岸东西150公里区域内，集中了周、秦、汉、唐时期规模宏大的帝王陵墓带，也是陕西有别于其他地区古建筑的突出亮点。

唐末以后，中国经济重心和政治中心逐渐向南方和东方迁移，陕西失去了全国政治、经济中心的地位。宋元明清时期，陕西成为中央政权控驭西北、西南的军事重镇，成为西北地区的政治、军事、经济与文化的中心，此时修造的房屋、院落、设施构成了陕西地面古建筑留存的主体。

据统计，陕西省现有全国重点文物保护单位243处，省级文物保护单位415处，此外还有数量众多的县级文物保护单位。这些文物保护单位绝大多数是古代建筑，形成了包括城池、宫殿、陵墓、坛庙、园林、道观、书院、会馆在内，品类齐全、蔚为大观的古建筑体系，是我国古建筑文化宝库中不可或缺的瑰宝。然而，由于岁月的侵蚀、战乱与天灾对古建筑的大量摧毁，保存至今的仅有少数隋、唐、宋代的砖石建筑和元代以后的木构建筑。

陕西现存佛教寺塔280余座，其中有著名的唐代风格大雁塔、小雁塔；宋代的蒲城崇寿寺塔、旬邑泰塔；明代三原中王堡木构楼阁式木塔、延安唐家坪琉璃塔以及全国现存最高明塔——高达87米的泾阳崇文塔。陕西古塔所蕴含的历史、文化信息，呈现出的建造技艺有更多的研究课题等待后人去探索。

陕西现存佛寺、道观、文庙和伊斯兰教清真寺大多为明清时期所建。著名的代表有周至楼观台、耀州区药王庙、华山玉泉院、佳县白云山观、留坝张良庙等。这些建筑群在体量上与环境尺度协调，轴线依山势转折，营造出主次分明、高低错落，或清净幽雅，或气势壮观的不朽作品。西安化觉巷清真寺为国内现存规模最大、布局最完整的一座清真寺，寺内精美的木结构建筑、合院式景观布局，很好地满足了穆斯林的宗教礼仪活动，是伊斯兰教进入中原与汉族文化交融的典范。

陕西古建筑中保存数量较多的是传统村镇与传统民居。如韩城党家村、米脂杨家沟、陕南青木川古镇，三原孟店周宅、旬邑唐家、西安高家、陕北姜耀祖庄园等，都是陕西传统民居艺术的宝贵遗产。此外，陕南汉水及支流地区，尚建有明清时期会馆建筑多处，关中地区建有少量书院、考场。

为了强化陕西古建筑的保护与研究，陕西省政府早在1959年即成立"陕西省名胜古迹整修委员会"，对全省名胜古迹进行系统的整顿修缮和保护。1992年，我的老师赵立瀛教授主编出版了《陕西古建筑》一书，首次以历史演进为纵轴，对陕西古建筑进行了系统、全面的梳理与诠释，是陕西各个时期的重要建筑实物、遗址状况的实录叙述的奠基之作。时隔23年之后，我所负责编写的《陕西古建筑》受《中国古建筑丛书》丛书编写体例及篇幅所限，选取以建筑类型为横轴组织全书各个章节，着重吸纳了近年来陕西古建筑研究的最新成果。尽管如此，本书依然沿承了赵立瀛先生开创的实录与叙述风格，文中重要古建筑的专业论述也多引自赵老的论著。文中未尽的评论及研究工作，仍有待后续陕西古建筑研究者再行论述。

本书的编写是学术团队的集中成果。本书作者潜心于西北地域建筑及文化的研究，多位作者参与了西安建筑科技大学建筑学院负责的"数字化建筑博物馆"项目的数据资料收集，其足迹遍及陕西全境，为本书奠定了资料基础。

限于作者能力和视野所及，书中片面、武断之处在所难免，恳请各位专家、同仁不吝斧正。

王军

2015年10月1日

目 录

总 序

前 言

第一章 绪 论
第一节 陕西古建筑的生成背景 / 〇〇三
  一、自然环境 / 〇〇三
  二、人文环境 / 〇〇三
第二节 陕西古建筑的历史沿革 / 〇〇七
  一、原始社会时期 / 〇〇七
  二、夏商周时期 / 〇〇八
  三、秦时期 / 〇一一
  四、两汉时期 / 〇一二
  五、三国、两晋南北朝时期 / 〇一五
  六、隋唐五代时期 / 〇一七
  七、宋元时期 / 〇二〇
  八、明清时期 / 〇二一

第二章 城镇聚落
第一节 概述 / 〇二九
第二节 古代都邑 / 〇二九
  一、石峁遗址 / 〇二九
  二、丰镐遗址 / 〇三〇
  三、秦都咸阳城 / 〇三二
  四、汉长安城 / 〇三五
  五、隋唐长安城 / 〇三九
第三节 古代城镇 / 〇四五
  一、西安古城 / 〇四五
  二、府谷府州城 / 〇四五
  三、神木高家堡古城 / 〇四八
  四、榆林卫城 / 〇五〇
  五、吴堡石城 / 〇五一
  六、旬阳蜀河古镇 / 〇五二
  七、宁强青木川古镇 / 〇五二
第四节 古城墙（楼）与钟鼓楼 / 〇五六
  一、西安古城墙 / 〇五六
  二、西安钟楼 / 〇五七
  三、西安鼓楼 / 〇五九
  四、户县钟楼 / 〇六〇
  五、城固钟楼 / 〇六〇
  六、神木钟楼 / 〇六二
  七、定边鼓楼 / 〇六二
  八、其他 / 〇六三

第三章 古村落与古民居
第一节 概述 / 〇七一
第二节 古村落 / 〇七二
  一、姜寨遗址 / 〇七二
  二、半坡遗址 / 〇七三

三、韩城党家村 / 〇七三
四、三原柏社村 / 〇七七
五、米脂杨家沟扶风古寨 / 〇七八
第三节 古民居 / 〇八一
一、米脂刘家峁姜氏庄园 / 〇八一
二、韩城党家村民居 / 〇八五
三、西安北院门高家大院 / 〇八六
四、旬邑唐家宅院 / 〇九一
五、三原孟店周宅 / 〇九三
六、宁强青木川魏宅 / 〇九五

第四章 宗教建筑
第一节 概述 / 一〇三
第二节 佛教寺庙 / 一〇四
一、西安大慈恩寺 / 一〇四
二、长安护国兴教寺 / 一〇七
三、西安大兴善寺 / 一一一
四、西安香积寺 / 一一三
五、韩城普照寺 / 一一五
六、洋县智果寺 / 一一六
七、安康白云寺 / 一一八
八、佳县香炉寺 / 一一八
九、榆林戴兴寺 / 一二一
十、横山法云寺 / 一二二

十一、榆林万佛楼 / 一二三
十二、榆林梅花楼 / 一二五
第三节 道教宫观 / 一二五
一、周至楼观台 / 一二五
二、西安八仙庵 / 一二六
三、蓝田水陆庵 / 一二七
四、耀州区药王山庙 / 一二九
五、宝鸡金台观 / 一三六
六、宝鸡钓鱼台 / 一三七
七、华阴玉泉院 / 一三九
八、榆林佳县白云观 / 一四三
九、榆林盘龙山古建筑群 / 一四八
第四节 伊斯兰教建筑 / 一五一
一、西安化觉巷清真寺 / 一五一
二、西安大学习巷清真寺 / 一五三
三、西安小皮院清真寺 / 一五七
四、西安大皮院清真寺 / 一五八
五、西乡鹿龄寺 / 一六一

第五章 祠庙建筑
第一节 概述 / 一六九
第二节 岳庙 / 一六九
一、西安东岳庙 / 一七〇
二、华阴西岳庙 / 一七三

第三节　陕西城隍庙 / 一七八
一、西安都城隍庙 / 一七九
二、三原城隍庙 / 一八〇
三、韩城城隍庙 / 一八七
第四节　文庙 / 一九二
一、西安府文庙 / 一九二
二、韩城文庙 / 一九五
三、咸阳文庙 / 一九八
四、府谷文庙 / 一九九
五、蒲城文庙 / 二〇一
第五节　先贤祠庙 / 二〇二
一、韩城司马迁祠 / 二〇二
二、留坝留侯祠（张良庙）/ 二〇五
三、勉县武侯祠 / 二〇九
四、勉县武侯墓 / 二一四
五、白水仓颉庙 / 二一六
六、城固韩氏祠堂 / 二一七
第六节　其他祠庙 / 二二一
一、神木二郎山庙群 / 二二一
二、略阳江神庙 / 二二二

第六章　书院、考院与会馆
第一节　概述 / 二三一
一、书院、考院 / 二三一
二、会馆 / 二三二
第二节　书院与考院 / 二三二
一、关中书院 / 二三二
二、眉县横渠书院 / 二三五
三、蒲城考场 / 二三五
第三节　会馆 / 二三六
一、旬阳黄州会馆 / 二三六
二、紫阳北五省会馆 / 二三九
三、山阳骡帮会馆 / 二四〇
四、丹凤船帮会馆 / 二四二
五、山阳禹王宫 / 二四七

第七章　陵墓建筑
第一节　概述 / 二五三
第二节　始祖陵寝：黄帝陵 / 二五三
第三节　秦代陵墓 / 二五六
一、秦公帝王陵园 / 二五七
二、秦始皇陵 / 二六一
第四节　汉代陵墓 / 二六三
一、长陵 / 二六五
二、霸陵 / 二六六
三、阳陵 / 二六六

四、茂陵 / 二六九

第五节　唐代陵墓 / 二七〇

一、昭陵 / 二七二

二、乾陵 / 二七三

三、泰陵 / 二七六

四、贞陵 / 二七九

第八章　佛塔、石窟

第一节　概述 / 二八五

一、佛塔 / 二八五

二、石窟 / 二八六

第二节　佛塔 / 二八七

一、大慈恩寺大雁塔 / 二八七

二、荐福寺小雁塔 / 二八七

三、兴教寺玄奘塔 / 二九一

四、香积寺善导塔 / 二九二

五、富县柏山寺塔 / 二九三

六、泾阳崇文宝塔 / 二九四

七、扶风法门寺塔 / 二九七

八、中王堡木塔 / 二九九

九、千佛铁塔 / 二九九

十、千佛琉璃塔 / 三〇一

十一、草堂寺鸠摩罗什舍利塔 / 三〇二

第三节　石窟 / 三〇三

一、彬县大佛寺石窟 / 三〇三

二、慈善寺石窟 / 三〇五

三、富县石泓寺石窟 / 三〇八

四、米脂万佛洞 / 三〇九

陕西古建筑地点及年代索引 / 三一三

参考文献 / 三二五

后记 / 三二七

作者简介 / 三二八

陕西古建筑

第一章 绪 论

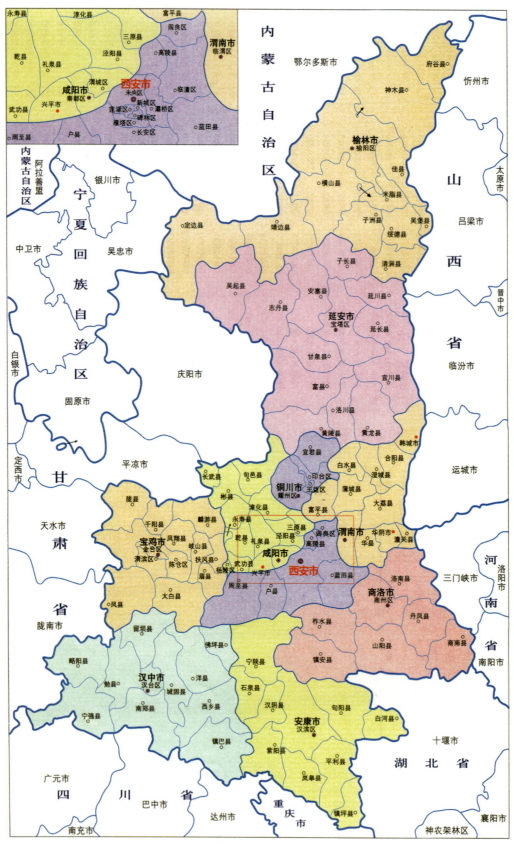

图1-1-1 陕西省行政区划图（图片来源：中华人民共和国民政部编.中华人民共和国行政区划简册2014[M].北京：中国地图出版社.）

陕西古称秦川，简称"陕"或"秦"，又称"三秦"，是中华民族及华夏文化的重要发源地。从距今115万～110万年前的"蓝田人"开始，先民们就在这片土地上生息劳作，陕西是史前人类文明最集中的活动区域。历史上，先后有秦、西汉、隋、唐等14个政权在陕西建都，是我国历史上建都朝代最多、时间最长的省份。它见证了华夏文明的兴衰更迭，留下了极为丰厚的历史文化遗产，陕西古建筑就是其中之一。

陕西古建筑类型多样。现存陕西古建筑中，有全国重点文物保护单位200余处，陕西省文物保护单位400余处，合计354处；年代始于汉，迄于明清；类别包括城垣、仓廪、街镇、台榭、园林、堰坝、路桥、古塔、楼阁、牌坊、寺院、宫观、祠庙、民居、会馆、书院、考院等。①

陕西古建筑文化灿烂。先民们在漫长岁月中形成成熟独特的建筑体系，在城市规划、建筑群体等宏观层面，园林、祠庙、民居等中观层面以及建筑空间布局、建筑艺术、建筑材料结构、施工技术等微观层面均体现出卓绝的智慧。这些建筑发展不仅有力地促进了陕西的经济与社会的进步，同时，建筑艺术也成为中国古建筑文化宝库中的瑰宝，其独特的建筑风格仍然是今天陕西地域文化的重要元素。

陕西古建筑业绩辉煌。西周的都城丰镐、秦都咸阳、西汉长安、隋唐长安，都是当时中国政治、经济、文化的中心，在城市规划、建设和管理上代表了当时的最高水平。尤其是中国封建社会鼎盛时期的唐长安城，其建筑规模和建筑水平是中国乃至世界古代建设史上前所未有。它不仅在中国建筑史上是一个辉煌的里程碑，而且对相邻国家（日本、朝鲜等国）的城市规划与建筑风格都产生了深远的影响。

第一节　陕西古建筑的生成背景

一、自然环境

陕西地处中国内陆腹地、黄河中游，东经105度29分至111度15分、北纬31度42分至39度35分之间。全省南北长约870公里，东西长约200～500公里，总面积20.58万平方公里，约占全国总面积的2.1%。②

陕西与山西、河南、湖北、四川、甘肃、宁夏、内蒙古等7个省、自治区毗邻。它是新亚欧大陆桥和中国西北、西南、华北、华中之间的门户，具有承东启西、连接西部的区位之便（图1-1-1）。

陕西全省呈南北高、中间低，西北高、东南低的地形特征。北山和秦岭把陕西分为三大自然区域：北部的陕北高原，南部的秦巴山区与中部的关中平原。其地貌类型可划分为风沙过渡区、黄土高原区、关中平原区、秦岭山地区、汉江盆地区和大巴山地区六个典型区域。其中，黄土高原区面积最大，约占全省面积的45%③。

陕西地处我国中纬地带，由于南北狭长，所跨纬度多，兼跨黄河、长江流域，因此气候的地带性差异特征明显：长城沿线以北为温带干旱半干旱气候，陕北其余地区为暖温带半干旱气候，关中平原为暖温带半湿润气候，陕南盆地为北亚热带湿润气候、山地大部分为暖温带湿润气候。④

陕西受季风影响，冬冷夏热、四季分明。冬季南北温差大，年平均气温为13.7摄氏度。其中陕北7～12摄氏度；关中12～14摄氏度；陕南14～16摄氏度。夏季南北温差小⑤。

全年降水主要集中在夏秋两季，春季降水量占全年的13%～24%。冬季降水稀少，只占全年的1%～4%。总体分布南多北少，受山地地形影响比较显著。北部长城沿线风沙地区小于500毫米，北部定边最少，只有340毫米，陕南降水量都在700毫米以上，镇巴最多，达1200毫米⑥。

二、人文环境

地域性的环境、风物、生产方式在古代往往决定着人们的建造活动，高度差异化的人文环境同样影响着一个地区的建筑风貌与营造方式。

秦汉以后，陕西成为中国典型跨越南北的省份之一，由于自然地理条件、文化功能和文化沿革等

图1-1-2 陕北文化区特色简图
(a) 黄土高原地貌（图片来源：自摄）；(b) 陕北安塞腰鼓（图片来源：张小郁摄）；
(c) 对联、门神（图片来源：张小郁摄）；(d) 窑洞窗花剪纸（图片来源：自摄）

原因，逐渐形成陕北黄土高原文化区、关中平原文化区和陕南秦巴山地文化区。它们在地理环境、自然资源、生产方式、社会风俗等方面各有差异，因此而衍生出区域差异鲜明的地域文化脉络，进而影响到陕西古聚落与建筑风格的生成。

1. 陕北地区——黄土风情

陕北地区地处黄土高原丘陵沟壑区，北有毛乌素沙漠、东有九曲黄河、南有子午岭，是典型的黄土塬、梁、峁、沟地貌区，其日照充足，昼夜温差大，冬天气候寒冷干燥，气温低，雨雪稀少。

图1-1-3　关中文化区域特色简图

(a) 房子半边盖（图片来源：自摄）；(b) 关中民俗文化1（图片来源：自摄）；(c) 关中民俗文化2（图片来源：自摄）；
(d) 浓郁文化气息的门头装饰（图片来源：自摄）；(e) 关中窄院（图片来源：自摄）；(f) 庄重的宅院入口（图片来源：自摄）

图1-1-4 陕南文化区域特色简图
(a) 陕南茶园（图片来源：谢志平摄）；(b) 陕南梯田（图片来源：谢志平摄）；(c) 陕南油菜花田（图片来源：谢志平摄）；(d) 陕南村落（图片来源：谢志平摄）

陕北地广人稀，土壤贫瘠。深厚的黄土层，半干旱的温带气候，人们传统上多采取窑洞式半穴居居住方式和半农半牧的生产方式，民风强悍，崇尚武力。

陕北自古为边塞民族融合之地，其地域文化以黄土文化、黄河文化、边塞文化、黄帝文化为主要特征。其中黄土高原是世界上最大的黄土沉积区，孕育了陕北地区独特的人居环境（如窑洞），也造就了陕北地区粗犷豪迈的地域文化气质。同时区域内黄河沿线的民俗风情（腰鼓、窗花等）均是陕北地区重要的地域文化标识（图1-1-2）。

2. 关中地区——渭水秦川

关中地区指渭河流域之中西起宝鸡、东至潼关、南抵秦岭、北达北山的区域。自古就有"八百里秦川"之称，其四季分明、土地平坦、水草肥美、灌溉便利，是西北地区发展农业的重要区域。关中平原有潼关、大散关、武关、萧关四大关隘，分布有郑国渠、白渠、漕渠、成国渠、龙首渠等古代著名水利工程，充分印证了关中平原作为农耕文明主要粮食产区的史实。

关中地区历史文化沉淀厚重。从西周始，先后有秦、西汉、隋、唐等多个王朝建都于关中，历时千余年。其南邻为华夏东西文脉的秦岭，是我国佛教、道教的发祥地，渭河是母亲河黄河的最大支流。区内分布有秦始皇陵、明十三陵、西汉十一陵、唐十八陵等79座古代帝王陵墓，占到全国现存帝王陵的半数之多。⑦

关中地区自然条件优越，物产丰富。这里的人们勤劳朴实、务实内向，有着平和中正的气度，恢宏深厚的人文传统，质朴浓重的民俗风情。《汉书·地理志》就称关中地区"其民有先王遗风，好稼穑，务本业"。直至今日，关中民风也是相对古朴稚拙，农本意识依然强烈（图1-1-3）。

3. 陕南地区——巴山楚水

陕南地区北靠秦岭、南倚巴山，汉江自西向东穿流而过，是黄河流域文化与长江流域文化的交融地。由于自东向西横亘着秦岭山脉，阻挡了来自北方的寒冷气流，造就了陕南气候温暖湿润的地域特色。

陕南地区古为秦楚交兵之地、商鞅封邑之地、汉家发源地，经历了元末明初的几次重大移民，区内现存有青木川、蜀河镇、旱路码头、船帮会馆等古迹，是两汉三国文化、秦楚交融文化的重要代表区。

陕南地区稻麦杂作，方言多样。这里秦文化与荆楚、巴蜀文化交融汇合，文化特征杂糅明显。当地人们既有黄河流域人的重农务实、勤劳朴实之风，又具长江流域人的善玄想、多浪漫之气，且有剽悍勇猛、坚韧不拔的性格特征（图1-1-4）。

第二节　陕西古建筑的历史沿革

一、原始社会时期

史前时期的陕西建筑代表着中国黄河流域仰韶文化和龙山文化的建筑文明。考古发掘陕西境内的旧石器时代遗址表明，大约在115万～110万年前，"蓝田人"的足迹已遍及关中和汉水流域，以"巢居"和"穴居"为基本居住形式。

新石器时代的仰韶文化时期，陕西已经成为仰韶文化发展的中心地区（现存遗址两千余处，约占全国总量的40%）。半坡遗址和姜寨遗址形成以竖向半穴居以及地面建筑为主的聚落，完成了由"穴居野处"到"筑屋室居"的历史过渡。形成多种类型建筑的功能分区：以生活住室为主的生活区、以陶窑作坊为主的生产区、以广场为主的公共活动区以及埋葬氏族成员的墓葬区的区划布局也比较完备。地面房屋建筑已采用木架结构，室内地面、墙面已用细泥抹面，烧烤使之陶化，以防潮湿的技术做法⑧。半坡较晚的柱基，回填土中掺石灰质材料，对于加固和防潮略有改善；姜寨遗址当中的回填土还有掺加骨料的。⑨

龙山文化时期的陕西房屋建造技术进入了一个新的阶段。先民已经普遍在室内地面、墙面涂抹光洁坚硬的白灰面层，以达到防潮、清洁和明亮的效果。例如，长安客省庄遗址中出现了双室相联、平面呈"吕"字形的套间式半穴居。内室和外室均有烧火面，是煮食与烤火的地方。在其中一处遗址内居室偏北的一个圆底柱洞底部垫有碎陶片，起到紧固防潮的作用。在西安市沣西地区的一处客省庄二期遗址之中发现一些由两个或三个半穴居形成的组合体，空间体形都较以前的半穴居复杂，这种住房大约是家庭自营或者小集体互助建造的，因此质量较差。⑩但是它却表明了家庭私有制的出现，原始社会开始解体（图1-2-1）。

龙山文化中晚期聚落遗址以榆林神木县高家堡镇石峁村为代表，是目前所见中国史前时期最大的城址。古城依山而建，形状大致呈东北——西南向的椭圆形，由皇城台、内城、外城三座基本完整，并相对独立的石构城址组成，拥有体量巨大、结构复杂及构筑技术先进的门址、石城墙、墩台、门塾、内外"瓮城"等重要遗迹⑪（图1-2-2）。

距今约7000年前的原始社会后期，姬姓部落已在今宝鸡市西部地区兴起。到了原始社会末期，即传说中的尧舜禹时期，周朝始祖弃（后稷）因管理农业有功被尧册封在邰国（今咸阳市武功县内）⑫，可能当时已出现了最早的城市雏形。

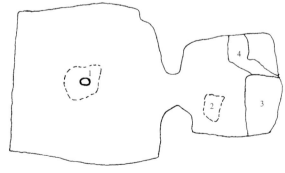

1、2-小灶；3-窖穴；4-路土

图1-2-1　客省庄房址平面图（图片来源：朱士光. 西安的历史变迁与发展[M]. 西安：西安出版社，2010：54）

图1-2-2 石峁遗址住房实景图（图片来源：陕西省考古研究院，榆林市文物考古勘探工作队，神木县文体局.《陕西神木县石峁遗址》[J]. 考古，2013（7））

二、夏商周时期

夏、商、周是我国奴隶社会时期。大量集中的奴隶劳动力和青铜工具的使用，使得这一时期建筑的规模和技术有了巨大发展，出现了原始社会之中不曾有的宫殿、苑囿、陵寝、官署、监狱等许多为统治阶级服务的建筑类型。曾有过的如城市、村落、宗庙、作坊等建筑，也得到了进一步的发展。以夯土墙和木结构为主体的建筑体系已初步形成，及至后期出现了瓦屋彩绘的豪华宫殿。

公元前11世纪的西周达到了中国奴隶社会建筑发展的鼎盛时期。其宫室、宗庙的建造；"前堂后室"制度和院落式布局；夯土、木构架（纵架结构）和瓦的出现，标志着中国奴隶社会建筑技术的重要进步，证明周族在迁居周原时已有相当发达的文化和营造技术[13]。

1976年在今岐山凤雏村、扶风召陈村发现了西周早期和中期的大型建筑群基址，尤其是周原凤雏村严整的四合院式建筑，揭示了中国四合院式建筑古老的历史渊源。该庭院由二进院落组成，中轴线上依次为影壁、大门、前堂、后室，前堂与后室以廊连接。门、堂、室的两侧为通长的厢房，将庭院围成封闭空间，院落四周有檐廊环绕。房屋基址下设有排水陶管和卵石叠筑的暗沟，以排除院内雨水。屋顶已采用了板瓦，墙有夯土墙、土坯墙和木骨泥墙，均采用了三合土抹面（白灰+砂+黄泥），表面平整光洁。柱础用块石、河卵石分层铺筑和夯土筑成[14]。这说明在早周（西周之前的周国）时期，先民已具备一定的房屋营建技能，比起原始社会回填土中掺料的方法要进步了许多。

板瓦的发明，使中国建筑脱离了"茅茨土阶"的简陋状态[15]（图1-2-3）。西周时期出现了瓦的雏形。凤雏村遗址出土的西周早期瓦，其制作为泥条盘筑法，仅有板瓦，其凸面或凹面做有瓦环或瓦钉，可知板瓦已作仰覆两用。召陈村遗址出土的西周中期瓦，已有板瓦和筒瓦。板瓦型号增多，瓦钉加长，蘑菇状瓦钉改进为瓦环，烧造火候也有提高；筒瓦不仅型号多，还出现瓦舌、斜口、瓦钉，并有了扣脊瓦，说明西周中期已是瓦的发展时期。西周晚期瓦及瓦形变薄、变小，趋向规格化，烧造火候更高（图1-2-4）。

秦国都城雍城（今宝鸡市凤翔县）的建筑，是春秋时期陕西古代建筑发展的一个重要里程碑。作为秦国都城，雍城地处南控巴蜀通道、是东西交通枢纽的重要位置，历经19位国君294年，先后建造了4处大型宫廷建筑[16]，城市规模超过当时的东周洛阳王城。在周代诸侯宫室的遗例中，秦都雍城（在今陕西凤翔县）的3号建筑遗址甚为突出。根据1983～1984年的调查与钻探，探明它是由5座庭院沿南北向轴线纵列的一组建筑。方向北偏东28°，纵长326.5米，北宽86米，南宽59.5米，总面积合计21849平方米。其以黄土、五花土与红土筑基。雍城的3号建筑遗址是迄今为止发现规制整齐和面积最大的周代诸侯宫室组群，尤其是其"五门"制式，很有可能是僭越了王制。[17]雍城遗址中尚发掘出了各类瓦当，并出土了36厘米×14厘米×6厘米的砖和质地坚硬、表面有花纹的空心砖，说明最迟在奴隶制社会晚期，陕西建筑已开始了用砖的历史[18]（图1-2-5）。

这一时期建筑施工工具的改进和创制进入了新的阶段。随着金属冶炼、手工技术的发展，夯杵、铲、锛、斧、凿、锯等青铜工具开始在建筑施工中使用。特别是砖、瓦、陶管的出现，实现了建筑材料的第一次革命，使陕西乃至中华的建筑水平提高

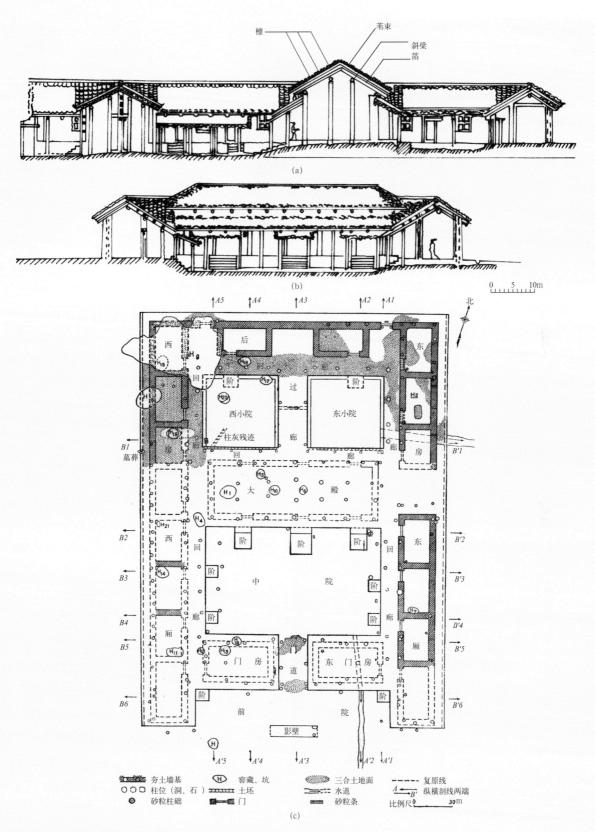

图1-2-3 陕西岐山凤雏村平、剖面图
(a) 陕西岐山凤雏村剖面图1（图片来源：陈全方.周原与周文化[M].上海：上海人民出版社1988：38）；(b) 陕西岐山凤雏村剖面图2（图片来源：陈全方.周原与周文化[M].上海：上海人民出版社，1988：38）；(c) 陕西岐山凤雏村平面图（图片来源：陈全方.周原与周文化[M].上海：上海人民出版社，1988：60）

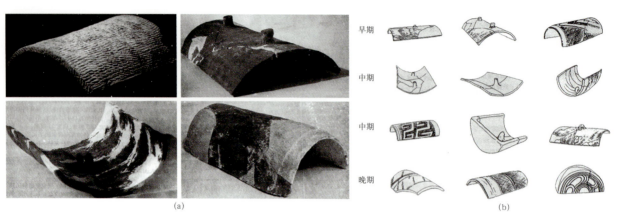

图1-2-4 西周瓦图片
(a) 西周瓦构件（图片来源：王世昌. 陕西古代砖瓦图典[M]. 西安：三秦出版社，2004：6-11）；(b) 西周瓦图片（图片来源：傅熹年. 当代中国建筑史家十书——傅熹年中国建筑史论选集[C]. 沈阳：辽宁美术出版社，2012：217）

图1-2-5 秦砖图片
(a) 秦菱形纹长方砖（图片来源：咸阳市博物馆提供）；(b) 秦米格纹长方砖（图片来源：咸阳市博物馆提供）；(c) 秦龙纹空心砖残块（图片来源：咸阳市博物馆提供）；(d) 秦水神骑凤空心砖残块（图片来源：咸阳市博物馆提供）

到了一个新的阶段。此外，专门从事建筑的施工队伍和管理人员也逐步产生，当时"百工"中的"匠人"即是从事土木营造事务的专业技术人员，"司空"便是朝廷设置掌管土木工程的工官，"量人"是专司丈量各种建筑尺度的官吏（图1-2-6）。

由夏至周，基本奠定了我国封建社会建筑体系的主要格局。在建筑群体以及单体建筑之中，都强调中轴线，并且按照对称方式进行内、外布置。同时，也基本形成王者"居中为尊"的思想，从而影响了后世的帝都、宫室、坛庙、衙署等一系列官式建筑组群的建造。⑲

三、秦时期

公元前221年，秦始皇嬴政定都咸阳，建立了中国第一个统一的封建王朝。秦都咸阳的规划设计具有鲜明独创性。它摒弃了传统的城郭制度，在渭水南北的广阔地区建造了大量高台式宫廷建筑⑳。在建筑群布局上，师法天象，使之与太空的星座相对应。"离宫别馆，弥山跨谷，辇道相属，木衣绨绣，土被朱紫，宫人不移，乐不改悬，穷年忘归，犹不能遍"（《三辅黄图校注卷之一·咸阳故城》），充分表现了咸阳城建筑的宏伟。

图1-2-6 秦代铰链
(a) 秦鎏金铰链1（图片来源：咸阳市博物馆提供）；(b) 秦鎏金铰链2（图片来源：咸阳市博物馆提供）；(c) 秦铜铰链1（图片来源：咸阳市博物馆提供）；(d) 秦铜铰链2（图片来源：咸阳市博物馆提供）

图1-2-7 秦长城遗址
(a) 神木县西沟秦长城烽燧（图片来源：自摄）；(b) 神木县西沟秦长城遗址（图片来源：自摄）

秦统一六国后，最重要的工程为长城（图1-2-7）、阿房宫和秦始皇陵。阿房宫遗址在今西安市三桥镇南，夯土台绵延起伏（图1-2-8）；秦始皇陵，今尚存封土，呈方锥体，由夯土筑成，东西485米，南北515米，高约76米，是中国古代最大的坟冢。《史记·秦始皇本纪》记载阿房宫："上可以坐万人，下可以建五丈之旗"。阿房宫前殿夯土台基东西1270米，南北426米，周围以宫城（阿城）环护。殿前分列12尊铜人像，皆通高3丈，共重"二十四万斤"，"廊腰缦回，檐牙高啄，各抱地势，钩心斗角"（《阿房宫赋》）。虽然后人的记载难免有夸张的嫌疑，但是在这几大工程的遗迹当中也可窥见其建设规模之宏大。

秦雍城、栎阳、咸阳遗址，阿房宫及始皇陵遗址出土和采集到大量秦代瓦当，其纹样题材十分广泛。战国初期以鸟兽纹为主，战国中、晚期出现了鱼、虫等纹样和植物纹样，还有动植物结合的纹样，以云纹为主题的纹样也随之出现。秦统一六国后，瓦当图案除继承战国晚期的题材外，以文字作为瓦当纹饰也开始出现。秦瓦当图案摒弃了商周礼器上刻板僵化的程式和神秘恐怖的形象，表现出突出的写实风格和手法，构图严整而明快简练、朴素大方，这是中国建筑史上瓦当图案题材最广泛、变化最丰富的一个时期[21]（图1-2-9）。

秦代的建筑成就辉煌，尤其在对大型建筑的营建上。如建造阿房宫、长城以及骊山陵，如此浩大的工程，必然在人员调度、运输安排、施工组织，以及材料与构件的预制、加工与装配，甚至在建筑各部尺度的模数方面，都具有目前尚未为世人所知的种种手段。因此，秦代在建筑营建方面对后世也产生了巨大影响，尤以两汉为重。古文献之中也多有"汉承秦制"的记载。如宫殿的"前殿制"、帝陵平面的"十字轴"以及覆斗形"方上"，即为两汉所完全承袭。[22]

四、两汉时期

西汉初年，因秦咸阳已被项羽焚烧一空，汉王朝暂以栎阳（今西安市阎良区武屯镇）为都，同时在咸阳城渭河南岸的长安乡建立新都，即汉长安城（今西安城西北10公里处）。西汉长安城是中国历史上第一个大规模的城市，当时世界上只有欧洲的罗马城可以与之媲美。城垣内总面积36平方公里，有8条大街，160个闾里，分东市、西市等9个市场。城内中、南部为宫殿、官署和高官显贵居住区，约占全城面积的2/3以上；东部和西部为商业区。据《汉书·地理志》记载，公元2年，长安城内人口"为户八万八百，人口二十四万六千二百"。

汉承秦制，施行郡县制度，但在宫室的布置中也存在一些不同。汉长安城不但规模宏大，且宫室建筑雄伟华丽，共建成三大宫殿区，仅城内的长乐、未央两大宫殿区及桂宫等宫室建筑就占了都城面积的一半以上。其中位于城东南部的长乐宫，宫墙周长约10公里。[23]位于城西南部的未央宫，面积约5平方公里。[24]到汉武帝时，与汉长安城外西南方向未央宫毗邻，兴建了建章宫，同未央宫飞阁相连，是三大宫殿群中规模最大、建筑物最多的宫殿区，有千门万户之称。汉代东西都之诸宫，皆各成一区，其外并无宫墙设置。宫垣的修筑上，汉长安不似秦咸阳仅依天然地物（山丘、河流……）为屏障，而是建起了高大的夯土城墙。而在宫廷殿宇方面，汉代于秦代前殿左右两侧另增加了东西挟殿。此种"前殿与东、西厢"制式，其功能与"三朝"制式相仿（图1-2-10）。[25]

西汉建都长安，经历十一朝皇帝。汉代盛行厚葬，"汉天子即位一年而为陵"，工程浩大，陵冢至今仍屹立于咸阳塬上。西汉帝陵的形制属于"累土象山"，即在地面上夯筑高大的坟丘（封土），呈覆斗形，而方锥体和覆斗形在形式上可以说是一种最为简单、稳定、明确的造型。[26]为了保护陵墓，功臣贵戚及富豪需迁居陵区，按陵设置县邑。如营建

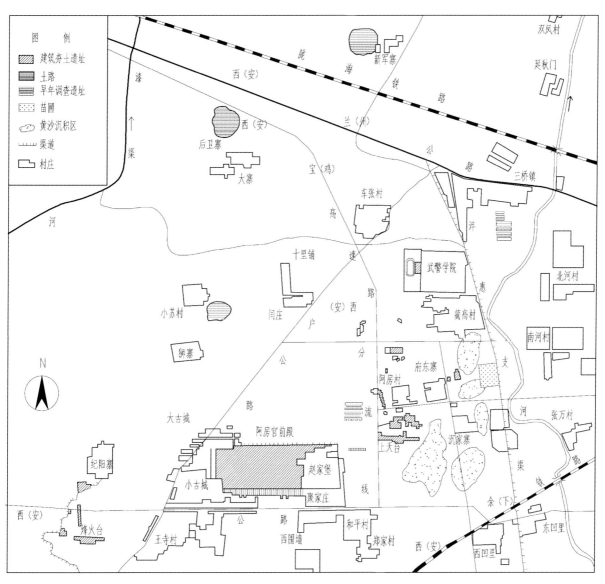

图1-2-8　秦阿房宫遗址平面图（图片来源：王学理. 咸阳帝都纪[M]. 西安：三秦出版社，1999）

图1-2-9 秦鸟兽纹半瓦当
(a) 秦龟鹿雁马纹瓦当（图片来源：咸阳市博物馆提供）；(b) 秦葵纹瓦当1（图片来源：咸阳市博物馆提供）；(c) 秦葵纹瓦当2（图片来源：咸阳市博物馆提供）；(d) 秦网格云纹瓦当（图片来源：咸阳市博物馆提供）；(e) 秦饕餮纹半瓦当1（图片来源：咸阳市博物馆提供）；(f) 秦饕餮纹半瓦当2（图片来源：咸阳市博物馆提供）

茂陵时，改茂乡为茂陵县（今茂陵东窦马村），迁居各地富豪27万多人。这也可以看出汉代在巩固政权方面作出的努力（对于地方富户的监管与限制），同时反映在城市建设方面独特的建城之模式——陵邑。

两汉时不但宫殿的建设呈现了多功能的趋向，同时也出现了私家园林，著名的有茂陵邑袁广汉园。《西京杂记》载："茂陵富人袁广汉藏镪巨万，家童八九百人，于北邙山（咸阳至茂陵北塬一带）下筑园。东西四里，南北五里，激流水注其内，构石为山，高十余丈，连延数里，养白鹦鹉、紫鸳鸯、牦牛青兕，奇兽怪禽委积其间，积沙为洲屿，

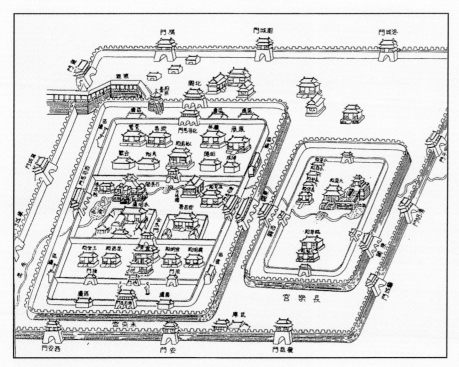

图1-2-10 汉长乐宫、未央宫图（图片来源：（清）毕沅. 关中胜迹图志[M].)

激水为波潮，其中致江鸥海鹤，孕雏产卵，延漫林池，奇树异草靡不具植，屋皆徘徊连属，重阁修廊，行之移咎不能偏也。广汉后有罪诛，没入为官园，鸟兽草木皆移植上林苑中。"

两汉时期的大木结构基本定形，并且出现高层木梁柱建筑，从汉代冥器之中的陶楼可见一斑。至于木构之中各具体构件，其发展演变对后世影响最大者，莫过于斗栱。虽然周、秦已经开始使用斗栱，但是仅在铜器中得知少数形象，而从汉代所遗墓阙、画像砖石以及建筑冥器之中都可见其全貌。在其他建筑材料与结构方面，西汉建筑遗址上遗留的汉砖，质密、体大、量重，有长形、方形砖与空心砖多种类型，尤其在大型空心砖的使用上，秦代时仅见于殿堂之踏跺，到汉代时才用于墓葬。[27]并且在砖的正面多有装饰图案；汉瓦当质地优良，一般为圆形，面上装饰有阳纹的图案或文字，图案十分丰富（图1-2-11、图1-2-12）。

五、三国、两晋南北朝时期

汉末至隋唐近600年间，由于都城东迁和连年战争，陕西的建设基本处于停滞状态，原有城市、建筑遭到重大破坏。以长安城为例，西汉长安经王莽末年战乱破坏已成废墟，东汉只能在洛阳建都。东汉末年，董卓于公元190年焚烧洛阳宫室，迁都长安，临时以京兆府舍为宫，后稍稍修葺宫殿居住。公元195年，又经战乱，新修葺的宫室又破坏殆尽。至迟在西晋初，在荒废的城市内部建了小城。[28]可知在三国、两晋阶段，当年盛极一时的汉长安城已经基本不复存在了。

南北朝时期，大夏国国王赫连勃勃驱使10多万人日夜施工，在今榆林市靖边县无定河北岸的塬上修建都城——统万城。该城有内外两城，内城夯土极为结实，城墙非常坚固，至今完整无损。其城垣、隅墩、马面和建筑台基均由苍白色土版筑造而成，经化验鉴定，主要成分为石英、黏土和碳酸钙，即为"三合土"。这是已知在古代建筑工程中使用三合土的最早实证，在中国古代建筑技术史上具有标志性意义。据测，现存统万城城高10米，四角有楼，高30米，东城周长2566米，西城周长2470米。城内钟楼、鼓楼夯土建筑遗址今仍

图1-2-11 汉代空心砖、瓦当实物

(a) 汉浮雕白虎纹空心砖（图片来源：咸阳市博物馆提供）；(b) 汉几何纹空心砖（图片来源：咸阳市博物馆提供）；(c) 汉白虎纹空心砖（图片来源：咸阳市博物馆提供）；(d) 汉朱雀纹空心砖（图片来源：咸阳市博物馆提供）；(e) 汉长生无极瓦当（图片来源：咸阳市博物馆提供）；(f) 汉网边云纹瓦当（图片来源：咸阳市博物馆提供）；(g) 汉长乐未央瓦当（图片来源：咸阳市博物馆提供）；(h) 汉直尺云纹瓦当（图片来源：咸阳市博物馆提供）

图1-2-12 陕西东汉米脂党家沟画像砖（图片来源：康兰英，朱青生编．汉画总录1：米脂[M]．桂林：广西师范大学出版社，2012：22-23）

历历在目，显示了当时陕北劳动人民的聪明才智（图1-2-13）。

值得一提的还有后秦时期，在今西安市户县东南20公里处的圭峰山北麓建有草堂寺，印度僧人鸠摩罗什于此校译梵文经典。唐代以后，寺内建筑多被兵燹烧毁。寺内现存的建筑，多为民国时期和新中国成立后重建。㉙

六、隋唐五代时期

隋朝立国初期，仍以北周都城原汉长安城为都。但历经700余年战乱，汉长安城的宫室街市以及城垣已残缺不全，甚至连井水也已变得苦咸不堪。为此，隋文帝杨坚在汉长安城东南10公里的龙首塬南侧兴建新都大兴城。大兴城于公元582年6月动工，经过关中及关东百余万民工9个月的日夜施工，次年3月基本完成宫城、皇城和两市、坊里及主要街道、引水工程的建设。其建设速度之快，中国古代建设史中前所未有。隋炀帝杨广大业九年（公元613年）修建长安外郭城。

大兴城平面布局十分规整。外郭城近方形，东西长9721米，南北宽8651米，周长36.7千米，总面积84平方千米。外郭城东、西、南三边共设9座城门：西墙由北往南为开远门、金光门、延平门；南墙由西往东为安化门、明德门、启夏门；东墙由南向北为延兴门、春明门、通化门。除了正南门明德门设5个门洞外，其余的门均开3个门洞。外郭城以北是大兴苑。城内靠北墙中央为宫城，正殿称大兴宫。宫城正南为皇城。城内还有14条东西向街道和11条南北向街道，以朱雀大街为南北中轴线，两侧基本对称，全城共有109坊。㉚

隋文帝开皇二年（公元582年），于今西安铁炉庙村北高地上建佛教密宗寺院青龙寺。此处地势高敞，为当时"乐游塬"所在。现在青龙寺西部地势平坦地段，已发现夯土建筑遗址7处，从门、塔、殿址及门两侧廊道和西面廊庑遗迹来看，青龙寺西院的形制为塔居中，塔前有门，殿在塔后，周围廊庑，表现了隋唐早期寺院的布局特点㉛（图1-2-14）。隋文帝开皇十八年（公元598年）于周至县城南15公里的黑河畔，开始建仙游宫，后杨坚安置佛舍利于此，改称仙游寺。后历经重建，多毁于兵燹。现仙游寺为明清时建筑。

唐灭隋后，改"大兴城"为"长安城"，唐长安城沿用隋大兴城旧制，不断修建，城市规模空前宏大。据今实测，唐长安城市平面形似正方形，周长约35.5公里，面积约84平方公里，是汉长安城（36平方公里）的2.2倍多，是同期隋、唐东都洛阳城（45平方公里）的1.8倍。

唐都长安规划布局科学先进。全城建筑布局分别由宫城、皇城和外郭三大部分组成。其中宫城为皇帝及其子女嫔妃居住的地方，皇城是中央衙署机关办公的地方，外郭为坊里居民住宅及商业贸易、寺院区。整个城市布局以北部宫城、皇城为中心，向东西南三面展开，全城以南北中央朱雀大街为中轴线，采用东西对称布局，街坊排列极为整齐。整

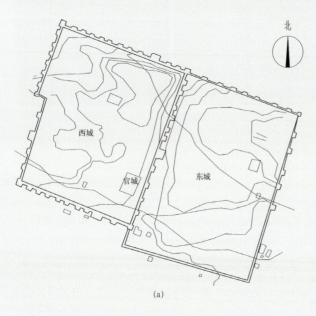

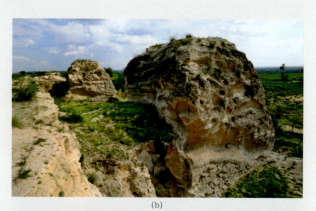

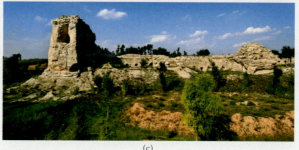

图1-2-13 统万城平面简图、现状照片
(a) 统万城平面简图（图片来源：自绘）；(b) 统万城现状图1（图片来源：李志萍摄）；(c) 统万城现状图2（图片来源：李志萍摄）

图1-2-14 青龙寺实景图（图片来源：李志萍摄）

个唐长安城中，宫城约占全城总面积的3.7%，皇城约占6.3%，居民区110坊约占63.8%，其余为道路、河渠等设施所占。㉜

唐长安宫室规模宏大，建筑雄伟壮丽。宫城位于全城正中的北部，唐初只有太极宫一处（原隋大兴宫）。贞观八年（公元634年），唐太宗李世民于龙首塬上修永安宫，次年改名大明宫。龙朔二年（公元662年），唐高宗李治对其加以扩建。开元二年（公元714年），唐玄宗李隆基改旧居为兴庆宫，并几度扩建。彼时太极宫、大明宫和兴庆宫三大宫殿区，殿楼亭阁，锦绣叠翠。唐代诗人王维的"九天阊阖开宫殿，万国衣冠拜冕旒"、岑参的"金阙晓钟开万户，玉阶仙仗拥千官"即是描述当时雄伟壮丽建筑的真实写照㉝（图1-2-15）。

唐朝是我国风景园林形成的重要时期。著名的王维辋川别业位于蓝田县西南10公里辋谷口内。据《蓝田县志》："辋川绕山之口去县南八里，两山夹峙，川水从此北流入灞，其路则随山麓凿石为之，约五里许，甚险狭，即所谓匾路也，过此则豁然开朗，此第一区也。圆转而南凡十三区，其胜渐佳，计三十里至鹿苑寺，即王维别业。"㉞《王维辋川诗序》记：别墅在辋川山谷，其游止有孟城坳、华子岗、文杏馆、斤竹岭、宫槐陌、临湖亭、南垞、欹湖、柳浪、栾家濑、金屑泉、白石滩、北垞、竹里馆、辛夷坞、漆园、椒园等。辋川别业是选在辋川自然景色秀丽的19处景点上，以自然景色为依托，略事人工或不加人工，使其自成天然山水景观或田园风光，是唐代自然风景园林的杰作，是传统的"化诗为景"的典范，在中国风景园林史上占有重要的地位（图1-2-16）。

唐朝是我国佛教建筑快速发展的新时期。唐贞观二十二年（公元648年），太子李治于原唐长安城进昌坊内今西安城南4公里处，隋无漏寺的旧址上建造慈恩寺，寺建成不久，名僧玄奘从弘福寺搬至寺东院"译场"译经，并创立中国佛教一大宗派唯识宗。据《大慈恩寺三藏法师传》载：当时寺内重楼复殿，云阁禅房，共有10多个院落，总计1897

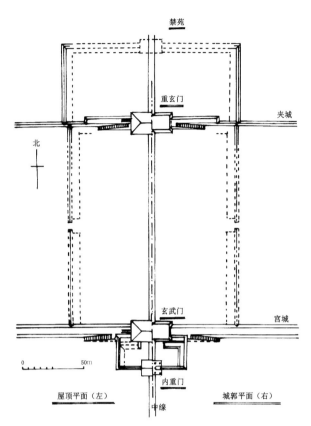

图1-2-15　大明宫玄武门及重玄门复原平面图（图片来源：傅熹年. 当代中国建筑史家十书——傅熹年中国建筑史论选集[M]. 沈阳：辽宁美术出版社，2012：264）

图1-2-16　辋川别业盛景图（图片来源：佟裕哲. 陕西古代景园建筑[M]. 西安：陕西科学技术出版社，1998：88）

间。寺内建有闻名遐迩的大雁塔，其造型雄伟稳重，风格简洁古朴，为唐代楼阁式塔的典型。㉟彼时修建的寺庙还有荐福寺、香积寺、善导寺、兴教寺、昭仁寺、智果寺、罔极寺扶风法门寺塔及地宫等（图1-2-17）。

纵观隋唐时期，在陕西境内进行了空前规模的建设，表现出统一、强盛国家的伟大气魄。大明宫遗址表明在规划时以方一百步（50丈）的方格为控制网，主体建筑位于几何中心；现存唐代遗构都以

图1-2-17　大慈恩寺塔实景图（图片来源：自摄）

图1-2-18　西安八仙庵实景图（图片来源：自摄）

图1-2-19　佳县白云观实景图（图片来源：自摄）

七、宋元时期

唐王朝灭亡后，陕西失去了全国政治、经济与文化中心的地位。特别是五代至两宋的近400年间，由于关中和陕北地区是宋夏、宋金、金夏、金蒙争战的主战场，社会生产力和建设事业都遭到了极大的破坏。陕北与关中地区成为了边缘文化地带。而地处陕南的汉水流域，由于免遭战乱，社会比较安定，生产力有了较大发展，建设事业也发展较快。如兴元府（今汉中市）、金州（今安康市）、洋州（今洋县）、兴州（今略阳县）、商州（今商州区）等陕南城镇，工商发达，水陆交通便利，成为当时富甲一方的经济文化中心。

宋元时期陕西修建的宗教建筑遗存较多。如北宋大观元年（1107年）于永寿县永平乡武陵山建武陵寺及寺内永寿塔，于蒲城建崇寿寺的诸佛舍利宝塔，于韩城市昝村镇吴村普照寺，于横山县塔弯乡芦河东岸建鸿门寺。上述寺塔遗址均可看出早期寺院的"以塔居中，殿在塔后"的塔庙制布局特征。彼时道教建筑遗存亦较多，如西安八仙庵（图1-2-18）、户县重阳宫、佳县白云观（图1-2-19）等。其中，佳县白云观始建于宋、元，后扩建于明。共计有33座庙宇，总建筑面积8.1万平方米，占地80多亩，为陕西现存的最大的一组古建筑群。明万历四十六年（1618年）万历皇帝朱翊钧亲颁白云观圣旨一道，并赐御制《道藏》4726卷，从而使其成为中国西北最大的道教圣地。

北宋嘉祐七年（1062年）苏轼任凤翔府签书判官时，借古饮凤池，扩广疏浚成湖，曰东湖。建有凌虚台、喜雨亭、宛在亭、会景亭等园林建筑，内湖总面积已达7公顷左右。其规划布局和建筑反映了西北周原地区古朴的地方风格。

元朝统一后，又将长安城改设为安西路城，其城垣和建筑物逐渐得到重修。至元十年（1273年）在古城东北3公里处浐河西岸修建了东西长603米，南城宽542米，北城宽534米，面积达3平方公里的"安西王府"。至元十二年（1275年），意大利旅行

"材分"为模数，以柱高为立面、断面上的扩大模数，这些证明在唐代大至城市，小到单体建筑，都有一套完整的采用模数制的规划与建筑设计方法。㊱这也在很大程度上提高了施工组织与管理的有序性。唐代城市与建筑的辉煌成就对周边国家（日本、朝鲜半岛）都产生了重要的影响。

家马可·波罗曾参观这座宫殿，他在游记中写道："宫甚壮丽，在一大平原中，周围川湖泉水不少，高大墙垣环之，周围约五里。墙内即王宫所在，其壮丽之甚，布置之佳，罕有与比"。[37] 惜此宫在元末战争中又被夷为平地。

陕西关中、陕南地区现存10多座元代建筑。一类继承唐宋以来传统的横架结构，如韩城普照寺大殿、九郎庙大殿；一类采用"大额"式构架，前后檐柱不对位，间数不等，造型古拙硕壮，如韩城禹王殿、三圣庙献殿、洋县智果寺，具有古代早期"纵架"结构的历史特征。

八、明清时期

明代改"安西路城"为"西安府城"。明洪武三年（1370年），开始扩建西安城垣，历时八年，奠定了现西安古城基本格局。经后世屡次重修、扩建，遂成中国现存规模最大、保存最为完整的古城墙（图1-2-20）。明代于西安城内修建了钟楼和鼓楼，两楼高大雄伟，庄严华丽，相互辉映（图1-2-21）。

明代军事重镇和城堡的设置，与明代兵制密不可分。明代兵制是洪武初年建立的，曰都司、卫所。其任务是对外防止侵略，巩固边防，对内镇压人民的反抗，维护统治阶级的政权。陕北的榆林镇逐渐成为中原及关中北部的边防重镇。明成化至嘉靖间，蒙古南侵加剧，于是明政府加筑鄂尔多斯南边的一段长城，榆林的军事重要性尤显突出。因此，在成化七年（1471年），延绥巡抚都御史余子俊大筑边墙。榆林城初建时为土城，嘉靖、隆庆、万历时，渐用瓷甓，形成顶宽9.6米、底宽16米、高11.5米、包砌厚1米余的坚固城墙[38]（图1-2-22）。

陕西明代建筑的结构和造型多数采用规矩的传统横架结构，但也有少数仍沿袭元代"大额"式纵架结构的做法，如韩城文庙大成殿；还有采用大内额和斜栿、"减柱造"的做法，如华县禅修寺正殿。

明代即已建成道教建筑药王庙，重修元代寺庙

图1-2-20 明清西安城墙实景图（图片来源：自摄）

良马寺。万历年间于泾阳城东南建铁佛寺，后被毁，仅留五间门楼。寺内有崇文宝塔一座，为八角形13层仿木楼阁式结构，塔高79.19米，塔门向正南，宽1.3米，上下两层有塔檐。万历年间于三原县安乐乡中王堡内建寺，寺内有木塔，故名木塔寺，为陕西现存的唯一木塔。

李自成于大顺年间建米脂真武宫，是依托嘉靖年间建的真武庙扩建而成的行宫。其布局紧凑、配置得体，为陕西现存一组较完整的古建筑群。

清康熙年间在榆林城内建有万佛楼，后历焚毁又重建。该楼为一座建于过街楼台上的佛寺，台用砖砌成，长29.6米，宽18.4米，有十字券洞与街道相通。券洞高、宽各约5米，台内有阶梯可上台面。万佛楼主体建筑为观音殿，面阔三间，高两层，位

(a)

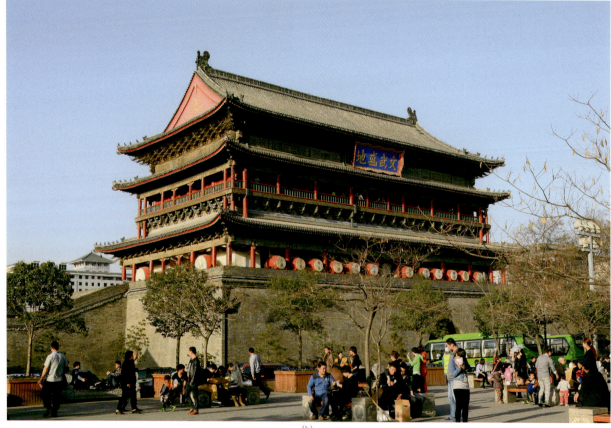

(b)

图1-2-21 钟楼鼓楼实景图
(a) 钟楼实景图（图片来源：自摄）；(b) 鼓楼实景图（图片来源：自摄）

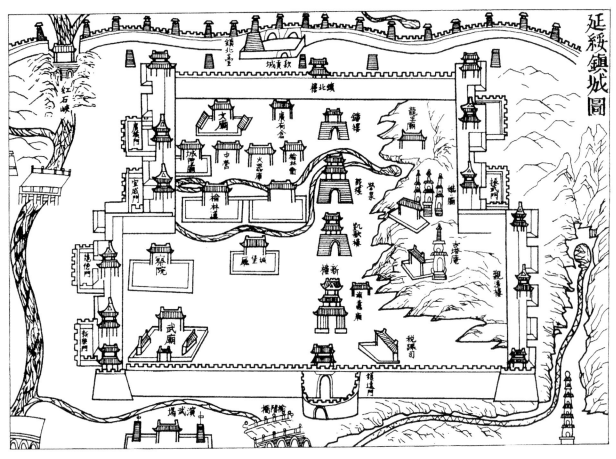

图1-2-22 延绥镇城图（图片来源：潘谷西. 中国古代建筑史（第四卷）元、明建筑[M]. 北京：中国建筑工业出版社，2009：84）

于台面中央，将台分成南北两院。建筑群体造型上有主有次，轮廓丰富，构成榆林城别致的街景[39]。

清代关中地区私宅精品迭出。如建于光绪年间的宋家花园，该园位于今西安市南郊瓦胡同村，院落东西宽8米，南北长40米。其最北侧为三间祠堂，东西两侧设有偏厦式碑亭两座，正南为土山（土嵌石假山）。园内环境幽雅，布局均衡，是一所具有西安地方特点的私宅祠园。又如今西安城内北门里路西曹家巷内的柯氏半园。其布局以中院为中心，右为西跨院，左为东跨院。正门向南面街，进门向右可连通东跨院，为三间正房的小型三合院，有书房，是主人会友赏玩文物的居处。中院设有园门（二道门），门楣上镶有放大的朱雀瓦当刻石，由名家书有"半园"二字。中院北端有四间两层楼房，楼前点缀假山一座，山前有石桌石凳，金鱼瓷缸。西墙砌有半亭，顶覆宝兰古瓷瓶一尊，前为一片修竹，南墙内遍植花木，院内景色雅致。中院有园门可通西院，西院东侧为南北长廊，北端为五间厅堂，门上悬匾写有"春华秋实"，厅堂内挂有许多名人书画。西院内广植花木，景色宜人。[40]

总体来说，明、清时期的建筑营建技术要比以往更加先进。例如在木构架技术之中，逐渐摆脱斗栱构造，梁柱直接搭接组成框架；柱网布列更加注重均衡受力，发挥整体联合作用；适当增设剪力墙以增加构架的整体刚度；用拼接及攒的方法组成巨材；采用标准化、规格化的构架；分层施工建造楼阁建筑；取消了生起、侧脚等做法，简化施工操作等。[41]

注释

① 徐进.陕西古建筑概述[J].文博,2015(3):110-112.

② 中华人民共和国中央人民政府官网http://www.gov.cn/guoqing/2013-04/07/content_2583730.htm.

③ 中华人民共和国中央人民政府官网http://www.gov.cn/guoqing/2013-04/07/content_2583730.htm.

④ 中共陕西省委研究室,陕西省社会科学院,陕西省社会科学学会联合会.陕情要览[M].西安:陕西人民出版社,1986.

⑤ 陕西省人民政府门户网站http://www.sxsdq.cn/sqgk/zhjs/.

⑥ 方建刚,肖科丽,田武文.2007年陕西气候特征及影响分析[J].陕西气象,2008(4):36-39.

⑦ 徐卫民.陕西帝王陵墓概论[J].长安大学学报(社会科学版),2015(3):16-21.

⑧ 潘谷西.中国建筑史[M].第六版.北京:中国建筑工业出版社,2009:19.

⑨ 刘叙杰.中国古代建筑史(第一卷):原始社会、夏、商、周、秦、汉建筑[M].北京:中国建筑工业出版社,2003:103.

⑩ 刘叙杰.中国古代建筑史(第一卷):原始社会、夏、商、周、秦、汉建筑[M].北京:中国建筑工业出版社,2003:102.

⑪ 陕西省考古研究院,榆林市文物考古勘探工作队,神木县文体局.陕西神木县石峁遗址[J].考古,2013(7):15-25.

⑫ 赵立瀛.陕西古建筑[M].西安:陕西人民出版社,1992:2.

⑬ 赵立瀛.陕西古建筑[M].西安:陕西人民出版社,1992:17.

⑭ 潘谷西.中国建筑史[M].第六版.北京:中国建筑工业出版社,2009:19.

⑮ 潘谷西.中国建筑史[M].第六版.北京:中国建筑工业出版社,2009:24.

⑯ 司马迁.史记·秦本纪[M].北京:中华书局,1959:184,200.

⑰ 刘叙杰.中国古代建筑史(第一卷):原始社会、夏、商、周、秦、汉建筑[M].北京:中国建筑工业出版社,2003:236.

⑱ 潘谷西.中国建筑史(第六版)[M].北京:中国建筑工业出版社,2009:26.

⑲ 刘叙杰.中国古代建筑史(第一卷):原始社会、夏、商、周、秦、汉建筑[M].北京:中国建筑工业出版社,2003:314.

⑳ 潘谷西.中国建筑史(第六版)[M].北京:中国建筑工业出版社,2009:30.

㉑ 赵立瀛.陕西古建筑[M].西安:陕西人民出版社,1992:4.

㉒ 刘叙杰.中国古代建筑史(第一卷):原始社会、夏、商、周、秦、汉建筑[M].北京:中国建筑工业出版社,2003:382.

㉓ 刘振东,张建锋.西汉长乐宫遗址的发现与初步探究[J].考古,2006(10):22-30.

㉔ 唐龙.汉长安城遗址保护[M].北京:文物出版社,2012.

㉕ 刘叙杰.中国古代建筑史(第一卷):原始社会、夏、商、周、秦、汉建筑[M].北京:中国建筑工业出版社,2003:562-564.

㉖ 赵立瀛.陕西古建筑[M].西安:陕西人民出版社,1992:64,69.

㉗ 刘叙杰.中国古代建筑史(第一卷):原始社会、夏、商、周、秦、汉建筑[M].北京:中国建筑工业出版社,2003:546.

㉘ 傅熹年.中国古代建筑史(第二卷):两晋、南北朝、隋唐、五代建筑[M].北京:中国建筑工业出版社,2001:45-46.

㉙ 赵立瀛.陕西古建筑[M].西安:陕西人民出版社,1992:79-80.

㉚ 潘谷西.中国建筑史(第六版)[M].北京:中国建筑工业出版社,2009:67.

㉛ 赵立瀛.陕西古建筑[M].西安:陕西人民出版社,

㉜ 中国陕西[EB/OL].http://www.shaanxi.cn/html/2009-1-16/090126.html.

㉝ 赵立瀛.陕西古建筑[M].西安：陕西人民出版社，1992：81，89.

㉞ 佟裕哲.陕西古代景园建筑[M].西安：陕西科学技术出版社，1998：53，88.

㉟ 赵立瀛.陕西古建筑[M].西安：陕西人民出版社，1992：124-126.

㊱ 傅熹年.中国古代建筑史（第二卷）：两晋、南北朝、隋唐、五代建筑[M].北京：中国建筑工业出版社，2001：314.

㊲ 赵立瀛.陕西古建筑[M].西安：陕西人民出版社，1992：142.

㊳ 潘谷西.中国古代建筑史（第四卷）：元、明建筑[M].北京：中国建筑工业出版社，2009：77，83，84.

㊴ 赵立瀛.陕西古建筑[M].西安：陕西人民出版社，1992：138-139，159，183，192.

㊵ 陈青化.民国时期西安园林研究[D].西安：陕西师范大学，2012：41-43.

㊶ 孙大章.中国古代建筑史（第五卷）：清代建筑[M].北京：中国建筑工业出版社，2009：520.

陕西古建筑

第二章 城镇聚落

陕西古城镇与聚落分布图

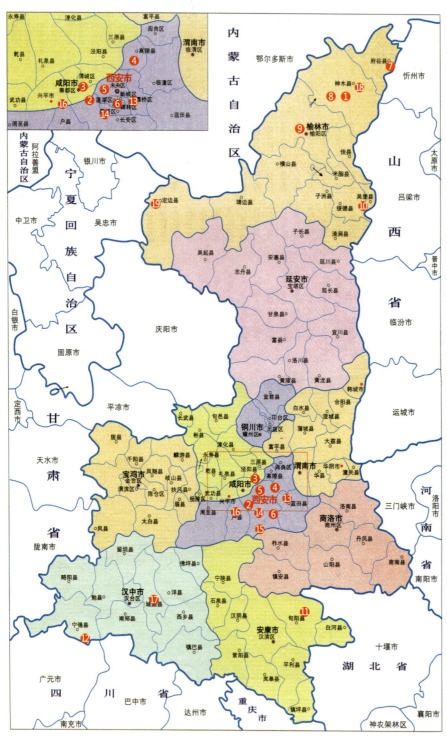

（地图引自：中华人民共和国民政部编. 中华人民共和国行政区划简册2014. 北京：中国地图出版社，2014.）

❶ 石峁遗址　　❺ 隋唐长安城　　❾ 榆林卫城　　⓭ 西安古城墙　　⓱ 城固钟楼
❷ 丰镐遗址　　❻ 西安古城　　　❿ 吴堡石城　　⓮ 西安钟楼　　　⓲ 神木钟楼
❸ 秦都咸阳城　❼ 府谷府州城　　⓫ 旬阳蜀河古镇　⓯ 西安鼓楼　　⓳ 定边鼓楼
❹ 汉长安城　　❽ 神木高家堡古城　⓬ 宁强青木川古镇　⓰ 户县钟楼

第一节 概述

距今约6000年前的原始社会新石器时代中期，陕西已进入定居的农业社会，逐渐产生了固定的原始聚落。至今发掘的遗址主要有西安半坡村、临潼姜寨、宝鸡北首岭、长武下孟村、渭南史家村、西乡向家湾、安康柏树岭、洛南焦村、榆林石峁村等，其中以临潼姜寨和西安半坡村保存较为完整，榆林石峁城址为同时期全国最大，且具有城镇雏形的城镇聚落。但是这一时期由于生产力水平低下，聚落的建筑营造尚处于初始阶段。即便如此，规划布局已具备功能分区，开创了中国规划历史的先河。

夏商时期（公元前21世纪~公元前11世纪），在今陕西地区先后形成了许多方国。主要有扈国（今户县一带）、崇国（今户县、西安市长安区及西安市一带）、商国（今商州区）、邰国、姜嫄国（今武功县一带）、豳国（今彬县）、周国（今岐山、周原）、犬戎国（今岐山县北）、戏戎国（今白水县）、骊戎国（先在今渭南一带，后定居今临潼）、莘国（今合阳县）、杜伯国（今西安市长安区）、申国、吕国（今周至、眉县一带）、芮国（今韩城）等[①]。这些方国以城为基础，从同时期其他地区的城市遗址来推断，这个时期陕西的城堡已初具规模，城市物质要素开始发育，但仍处于雏形时期。其主要特征表现为：

（1）城市空间结构尚很松散，城市范围内有相当的空白地带。

（2）城垣围护的区域也主要是以王宫、宗庙为核心的宫城性质的地区。

（3）一般的住宅、作坊和墓葬等大都在城垣外呈散片状分布。

（4）绝大多数居民主要从事农业生产，大型商业市场尚未形成。

西周至春秋战国时期（公元前11世纪~公元前2世纪末），陕西境内留下来的城市遗址主要有丰镐遗址、雍城遗址和栎阳城遗址。这一时期的城市规划，在总体形态上形成了比较稳定的大小城郭制，城与郭职能分区明显。在城市主体结构上，宫城居中或独居一隅，建有高大夯土台，具有礼制特征。在城市要素布局上，郭内出现大型市场和作坊，士、商、工、耕者居住地域出现一定分化。

秦汉、魏晋南北朝至隋唐时期（公元前2世纪~公元9世纪），陕西的城市主要有秦咸阳城、汉长安城、西夏统万城和隋唐长安城。这一时期，陕西城市规划在空间结构上具有以下特征：

（1）城市总体形态向套有子城的城垣制转化，城市结构更为紧凑。

（2）城市主体结构（大型公共建筑布局）形成宫城居中、轴线对称、尊卑有别的礼制传统。

（3）城市要素布局上扩大了集中市制，形成严整的里坊和市场体系。唐长安城规划不仅在当时影响到日本的平城京、平安京及唐渤海上京龙泉府等，而且对新中国成立后的西安市总体规划，也起到很大的借鉴作用。

五代至鸦片战争时期（公元10世纪~公元19世纪中期），陕西地区的城市随着全国政治中心东移、经济重心南移而逐渐衰落。只是到了元、明、清时期，随着政局的稳定和长安城在中国西部重镇地位的确立，陕西的城市有所发展。这一时期，有代表性的城市是西安城和榆林城。在城市规划上，城市主体结构上的礼制传统风格在继承中有了进一步发展，在城市要素布局上出现了较为自由的街市巷里体系。

第二节 古代都邑

一、石峁遗址

石峁遗址位于榆林市神木县高家堡镇洞川沟附近的山梁上，属新石器时代龙山晚期至夏代早期超大型聚落遗存，是目前所见中国史前时期面积最大的城址。2006年公布为第六批全国重点文物保护单位（图2-2-1）。

石峁遗址距今约4000年，面积约425万平方米。其大型"石城"使用寿命超过300年。遗址地处黄部墙体，向东南方向继续扩筑了一道弧形石墙，面积约190余万平方米。墙体的加工方法主要有嵌山砌石、夯基砌石以及利用断崖等。同时还发现了角楼、疑似"马面"、城门等附属建筑遗址。

外城东门址位于外城东北部，处在遗址区域内最高点，门道东北向，由"U"形石砌照壁、包石夯土墩台、曲尺形"瓮城"、门塾等部分组成，这些设施以宽约9米的曲尺形门道连接。在照壁的倒塌堆中，发现了玉铲、玉璜以及阴刻人头像的大石块。在龙山晚期修筑外城东门时有一层黑褐色地基铺垫层，在曲尺形"瓮城"的一段墙体的地面上，发现了100余块壁画残块，部分壁画还附着在墙体上，这些壁画以白灰面为底，绘有红、黄、黑、橙、绿等色彩，均为几何形图案。2015年9月，考古人员在石峁外城东门附近清理出一处规模较大、保存较好、错落有致的院落，其窑洞式住房、高处库房、礼仪性厅房及石铺地坪和院落门址等结构基本清晰[②]。

二、丰镐遗址

西周都城丰镐是中国历史上第一个规模宏大、布局整齐的古代都邑。它开创了中国城市平面布局方整、宽敞、宏伟之先河，成为后来城市规划的模板。1961年公布为第一批全国重点文物保护单位[③]（图2-2-3）。

周人在岐山、周原建都后，由于政治、经济、军事需要，遂迁至沣河流域，在沣河以西建立丰京。后因扩都受到地理条件限制，又在沣河以东建立镐京，但丰京仍然保留。丰京位置在今西安市长安区沣河西岸的马王村、客省庄等一带，镐京在沣河以东的洛水村、上泉北村、普渡村、花园村、斗门镇一带。"两京相距，近在咫尺（仅五华里之遥），仅以沣水相隔，名虽不同，实为一京的两部分。"[④]丰京和镐京并称"丰镐"，是历史上最早称为"京"的城市。

丰镐作为西周都城沿用近300年，又被称为"宗周"。西周末年，丰镐为犬戎族所攻入，周幽王

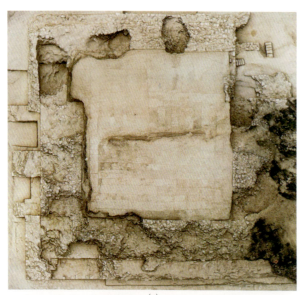

图2-2-1　石峁遗址实景图
(a) 外城东门址北墩台（图片来源：陕西省考古研究院，榆林市文物考古勘探工作队，神木县文体局. 陕西神木县石峁遗址[J]. 考古，2013(7)）；(b) 外城东门址（北至南）（图片来源：陕西省考古研究院，榆林市文物考古勘探工作队，神木县文体局. 陕西神木县石峁遗址[J]. 考古，2013（7））

河支流秃尾河及其支流洞川沟交汇处，所在区域属于低山丘陵区，以黄土梁峁、剥蚀山丘、沙漠滩地为主。地貌沟壑纵横，支离破碎。城址分为皇城台、内城、外城三个部分，形成以皇城台为中心、内外城包围环绕的环套结构，开启了中国古代都城建筑格局的先河（图2-2-2）。

皇城台位于内城偏西，大致呈方形，四面包砌护坡石墙。内城将皇城台包围其中，依山势而建，平面大致呈东北——西南向的椭圆形，内墙残长2公里，面积约210万平方米。外城利用了内城东南

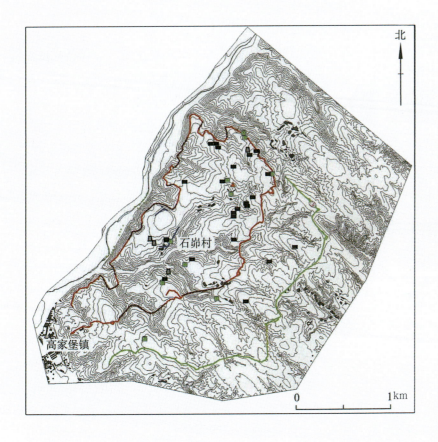

图2-2-2 石峁遗址总平面图（图片来源：陕西省考古研究院，榆林市文物考古勘探工作队，神木县文体局. 陕西神木县石峁遗址[J]. 考古，2013（7））

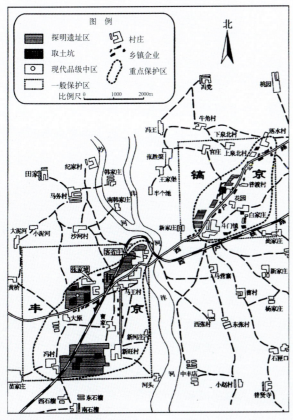

图2-2-3 丰镐遗址现状图（图片来源：陕西省考古研究所. 镐京西周宫室[M]. 西安：西北大学出版社，1995：77）

被杀，都城遭战火焚毁。秦始皇修阿房宫与汉武帝修昆明池时，镐京遗址遭到毁灭性破坏，整个城址规模、布局已难考据。经近现代考古发掘与研究，在沣水两岸约15平方公里的遗址范围内，发现了多座宫殿、宗庙、贵族与平民居址、车马坑、青铜器窖藏、大型墓葬、手工业作坊。此外，据《诗经》等文献记载，当时丰镐尚有辟雍、灵台、灵沼等礼仪和游乐性设施，但今已无任何建筑遗存。⑤

丰镐是沿河谷阶地发展起来的城市，城市设计因地制宜、朴素自然，强调实用功能。广义的丰镐地区西起涝河，东至橘水，北达渭水，南及秦岭北麓，又可划分为都邑区、王陵区、农业种植区、游乐渔猎区和放牧区等不同功能区域。例如，灵沼、海子、彪池、镐池和丰水，既是两京区域内的渔猎区，也是天子、贵族习礼、习射和举行各种大礼、游乐活动的重要场所。都邑区内各居民点间有农作区，而都邑以外的细柳塬、高阳塬、毕塬、神禾塬和渭水、涝水、新河阶地可能被辟为农作区，供应都城用粮（图2-2-4）。

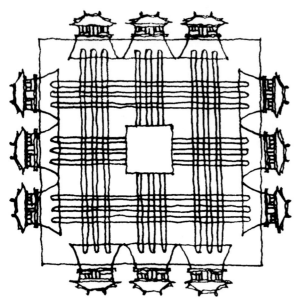

图2-2-4 《周礼·考工记》都城平面图（图片来源：刘敦桢. 中国建筑史[M]. 北京：中国建筑工业出版社，1984：36）

丰镐城市布局较为松散。两京都邑区的主要面积多为王室宫殿、宗庙和贵族居址采地所占据，是西周王室对全国施行政治权力的中心地点。都邑内，宫殿区、贵族居址和若干居民点稀疏地分布在一个较大的区域，不少居住地周围是族墓葬地，聚族而居，聚族而葬，居邑由许多这样的血缘群体组成，具有史前社会村落遗址一样的浓厚原始特征。[6]

丰镐城市的经济功能愈益突显。记载都城丰镐规制、并成为后世都城设计圭臬的《周礼·考工记》中，都邑区内明确记有"前朝后市"这一城市规划与建筑布局关系的内容，结合《周礼·司市》篇中所记，当时"市"已有"大市、朝市、夕市"等多种类型，并成为城市功能的重要组成部分。

三、秦都咸阳城

秦咸阳遗址是战国后期秦国都城遗址。其中心地处于陕西省咸阳市以东约15公里处的窑店镇牛羊村一带。遗址北至高干梁，南到渭河北岸，东到柏家嘴，西到任家嘴，东西长6公里，南北宽3公里，面积18平方公里。[7]1988年公布为第三批全国重点文物保护单位[8]。

秦孝公十二年（公元前350年），秦都城自栎阳迁至咸阳，面积约100平方公里。惠文王时（公元前337～公元前310年），都城规模随着宫室增多而扩大，面积约200平方公里。昭襄王时（公元前306～公元前250年），先后在渭河南修建了兴乐宫、章台宫，并在渭河上架横桥，以联系咸阳宫与兴乐宫，整个城域面积达460平方公里。

秦始皇统一中国后，在渭北"因北陵营殿"，扩建先王宫室，营建风格各异的六国宫殿。在渭河以南，新建信宫，扩建横桥，宫与宫之间，"殿屋复道周阁相属"，增加了都城境内的建筑密度。秦始皇三十五年（公元前212年），营造咸阳最大宫殿——朝宫，其前殿阿房宫面积约87万平方米，现遗存总面积约65万平方米。在此基础上，将咸阳周围100公里内的270个宫观，用"复道"和"甬道"互相沟通，形成了以咸阳宫为中心，横亘东西400公里、南北200公里的大都会区[9]（图2-2-5）。

1. 规划设计思想

秦咸阳的城市营建不仅受到王畿区域规划体制的影响，而且还受到"天人合一"理念的重要影响，体现了中国封建社会早期城市规划之中"法天象地"的指导思想。秦都咸阳城将星宿天象与建筑实体对应起来进行都城营建，既形成了自身的显著特色，又对包括汉长安在内的后世都城规划产生了深刻影响。[10]

《三辅黄图》曰："始皇穷奢侈，筑咸阳宫，因北陵营殿，端门四达，以则紫宫，象帝居。渭水贯都，以象天汉，横桥南渡，以法牵牛。"《史记·天官书》则曰："中宫天极星，其一明者，太一常居也；旁三星三公，或曰子属。后句四星，末大星正妃，余三星后宫之属也。环之匡卫十二星，藩臣。皆曰紫宫。"秦咸阳都城营建将渭河与天上的银河相对应，将拟建的宫城与天上的星空相对应。咸阳宫象征天极（北极星），信宫对奎宿、娄宿，上林苑对银河南天苑星，阿房宫则对营室宿，各宫殿以咸阳宫为中心，环列周围，形成拱卫之势，滔滔渭

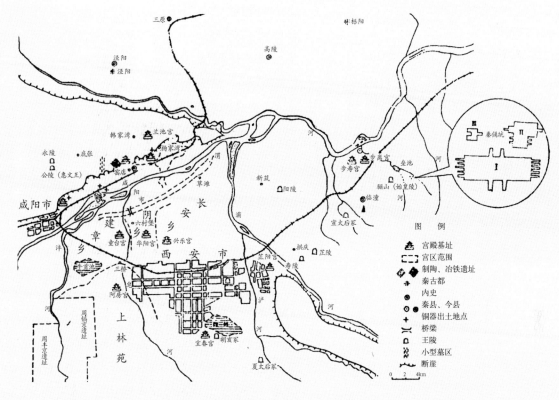

图2-2-5 秦咸阳城平面图（图片来源：陕西省地方志编纂委员会. 陕西省志·建设志[M]. 西安：陕西人民出版社）

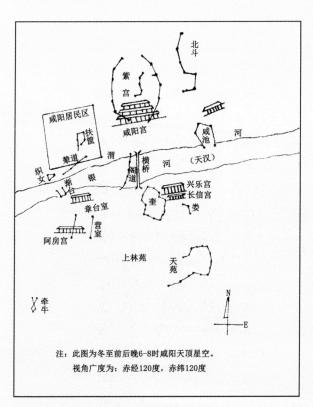

图2-2-6 秦都咸阳主要宫苑与天象位置对照示意图（图片来源：咸阳市志（卷二）[M]. 西安：三秦出版社，2001）

水穿流于宫殿群之间，就像是银河亘空，十分壮观，充分实现了"为政以德，譬如北极，居其所而众星拱之"的规划意图（图2-2-6）。

2. 功能布局

秦都咸阳规划布局，以渭河为纬向轴线，以咸阳宫为经向轴线，以两线交点横桥为中心向四周扩展。其中，秦孝公至惠文王时期，大体以今渭城区窑店镇为界，东部为宫殿区，西南为居住区，西北为陵墓区。始皇时期，都城北部修建郑国渠，形成农业灌溉区。随着国力渐强，秦都经济日益繁荣，市域范围不断扩大，市场数量不断增加，周边地区分布繁市、槐里市、社市、栎市等综合及专业市场。自秦昭王始，秦都咸阳城市功能即以发展经济为主，其市区不断扩大，城郭却未增筑。秦始皇统一中国后，仍然没有扩大城郭，但是十分注重道路交通。修筑了以咸阳为中心，以"驰道"、"直道"为干线的交通网络。

宫殿分布大体可分为中心区与外围区。中心

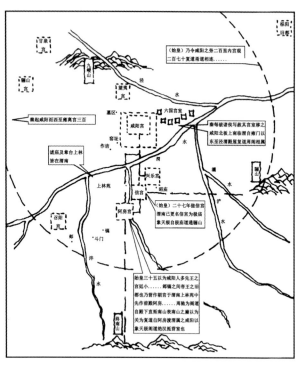

图2-2-7 秦都咸阳范围及布局示意图（图片来源：贺业钜. 中国古代城市规划史[M]. 北京：中国建筑工业出版社，1996：313）

区在南北轴线及其附近，由北向南有望夷宫、咸阳宫、横桥、兴乐宫、阿房宫。在东西轴线及其周围，由西向东，渭河北有六国宫殿、居民区、咸阳宫、直市、兰池宫；渭河南有章台宫、阿房宫、武库、兴乐宫等。外围区即中心区之外的辐射区，其范围大体相当于秦内史的辖域，建筑分布沿渭河两岸由西向东，有宝鸡羽阳宫、虢宫，乾县甘泉宫，灞桥芷阳宫，临潼步寿宫等。南北轴线附近有淳化林光宫、泾阳池阳宫、长安宜春宫等（图2-2-7）。

3. 建筑特征

经探测，秦都咸阳城址中部偏北有东西长约870米、南北宽约500米、周长约2747米的夯土墙基。墙基宽约5.5～7.6米，最厚4.6米。平面呈不规则长方形，似为秦咸阳城的宫城。宫城内外已探明大小夯土建筑基址27处，其中有8处在宫城内。[11]

现已发掘的秦宫1号基址，位于窑店乡牛羊村牛羊沟西侧，与东侧的四号宫殿遗址东西对称。1974～1975年发掘。基址东西长60米，南北宽45米，台基均为夯筑高出地面6米。分上、下两层建筑，上层正中为主体殿堂，东西长13.4米，南北宽12米。中央有直径60厘米的柱础遗迹，地面涂朱红色。上、下层均有卧室，内有壁炉。下层一间卧室内还有大型陶制地漏及排水管，可能是浴室。下层平面呈"L"形。底层为回廊，廊下墁砖。台上、台下均有排水设施。[12]秦咸阳一号宫殿是一座战国以来盛行的高台建筑。台上建筑由殿堂、过厅、居室、浴室、回廊、仓库和地窖等组成，高低错落，形成一组复杂壮观的建筑群。[13]（图2-2-8）。

秦宫1号建筑集中反映了当时宫殿特点：

（1）建筑为高台建筑，利用夯土将建筑抬起，

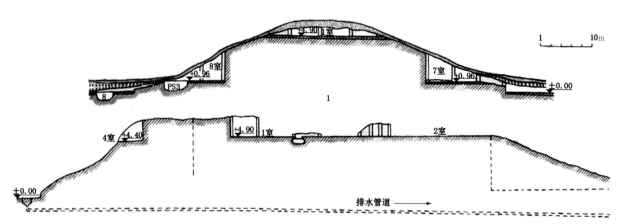

图2-2-8 秦咸阳一号宫殿剖面图（图片来源：秦都咸阳考古工作站. 秦都咸阳第一号宫殿建筑遗址简报[J]. 文物，1976）

形成高大的建筑形象，同时利用夯土围合房间。

（2）夯土台基周围布以围廊，既是遮阴避雨之通道，又为夯土台基之防护。

（3）建筑有露台、阁、榭等室外或半室外过渡空间。⑭

由此，证明当时的宫殿建筑群布局、建筑形制、结构与工程技术已有相当成就。

宫殿建筑出土文物以砖瓦、瓦当等建筑材料为大宗，另有铁器、铜器、兵器、货币和陶器等。砖有两种规格，一种是用于踏步的大型长方形空心砖，砖面多数饰以多种内容的龙凤纹及回纹；另一种是用于铺地或镶砌廊边的小型长方形和方形的扁砖，砖面多模印菱形方格纹、菱形∽纹、太阳纹和回纹。瓦分板瓦和筒瓦，体形较大。瓦背饰绳纹。瓦当大多为卷云纹圆瓦当，也出土少量的半圆形和圆形素瓦当。在一些板瓦、筒瓦和少数砖面上，戳记文字印鉴，款式有正方形、圆形、倒梯形（图2-2-9）。

图2-2-9　秦咸阳一号宫殿遗址出土文物（图片来源：秦都咸阳考古工作站. 秦都咸阳第一号宫殿建筑遗址简报[J]. 文物，1976（1））

四、汉长安城

汉长安城遗址是西汉时期的都城遗址，位于西安城西北郊约10公里处的未央区汉城乡，面积约34.39平方公里。1961年公布为第一批全国重点文物保护单位⑮。

西汉长安城是在秦咸阳兴乐宫基础上建立起来的。汉高祖五年（公元前202年）刘邦决定修复兴乐宫，并改名为长乐宫，并以此为基础兴建都城，名为长安城。汉高祖七年（公元前200年）二月，长乐宫建成。汉高祖八年（公元前199年），又在长乐宫西侧兴建未央宫，作为西汉长安的主要宫殿，由兴乐宫改成的长乐宫则供太后居住。汉武帝太初元年（公元前104年）兴建建章宫，太初四年（公元前101年）营建桂宫、明光宫，扩建北宫⑯，开凿昆明池和上林苑，扩建宫殿、苑囿、明堂、坛庙等建筑，使汉长安城的建设达到极盛。

（一）规划设计思想

汉长安在城址、营建时期乃至规划传统发展上，有明显的延续性。汉长安借鉴了秦咸阳的设计手法，利用"天象"来规划城市。汉长安城在形状上类似南斗和北斗，这是汉长安城称为"斗城"的基础。在天文学意义上，南斗、北斗蕴涵着十分丰富的文化内涵。南斗和北斗很早就被人们所崇拜，殷商时代，人们就已经为北斗举行隆重的祀典，并且殷人将北斗星与王相联，认为祀"斗"可以使"王受佑"。秦统一天下，秦始皇命建南斗庙、北斗庙。北斗七星，由于明确的标志性特征，在表达天的观念上具有很大的优势，因而也就成为帝的指代物，"北斗七星，所谓'璇玑玉衡，以齐七政'。斗为帝车，运于中央，临制四乡，分阴阳，建四时，均五行，移节度，定诸纪，皆系于斗"。筑斗城的意义也在于"齐七政"，它意味着稳定与秩序，象征着国家体制完备，政通人和。晋代葛洪在《西京杂记》中记述了西汉初人们崇拜北斗的习俗。因此，在汉长安的规划中，代表紫微宫的未央宫、代表北斗的北城墙西段和代表南斗的南城墙东段，恰好组成了一幅周天星图。

（二）功能布局

汉长安城利用原有宫殿基础逐步扩建而成，城墙建于长乐宫和未央宫修成之后，都城平面略呈不规则的正方形，城墙除东面平直以外，其他三面均凹凸曲折。缺西北角，西墙南部和南墙西部向外折曲，称之为"南为南斗形，北为北斗形"，或称为"斗城"（图2-2-10）。

汉长安城布局充分体现了《周礼·考工记》关于古代都城建制的特点。汉长安城的皇宫是未央

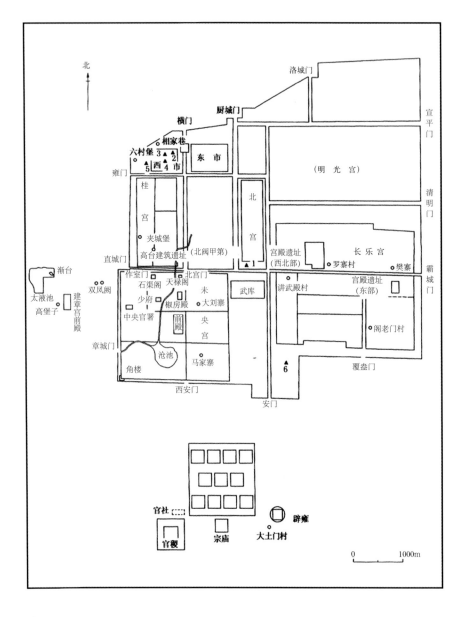

图2-2-10 汉长安城遗址平面图（图片来源：王仲殊. 汉代考古学概说[M]. 北京：中华书局，1984）

宫，位于城的西南部，此外在东、北、东北还分别有后妃居住的长乐宫、桂宫、北宫和明光宫。未央宫以北，长安城北部，是首都的主要市场——东市和西市。宗庙与社稷分别位于未央宫东南和西南。上述布局，反映了都城的"前朝后市"、"左祖右社"特点。都城百姓的里居位于汉长安城东北部，贵族的宅第则大多在皇宫附近。长安城之西和西南部是著名的建章宫与上林苑。长安城北郊是皇室避暑离宫——甘泉宫。[17]城的南面安门外设明堂、辟雍和祖庙、社稷坛等祭祀用建筑物。由于宫殿陆续建造且较为分散，因此每座宫殿都有宫城环绕。

汉长安城城墙采用黄土版筑，东、南、西、北城墙分别长5917米、7453米、4766米、6878米，总长25014米。地面现存长度分别为4184米、5873米、1795米、1399米，现存最高约10米，基宽12～16米（图2-11）城墙四周各开三座城门，四面有渠水或河水环绕。南面由东向西依次为：覆盎门（杜门）、安门、西安门；西面由南向北依次为章城门、直城门、雍门；北面由西向东依次为：横门、洛城门、厨城门；东面由北向南依次为：宣平门（东都门）、清明门、霸城门。每座城门有三个门道，城内有八条主要大街，每条大街上有两个排水沟，将其分为并行的三股道，即所谓"披三条之广路，立十二之通门"。城墙内侧筑有环城道路，文献称环涂或徼道。城内分为九个市区，街道宽阔平整，规划整齐（图2-2-12、图2-2-13）。

（三）建筑特征

1. 宫殿

未央宫、长乐宫、建章宫是汉长安城最著名的三大宫殿群。仅长乐、未央两宫就占去汉长安城内一半面积。建章宫在城外的上林苑，占地亦十分广阔。

未央宫位于城的西南角，平面方形，周长8800米。四面有夯土宫墙，东西长2150米，南北宽2250米。未央宫由前殿、椒房殿等40余处殿宇组成，其前殿基址，规模与长乐宫前殿大体相当，南北长约400米，东西宽约200米，由南向北分为三级台基排列，次第升高，每层台基都有宫殿建筑，北端最高处高出今地面约15米，南端高出今地面约0.6米，是皇帝朝会诸侯群臣的场所（图2-2-14）。

长乐宫位于城东南角，平面近方形，周围夯筑宫墙，墙基宽6～7米，周长10760米，面积约6平方公里。长乐宫规模庞大，主要建筑是前殿，其东西近50丈，进深约12丈。

建章宫建在未央宫西侧，周长约6740米，规模比长乐、未央两宫都大，高可俯视未央宫，有凌空阁道，跨越城墙，连通未央宫。西城外的建章宫遗址保存下来的遗迹甚多，如北阙、凤阙、太液池及其他一些殿阁的夯土台基仍清楚可见（图2-2-15）。

桂宫位于未央宫北边，靠近城的西墙，南北长1800米，东西宽900米⑱，平面呈南北向的长方形，四面有夯土宫墙。现存于夹城堡村东的夯土高台，可能是桂宫的明光殿基址。

北宫是汉高祖刘邦始建、汉武帝时增修的。北宫既是供奉、祭祀神君的地方，又是因宫廷斗争失败而被软禁的后妃居处。关于北宫的位置长期以来

图2-2-11　汉长安城遗址实景图（图片来源：自摄）

图2-2-12　石渠阁遗址（图片来源：自摄）

图2-2-13　章城门遗址（图片来源：自摄）

悬而未决，最近考古勘探有了突破性进展，在未央宫东北、长乐宫西北发现了其遗迹。北宫位于雍门大街南35米，直城门大街北225米，安门大街西40米，厨城门大街东50米。宫城南北1710米，东西620米，周长4660米。宫城四面各辟一座宫门。[19]

2．礼制建筑

汉长安南郊的礼制建筑群遗址以辟雍和王莽九庙遗址规模最大，保存较完整。

辟雍遗址建于汉平帝元始年间（公元1~5年），其平面外圆内方，中间为一座直径62米的圆形夯土台，台上有平面呈"亚"字形的主体建筑基址，包括主室和四隅的夹室，四边有四堂。这组中心建筑外为方形夯土墙，每边长235米，基宽1.8米，四面辟门，四隅有曲尺形配房。围墙外边为圜水沟，直

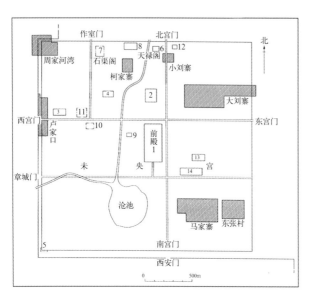

图2-2-14　未央宫遗址平面图（图片来源：刘庆柱，李毓芳. 汉长安城[M]. 北京：文物出版社，2003）

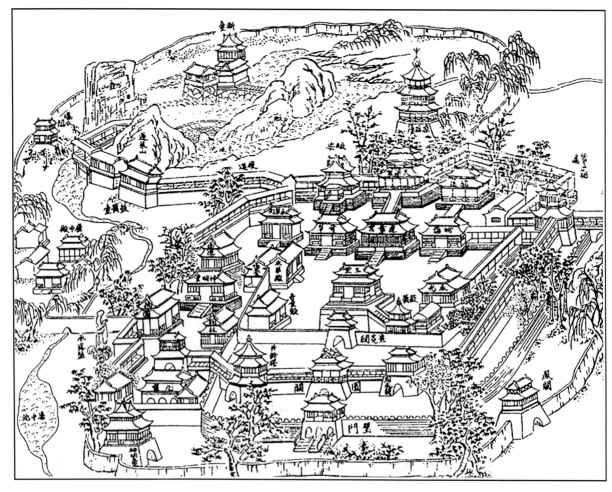

图2-2-15　汉建章宫图（图片来源：(清) 毕沅. 关中胜迹图志[M].）

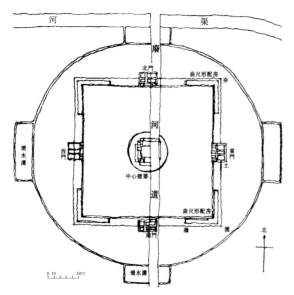

图2-2-16 汉明堂辟雍平面实测图1（图片来源：刘敦桢. 中国建筑史[M]. 北京：中国建筑工业出版社，1984：46）

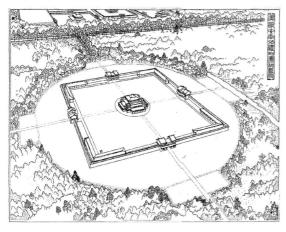

图2-2-17 汉明堂辟雍复原图1（图片来源：刘敦桢. 中国建筑史[M]. 北京：中国建筑工业出版社，1984：48）

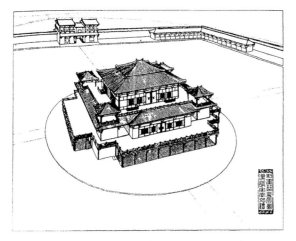

图2-2-18 汉明堂辟雍复原图2（图片来源：刘敦桢. 中国建筑史[M]. 北京：中国建筑工业出版社，1984：49）

径约360米，周长1156米，宽2米，深1.8米，沟壁砌砖。圜水沟与四门相对处又各有一小水沟围绕（图2-2-16～图2-2-18）。

王莽九庙遗址共发现12座建筑基址。1～11号建筑基址为一组，外边围绕每边长1400米的方形夯土墙。12号建筑基址另为一组，位于南墙外侧中部。这12座建筑基址的形制基本相同，中心是平面呈"亚"字形的主体建筑，外有近方形的围墙，墙的四面辟门。出土的石础上有"始建"年号，其位置和规模，都与《汉书·王莽传》所载的"王莽九庙"相符。

3. 园囿

汉武帝元狩三年（公元前120年）在大幅度扩展秦时的上林苑后，其占地约300余顷，苑内建有离宫30多处，大量亭台楼阁，布满珍禽奇兽，名木异草，汉朝皇帝秋冬季节都要在苑中射猎（图2-2-19）。

元狩四年（公元前119年），在长安西南上林苑中开挖周长20公里的昆明池，作为城市供水和漕运用的水源，还可在池中训练水军的船战。池水一方面由西南入城经未央宫中的沧池后经明渠屈曲向东出城；一方面分支注入沿城的漕渠而再向东注入郑渠，和黄河相通，既方便漕运，又可供农业灌溉，是一举数得的城市蓄水、引水工程。

五、隋唐长安城

隋立国之初，仍以汉长安旧城为都。由于此城历经800余年，旧城在功能、文化等各方面已经不能适应一个新时代都城的需求。自开皇二年（公元582年）正月开始，隋文帝下诏命高颎、李询、宇文恺、刘龙等人于汉长安城之东南建造新都大兴，整个都城规划方案都是由宇文恺主持设计。大兴城的规划先筑城墙，后辟街道里坊，到次年三月初步完成，其总面积约36平方公里。大业九年（公元613年），又动用10余万人在宫城和皇城以外建造了外郭城，大兴城总体格局至此基本形成。

公元618年，唐取代隋，大兴城更名为长安城，

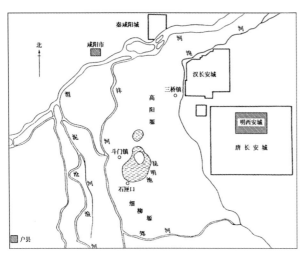

图2-2-19 上林苑遗址分布示意图（图片来源：王仲殊．汉代考古学概说[M]．北京：中华书局，1984）

都城建设最为显著的就是大明宫、兴庆宫等重大工程，格局在延续大兴城的基础上又有了新的发展。经数次大规模增建，都城面积达84平方公里。城市规划日臻完善，建筑宏伟，百业兴旺，最多时人口超过100万，成为当时中国乃至世界上最伟大的城市之一。1996年，隋大兴、唐长安城遗址公布为第四批全国重点文物保护单位。[20]

1. 规划设计思想

大兴城的规划继承了曹魏邺城、北魏洛阳等前代都城规划经验，创造了新的都城制度与规划结构。在政治理想和社会理想上，继承了祖社关系，创新了朝市关系，将魏晋以来的佛、道信仰纳入城市整体构架。并在都城东西南北四方设计了圜丘、日坛、月坛等，形成新的宇宙秩序。大兴城是以太极宫为基本模数单位，皇城（包括宫城）和外郭城分别是太极宫面积的5倍和9倍，形成一种九五空间关系。与此同时，外郭城、皇城（包括宫城）和太极宫的平面都是一个内含等边三角形的矩形。此后，武廷海（2009）又进一步从形势论的角度认为，"举势以立形"和"聚形而展势"是宇文恺规划大兴城的两个重要方面。[21]

2. 功能布局

隋唐长安城的宫城、皇城位居都城中央北部，以太极宫、承天门、朱雀门、朱雀大街、明德门等构成城市中轴线，将城市分为东西两部分，东属万年县，西属西安市长安区。东西各布置一市，即东市（隋称"都会市"）、西市（隋称"利人市"）。将宫城、皇城等用地与居民住区清楚划分，使得公私各便。大兴城建设之初，其基址用地，南北横亘六条高坡，俗称"长安六坡"。"长安六坡"是当时新都建设的自然基础。隋唐长安城作为都城，除了利用"六坡"建立一种"君、臣、神、人"的空间关系，还在皇城内规划太庙与社樱坛，东西相对，外郭东、西、南三面各置三门，以应"左祖右社"、"旁三门"的传统制度。在春明门外规划日坛，开远门外规划月坛；启夏门外规划圜丘、先农坛、籍田；宫城北规划地坛和蚕坛，形成一种神圣的宇宙秩序。这些都成为后世都城规划设计的典范。[22]

隋唐长安城平面呈东西略长、南北略窄的长方形，周长约35.5公里。据考古实测，从东墙的春明门到西墙的金光门之间，东西宽为9721米（包括两城墙厚度）。从南墙的明德门到北墙的玄武门偏东处之间，南北长为8651米（包括两城墙厚度）[23]（图2-2-20）。

唐长安全城分三大部分：宫城、皇城和外郭城。宫城位于全城北部中心，皇城在宫城之南，外郭城则以宫城、皇城为中心，向东西南三面展开。城内街道纵横交错，城内南北11条大街，东西14条大街，划分出110座里坊，形似棋盘。唐长安城以宫城承天门、皇城朱雀门和外郭明德门构成南北中轴线，将长安城分成东西对称两部分。为突出北部中央宫城的地位，更将承天门、太极殿、两仪殿、甘露殿、延嘉殿和玄武门等高大建筑物布置在中轴线北端，以其雄伟的气势来展现皇权的威严。

3. 建筑特征

（1）宫城

宫城位于城市北部正中，平面为长方形，东西长2830.3米，南北宽1492.1米，周长8.6公里。城四周有围墙，南面正中开承天门（隋称广阳门），东、西为延喜门和安福门，北墙中部开玄武门。宫

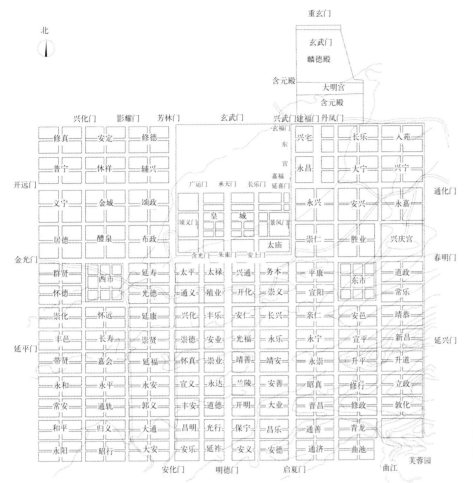

图2-2-20 唐长安平面图（图片来源：陕西省志·建设志[M]. 西安：三秦出版社，1999：332）

城分为三部分，正中为太极宫（隋称大兴宫），是隋朝和初唐时期的皇帝居所和朝会之地，称作"大内"。东侧是东宫，为太子居所，西侧是掖庭宫，为宫女的住处和犯罪官僚家属妇女入宫劳动之处[24]。宫内由南向北分为前朝、后寝和苑囿三块区域。前朝的正殿为太极殿（隋称大兴殿），太极殿东西宽1285米，南北长1492米，面积约1.92平方公里，四周有廊庑围成的巨大宫院，东西两侧建有官署。后寝的主殿是两仪殿，周边有万春殿、千秋殿、甘露殿、神龙殿、安仁殿等殿堂。苑囿位于宫殿最后部，有亭台池沼等。

大明宫位于太极宫东北方的龙首塬高地上，经考古实测，宫城西墙长2256米，东墙长2614米，北墙长1135米，南墙是外郭城北墙的一部分、长1674米，周围长7.6公里，其形制略呈楔形，总面积3.5平方公里，是"三大内"中最大的一座，可俯瞰整座长安城。[25]宫殿建于贞观八年（公元634年），自唐高宗起，先后有17位唐朝皇帝在此居住和处理朝政，称为"东内"。宫城为中轴对称格局，前部由丹凤门、含元殿、宣政殿、紫宸殿等构成前朝的南北中轴线，后部以太液池为中心组成内庭，分布麟德殿、三清殿、大福殿、清思殿等数十座殿宇楼阁（图2-2-21）。

兴庆宫位于外郭城东部，南北长1250米，东西宽1080米，周长4.6公里，面积约1.35平方公里，规模在"三大内"中最小。[26]该宫原是唐玄宗早年任临淄王时的藩邸，开元二年（公元714年）改名为兴庆宫。开元十四年（公元726年）进行扩建，

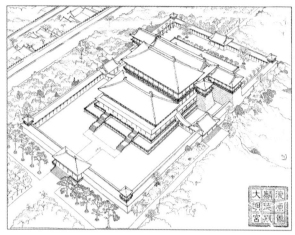

图2-2-21 大明宫麟德殿复原图（刘敦桢. 中国建筑史[M]. 北京：中国建筑工业出版社，1984：121）

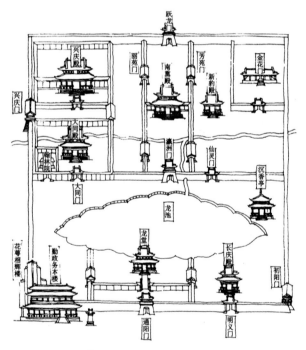

图2-2-22 兴庆宫简图（图片来源：陕西省志·建设志[M]. 西安：三秦出版社，1999：89）

十六年（公元728年）竣工，称为"南内"。天宝十三年（公元754年）又筑宫墙和城楼，更附于外郭城墙建造了一道北至大明宫、南至芙蓉园的夹墙，方便宫内人员来往。宫墙四面设门，在西墙偏北处为正门兴庆门。宫内以园林为主，自由布局，因此具有离宫性质。其南部主要是龙池，周边设有勤政务本楼、花萼相辉楼、沉香亭等亭台楼阁。北部有兴庆殿、南熏殿，南部有长庆殿、大同殿等一组宫殿[27]（图2-2-22）。

（2）皇城

皇城为长方形，位于宫城以南，其东西与宫城等长、为2820.3米，南北宽1843米，周长9.2公里。城北与宫城城墙之间有一条横街相隔，其余三面辟有7门：南面三门，中为朱雀门，两侧为安上门和含光门；东墙两门，北为延喜、南为景风门；西墙两门，北为安福门、南为顺义门。南面正中的朱雀门是正门，向南经朱雀大街与外郭城的明德门相通，向北与宫城的承天门相对，构成了全城的南北中轴线。城内有东西向街道5条，南北向街道7条，道路之间分布着中央官署和太庙、社稷等祭祀建筑。[28]

（3）外郭城

外郭城呈长方形，面积74.6平方公里，完全采取棋盘式对称布局。纵横交错的道路将外郭城分作了110坊（隋称"里"）。各坊面积不一，自宫城向南，坊南北长在500～838米之间，东西宽在550～1125米之间。最大坊为皇城东西两侧12坊，其南北长约808.5米，东西宽约955.5米，面积有0.77平方公里。最小坊为朱雀大街东西两侧的18坊，南北长514米，东西宽477米，面积约0.25平方公里。

东西两侧里坊排列规则、整齐划一。白居易曾作诗形容"百千家似围棋局，十二街如种菜畦"。每座坊的四周都筑有高大的夯土版筑围墙，大坊一般开四个门，内设十字街，小坊则开东、西二门，设一横街，街宽15米左右。根据考古发掘了解，十字街将每个坊分为四区，在每区内都还有一小十字巷，把整座坊分成十六个小块，分布民宅、官邸、寺院和道观等。各坊均采取封闭式管理，坊门有卫兵把守，晚间实行宵禁[29]（图2-2-23）。

外郭设十二座城门，南面正中为明德门，东西分别为启夏门和安化门；东面正中为春明门，南北

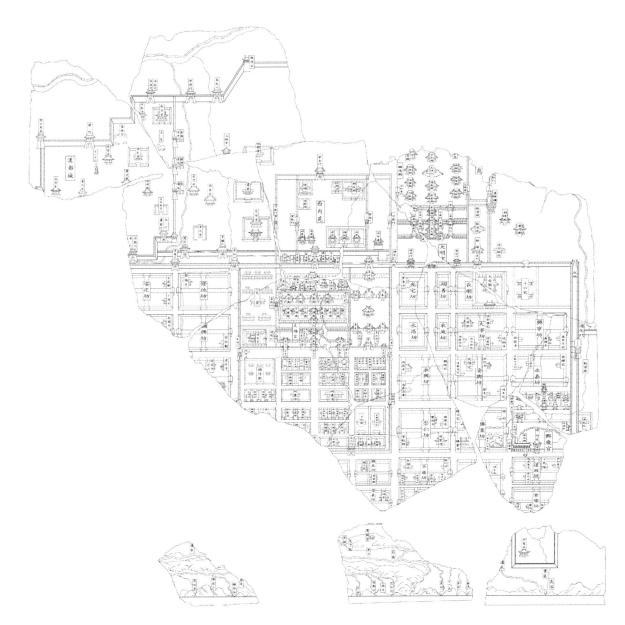

图2-2-23 唐长安城里坊碑刻里坊图（图片来源：王树声提供）

分别为延兴门和通化门；西面正中为金光门，南北分别为延平门和开远门；北面的中段和东段分别与宫城北墙和大明宫南墙重合，西段中为景耀门，东西分别为芳林门和光化门。除正门明德门有五个门道外，其余各门均为三个门道。

外郭街道两侧设排水沟，并种植榆、槐等行道树。其中通往南三门和连接东西六门的六条大街是主干道，宽度大都在百米以上。最宽的朱雀大街达150~155米，并以之作为行政界限，城东属万年县，城西属西安市长安区。

（4）园林

唐长安城风景园林地域特色突出，既具有美化环境的作用，又可成为民众的游览场所，是中国古代城市史上杰出的范例。

长安园林除都城之北的宫廷内有西内苑、东内苑外，尚修建有东至灞河边、北到渭河岸、西至汉长安城、南接都城，周长60多公里的禁苑。此外，还营建了著名的曲江池、芙蓉园、杏园、乐游塬和

图2-2-24 骊山华清池平面图（图片来源：华清池管理处提供）

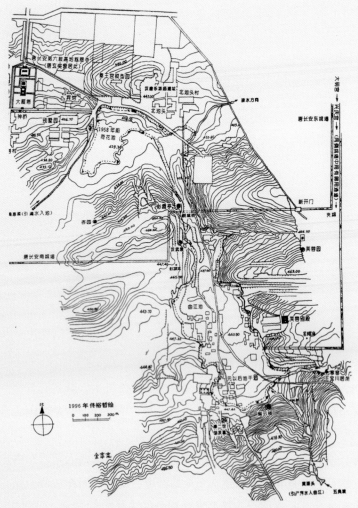

图2-2-25 曲江芙蓉园平面图（图片来源：佟裕哲.陕西古代景园建筑[M].西安：陕西科学技术出版社，1998：53）

骊山华清宫、三原李靖唐园、凤翔唐李茂贞园等（图2-2-24）。

唐曲江池、芙蓉园遗址位于今西安市南郊曲江村。汉为宜春下园，隋改芙蓉园。唐玄宗开元年间（公元731～741年）重加疏浚，引南山义谷口的黄渠水注入池内，又于池西增建杏园，于池西南岸建紫云楼、彩霞亭等。唐时曲江池面积约70公顷，湖岸因地势开凿，池形曲折，南北长，东西窄。园林以湖面景色为主，池中水深波碧，四岸盛植柳、杏，岸边起伏，楼宇交错，菰蒲葱翠，柳荫四合，碧波红蕖，湛然可爱。因池西北多为芙蓉，故称芙蓉园。该园在唐代为皇家御园（又称南苑），四周环筑苑墙，与曲江池公共游览区分隔（图2-2-25）。

唐时对汉昆明池进行过多次疏浚。除太宗、德宗外，唐文宗太和九年（公元835年）令京兆尹又疏浚了一次，形成碧波荡漾的风景区。唐安乐公主于景龙二年（公元708年）又于昆明池附近另建定昆池。《朝野佥载》记："累石为山，以象华岳。引水为涧，以象天津（银河）。飞阁步檐，斜桥磴道，又为九曲流杯池。作石莲花台，泉于台中流出，穷天下之壮丽"，成为唐长安西南郊风景游览胜地。

（5）市场

唐长安外郭城内有东市（隋称"都会市"）、西市（隋称"利人市"）两座市场，各占2坊之地。东、西二市既是唐长安城的经济活动中心，也是当时全国工商业贸易中心，还是中外各国进行经济交流活动的重要场所。

唐长安的东市、西市跟里坊一样，四周皆有高大的围墙，实行严格的定时贸易与宵禁制度。宋敏求《长安志》记载市场规模相当庞大，每个市约占2坊的面积，面积约1平方公里。市内有4条大街，围墙四面各有2个门。内有井字形街道和沿墙街道，将市内分为9区。每个区都四面临街，店铺沿街而设，有饮食店、珠宝店和手工业作坊等。西市部分巷道下还有砖砌的暗排水道与大街两侧的水沟相连。㉚

第三节 古代城镇

一、西安古城

唐末唐昭宗于天祐元年（公元904年）东迁洛阳后，长安从此结束了作为国都的历史，但仍为西北重镇。后因城大人少而难于防守，天祐元年（公元904年）佑国军节度使韩建为军事需要，将长安城范围缩小。元代李好文《长安志图》载："去宫城，又去郭城，重修子城（皇城）。南闭朱雀门，又闭延喜门（东）、安福门（西），北开玄武门，是为新城"，即放弃外郭城和宫城，重修皇城，南面留含光门、安上门，东面留景风门，北面留玄武门，西面留顺义门，形成新城。同时筑西郭小城为长安县（今西安市长安区）治，东郭小城为咸宁县治，为今西安城的范围奠定了基础㉛。

五代到元朝，长安城内建置变化较多，但城垣却始终未变。长安城于元至元十六年（1279年）改为安西路城，皇庆元年（1312年）改为奉天路城，成为元朝统治西北、西南的大本营。㉜

明洪武二年（1369年），明军入陕，改奉元路为西安府，今西安的名称起源于此。洪武三年（1370年），朱元璋封次子朱樉为秦王，遂扩建西安府城和修建秦王府。王城于洪武九年（1376年），府城于十一年（1378年）竣工。此次府城扩建利用了皇城的东北隅，保留了唐末长安城皇城的西墙和南墙。王府东西408米，南北671米，四面各设一门。北面在皇城北门——重明门址建广智门，东面体仁门，西面尊义门，南面端履门。为保卫王府城，循唐长安城皇城向东、北两面扩建，各自延长约四分之一。扩建后的西安城，东西4256米，南北2708米，周长13.74公里。四面各设一门：东长乐门，西安定门，南永宁门，北安远门。四门通东、西、南、北四街（图2-3-1）。

清顺治六年（1644年）西安府设"满城"，将北大街以东、东大街以北约占全城1/3的城区筑墙设防。"满城"内拆毁秦王府，另置将军府、八旗教场及军营，成为封闭的军事区。清康熙二十二年（1683年），又在今大差市以东从"满城"南墙至南城墙间筑墙，将城市东南部划为南城，作为汉军驻防军。这样，就将城市的居民人中和经济重心完全挤压到城区的西半部。"满城"、南城军事区加上陕甘总督、陕西巡抚、陕西布政使治所和府县衙署等，全城面积的一半以上被兵营、官衙占据。全城的四个城门中，对外交往最频繁的东门被"满城"独占。其封闭与落后在同期全国省会城市中亦为绝无仅有㉝（图2-3-2）。

二、府谷府州城

府谷府州城坐落于榆林市府谷县城东约500米处的石山梁上，背倚大山，面向河谷，是古代陕西的重要军事城堡（图2-3-3）。府州城始建于五代后唐时期，北宋庆历年间（1041~1046年）增筑外城，以后历代均有修葺。现存建筑中，除城墙为五代、北宋时期修筑外，其余均为明清建筑。1996年

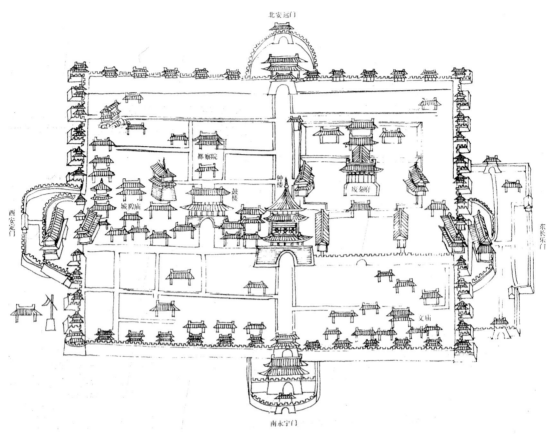

图2-3-1 明西安府城图（图片来源：西安府志[M].）

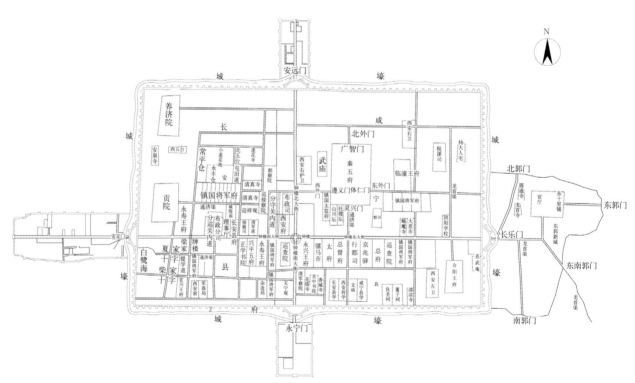

图2-3-2 清西安城平面图（图片来源：西安府志[M].）

图2-3-3 府谷府州城平面图（图片来源：自绘）

图2-3-4 府谷府州城实景图（图片来源：自摄）

公布为第四批全国重点文物保护单位。

府州城山河襟带，北枕长城，西濒神木。整座城的平面呈曲尺形，面积约23200平方米。城墙内夯黄土，外以石砌，周长2320米，高7.2米。府州城共有六门，东、南、西、北四面均辟一大门，西、南两面均增设一小门。六座城门上均设有城楼，大南门、小西门，外筑瓮城（图2-3-4）。

府州城内现存有许多古建筑。城中心有钟楼，其东有文庙、城隍庙、崇圣祠、明伦堂、魁星楼、鼓楼；西有关帝庙、二郎庙、观音殿、祖师坛等。府州城南部有千佛洞、荣河书院和南寺；北部有上帝庙。另外，城中有飞檐斗栱牌楼六座缀饰其间。南门外半坡上有娘娘庙和悬空寺等古迹。

三、神木高家堡古城

神木高家堡古城位于榆林市神木县城西南50公里处的秃尾河东岸，距明长城约5公里，是陕北保存最完好的古城之一。2007年公布为榆林市级重点文物保护单位。

城池始建于明正统四年（1439年），原为夯筑土城，明万历三十六年（1608年）用砖包砌，清乾隆十五年（1750年）、三十三年（1768年）两度重修，后又多次修葺。古城平面呈长方形，东西墙均长311米，南北墙均长431米，墙高6.5~9.1米，基宽7.52米。城墙上部建有1米高的女儿墙，间有垛口、瞭望洞。北城头修有三官楼，东南角建有魁星楼。现除魁星楼、女儿墙、垛口、瞭望洞被破坏外，其余均保存完好。东南西三门各建瓮城、箭楼，分别镌刻耸观、永兴、安澜石额。环城女儿墙整饬，垛口齿列，每隔数十米处必有马面突出，俗语戏称"城小拐角大"，实际为军事防御所需而置。北城无门，外百余米处建小城垣，东西贯通，长千余米，高近3米许，兼有防洪御寇之功用（图2-3-5~图2-3-8）。

城内原有中兴楼、城隍庙、财神庙、五道庙、祖师庙、西门寺、贞节牌坊等古建筑，现仅存中兴楼和财神庙，城内街道以中兴楼为轴心，向东西辐射为东西街，向南北辐射为南街和北巷。明、清到民国初，南街最为繁华，至今大部分铺面保存完好，东、西、南街各通有巷道（图2-3-9）。

城内民居建筑群为典型的北方构筑风格。既有四合院，如北巷的李家大院；又有前庭大

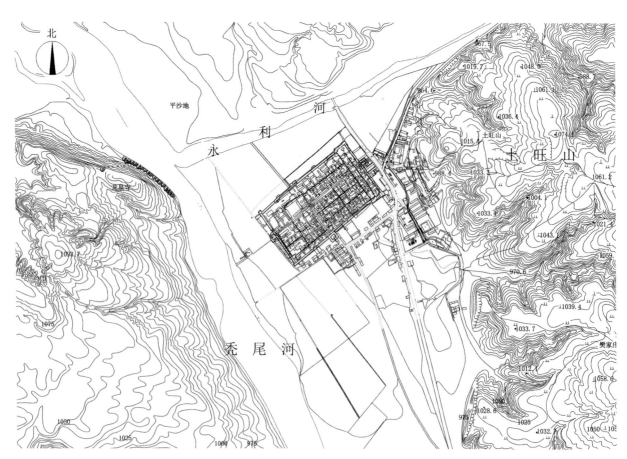

图2-3-5　高家堡平面图（图片来源：王树声提供）

图2-3-6 高家堡鸟瞰图（图片来源：吴晶晶摄）

图2-3-7 高家堡城墙现状（图片来源：吴晶晶摄）

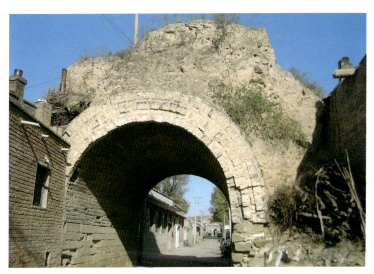
图2-3-8 高家堡西门（图片来源：吴晶晶摄）

图2-3-9 高家堡街道内景照片（图片来源：吴晶晶摄）

院，如东街的卢家大院、西街的韩家大院；还有楼院，如十字巷的李家楼院，同心巷的刘家楼院等。㉞

四、榆林卫城

榆林卫城为明长城九边重镇之一，现存古城大体为明代建制，是陕西省保存较完整的古县城。2006年公布为第六批全国重点文物保护单位（图2-3-10）。

明永乐元年（1403年）在今榆林市设置榆林寨，正统初年（1436年）改建为堡，成化七年（1471年）增立榆林卫，成化九年（1473年），延绥镇迁驻于榆林卫城。受河水和山势所限，明代曾三拓榆林城：明成化二十二年（1486年）扩北城，弘治五年（1492年）扩南城，明正德十年（1515年）建南关外城，均为向南、北两面发展，因而形成南北狭长的布局。

卫城地处半山半坡处，东高西低，平面呈不规则矩形，南北较长，近3公里，东西略窄，约1公里多，周围约7公里。因建于长城脚下驼峰山上，又名"驼城"。古城选址体现防卫需要：驼峰山自东而西渐低，落向榆溪河谷。城南有泥沟河围绕，城北有鸳鸯湖，明长城著名关隘"镇北台"即雄峙于城北偏东位置。

卫城明代原有城市七座，后东西各废一座为五座。东（振武门）、南（镇远门）、北（广榆门）、西宣威门、小西门新乐门。㉟五门均为拱券式，门洞上额镶有门匾，顶部均建有二层敌楼（均毁），东南两门设瓮城。东城墙上建有红砖砌筑的文昌楼（已毁），为全城的制高点。东南城角建二层高的魁星楼（已残）。筑城时随地形不同，加设马面，大小不等，相距不一，共十二处。城墙内夯黄土，夯层厚16~20厘米，外墙砌以砖石，上设垛堞。底宽15米，顶宽9米，高12米。原南城墙长1060.4米、西城墙长2124.5米、北城墙长1168.9米、东城墙长2435.5米，总长6789.3米，现存城墙总长5677.8米㊱（图2-3-11、图2-3-12）。

城内仅有一条大街，贯通南、北门，为榆林城商业和交通中心。横跨南、北大街，前后屹立数座城楼、牌坊，原有文昌楼、万佛楼、新明楼、钟楼、凯歌楼、鼓楼及四座木牌坊，现尚存新明楼、万佛楼和钟楼三座。古时城内重要建筑，如衙署、文庙（府庙、县庙）、粮仓等均分布在市街两侧，今已不存。城内居住也分布在市街两侧，有30多条东西巷道与市街相通。

城东部地处驼峰山山梁，地势高亢，自南至北

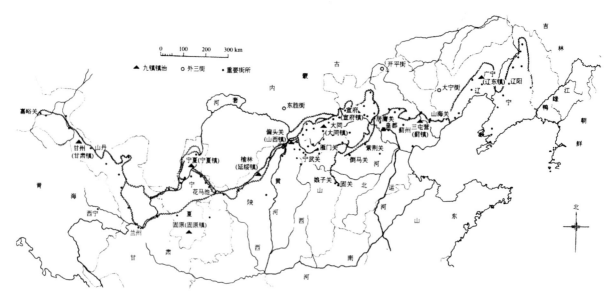

图2-3-10 明九边重镇图片（图片来源：李严. 明长城"九边"重镇军事防御性聚落研究[D]. 天津：天津大学，2007）

密布佛寺、道观、宗祠，形成东山古建筑群。[37]

五、吴堡石城

吴堡石城位于榆林市吴堡县宋家川镇北2.5公里处的黄河西岸山巅，建于后周（公元951～957年）年间，是西北地区迄今保存最完整的千年古县城。2006年公布为第六批全国重点文物保护单位。

吴堡石城地处黄河高原之东陲，黄河中游之西滨，扼秦晋交通之要冲，东以黄河为池，西以沟壑为堑，南为通城官道下至河岸，北门外为咽喉要道连接后山，乃"一夫当关，万夫莫开"之险地，故被誉为"铜吴堡"。[38]

图2-3-11 榆林城墙实景图（图片来源：自摄）

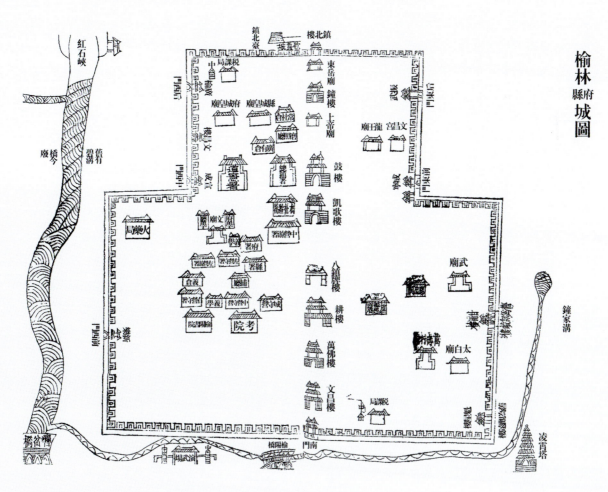

图2-3-12 榆林县府城图（图片来源：引自清道光二十一年（1841年）《榆林府志》[M].）

明弘治《延安府志·卷之八》记载：五代后周广顺元年（公元951年）即在此筑有吴堡水寨，北宋元丰五年（1082年）扩筑"吴堡寨，周围二里二十步，东邻黄河为固，门有三"。又据吴堡古城东门下山崖现存金朝伪齐刘豫阜昌八年（1137年）摩崖石刻题记：这年三月吴堡寨主兼将折彦若因"此城之隳弊……水寨之毁陋，恨无力以竖新，今率寨民，共劝修建，工兴土木，不日而成"。金正大三年（1226年）置吴堡县，古城即成为本县的治城。此后，明洪武十四年（1381年）、嘉靖十五年（1536年）、清乾隆三十一年（1766年）吴堡古城屡有修缮。民国二十五年（1936年）3月，吴堡县政府由古城迁至宋家川后，古城遂为城关镇的一个行政村（现名古城村）而被逐渐荒置。㊴

吴堡石城依山而建，平面呈不规则圆形，城周长1125米，占地面积约10万平方米。城墙内为黄土夯筑，外为石砌，条石拉筋。城垣残高1.6～11.2米。城垣设东、南、西、北四门，上均建有门楼，今门楼皆毁。大部分为石砌窑洞式，只有大堂、二堂、四座城门楼、魁星阁、文昌阁为砖木结构（图2-3-13）。

六、旬阳蜀河古镇

旬阳县蜀河古镇位于安康市旬阳县太极山城以东53公里处，东连湘鄂、南达川渝、西通陇海、北抵关中，是鄂、陕、川三地物流交汇的重要中转集散之地与商贸重镇。蜀河古镇东西宽160米，南北长735米，占地面积约0.8平方公里。因其文化积淀深厚、名胜古迹颇多，素有"小汉口"之美誉。

蜀河历史悠久，周武王以藩屏周时，封蜀国于河南南阳以北，贫瘠积弱的蜀国迫于楚国的扩张，率民西迁，曾在此停留，故此得名。蜀河汉时置县，中兴于明代，繁华于清朝中、末期。

蜀河古镇的总体格局是中国传统封建社会商贸交通、择址而居意识的一种反映模式。由于商业的繁荣发展，蜀河古镇呈现出一种自然开放的格局特征。从西晋始建择址到蜀河古镇格局的最终形成，人们都在不断地选择最佳景观，并在古镇建设中不断地改造和修护环境，完善古镇格局。蜀河古镇以红岩碥（后山）为龙脉，东临蜀河，南接汉江，以远处500米处的太阳包峰为朝山，各居民院的中轴线均以后山为轴线，如自然生长一般，各院住宅稍作调整，形成认同的最佳景观环境。古镇以红岩碥为基础，沿山脚下向东发展，蜀河从北向南穿过蜀河镇，整个古镇呈现出带形布局。

明末清初，四方客商纷纷在此定居经商，建商号、开当铺、设钱庄，多达百余家。为利于聚会和联系，各地客商在此建馆结社，根据不同信仰、不同地域建成了众多会馆、寺庙。至今，古镇仍保持了不同时期、不同地域的建筑风格，成为汉江文化的表现形式和缩影。如明清时期的黄帮黄州馆、船帮杨泗馆、回帮清真寺、陕帮三义庙、江西帮万寿宫、本帮火神庙、武帮武昌馆等古建筑。古镇内的八家巷、乾益巷、永安巷、沈家楼等古街小巷幽深静谧，而厘金局、电报局、当铺、钱庄、王公馆和古民居等亦别具风韵㊵（图2-3-14、图2-3-15）。

七、宁强青木川古镇

青木川镇位于宁强县西北角，地处陕、甘、川三省交界处，镇西连接四川省青川县，北邻甘肃省陇南市武都区、康县，枕陇襟蜀，素有"一脚踏三省"之誉。2010年3月荣获全国特色景观旅游名镇称号，10月荣获中国历史文化名镇称号。

青木川古镇兴起于明正统年间（1436～1449年），初期因大量流民于川谷之间，沿河修建草房，形成村庄，故称为"草场坝"。后历经几次更名，先后被称为"回龙场"、"永宁里"等，直至光绪年间更名为青木川并沿用至今。

青木川古镇选址在山脚较为平坦的坡地，建筑背山面水，视野开阔，与当地的自然环境相互融合，营建出了青山、绿水、青瓦房的宜人的古镇聚居环境（图2-3-16）。

青木川古镇因老街而闻名。老街选址在山脚较为平坦的坡地，依山就势，沿着金溪河呈"S"形

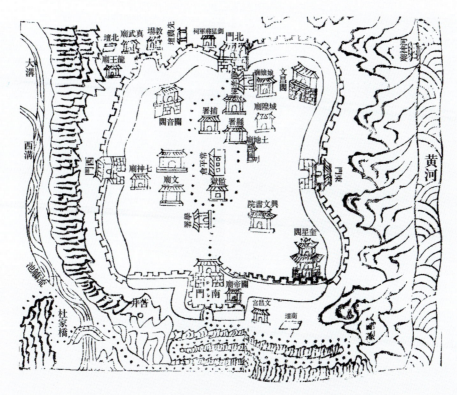

图2-3-13 吴堡石城图（图片来源：引自清道光二十七年（1847年）《吴堡县志》[M].）

图2-3-14 蜀河古镇总平面图（图片来源：自绘）

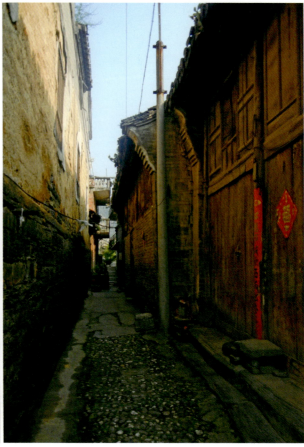

图2-3-15 蜀河古镇街景图（图片来源：自摄）

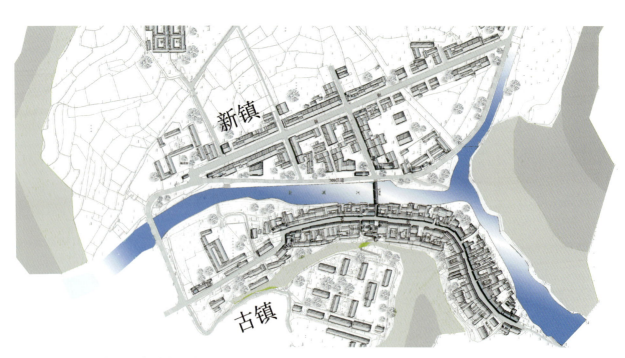

图2-3-16 青木川古镇平面图（图片来源：自绘）

布局。回龙场老街始于明代，形成于清中叶，繁盛于1940年代。它曾是陕甘川三省交界地带最繁荣、最负盛名的商业、文化交流场所。古街上近百户人家的房子大多都是四合院，雕梁画栋，四水归堂，二进二出的两层结构，建筑风格有明清时期的旱船屋，也有西方建筑元素。魏辅唐统治时期，这里是非常繁华的集贸市场，烟馆、茶馆、宾馆、酒楼、饭店，应有尽有，店铺林立，商贾云集，远近闻名的唐世盛、辅友社、辅仁剧社、荣盛魁、荣盛昌等商业文化机构场所都在这条街上。[41]老街总长近600米，一直贯通没有分支，从北至南分为下街、中街和上街。老街一边临水，一边靠山，用地比较紧张。临山一侧的天井院子由于可以利用山地的高差向后延伸，因此，院落空间一般比较狭长，一般在1：1～1：2之间。临水一侧的天井院子由于地形无法向外延伸，院落空间宽而浅。街道两旁建筑均为两层门面，前店后宅的合院形式，院落空间依照地形和实际需要，虽大小宽窄有别，但尺度和谐宜人。店铺挑檐深远，形式高敞[42]（图2-3-17～图2-3-19）。

图2-3-17　青木川老街全景透视（图片来源：自摄）

图2-3-18　青木川老街入口街景（图片来源：自摄）

图2-3-19　青木川老街街景（图片来源：自摄）

第四节 古城墙（楼）与钟鼓楼

一、西安古城墙[43]

西安城墙是我国现存最完整的古代州府级城墙。古城墙始建于明洪武七年（1374年），系在唐长安城皇城和元代奉元城基础上修筑，至洪武十一年（1378年）竣工。初建时为夯土墙，四面均开辟一座城门，东为长乐门，西为安定门，南为永宁门，北为安远门。明嘉靖五年（1526年）重修城楼。明隆庆二年（1568年）对城墙外壁包砌青砖。崇祯末年，为防农民起义军，又增筑四关郭城，今四"梢门"即四关郭门位置，形成今西安旧城关区。清乾隆年间（1736～1795年）大规模维修城墙，再次在外壁包砌青砖，增设排水道、垛口和女儿墙，疏浚护城河（图2-4-1）。1961年被公布为全国第一批重点文物保护单位。

城墙平面为长方形，东西长4256米，南北宽2708米，周长13.74公里。墙高12米，底宽18米，顶宽15米。城墙外围护城河环绕。四门城楼内左侧各有一处登城"马道"，沿城墙曾设6处登城马道

图2-4-1　明城墙实景（图片来源：自摄）

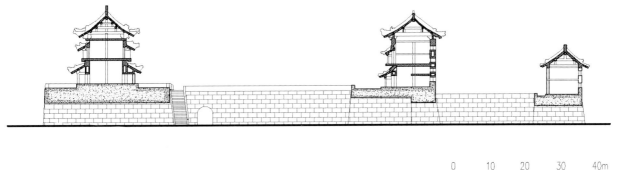

图2-4-2 瓮城剖面图（图片来源：改绘自：赵立瀛.陕西古建筑[M].西安：陕西人民出版社，1992：150）

（现存3处），马道长约100米，宽约6米。城墙共98座墩台，5984个垛口。各墩台突出城墙12米，宽20米，相距120米。城四隅有角楼，现西南角尚存八角形角楼遗址。整个城墙上下通达，四面呼应，将西安府城构筑成一座坚固严实的城防建筑。

包砖靠基石处厚2米，顶部厚1米。城砖中有明代砖，一般长38厘米，宽18厘米，厚5厘米；清代砖长45厘米，宽23厘米，厚10厘米。清代砖砌于城表，明代砖包于内层。城顶有厚20厘米的三合土面层，上铺二三层面砖（海墁）。城墙内侧每距60米左右设有一砖砌排水槽。

府城四门各自有门楼三重，外为闸楼，中为箭楼，内为正楼，各楼间均有城墙相连，构成重城三楼的防卫体系。箭楼与正楼间为"瓮城"，与闸楼间为"月城"。东、西瓮城在正楼、箭楼下各开一高、宽约6米的券门，又在瓮城南、北两侧各开一门；南门瓮城箭楼下无门；而北门瓮城两侧无门（图2-4-2）。北门正楼在辛亥革命时毁于炮火，南门箭楼于1926年焚于火，闸门和闸楼在清末被拆除。

东门正楼，自地至顶高约33米，面阔七间，周回廊。楼身二层，有腰檐和平座栏杆。外观为重檐三滴水，歇山顶。箭楼，面阔11间，进深二间六椽，单檐歇山顶，楼内侧作腰檐为三滴水。檐柱通高以承梁架，中柱通高至三架梁下，而不直抵脊檩，中柱前后用穿梁与檐柱相交，仅明间两缝为通长七架梁。身内架为四层，以供士兵登临箭窗。楼三面包砌砖壁，外侧开四排窗，各十二孔（明间两孔）；两侧箭窗各三排，每排三孔。东、西城门正楼、箭楼今尚存，而南门仅存正楼，北门仅存箭楼。四门闸楼均在清末拆除（图2-4-3～图2-4-6）。

正楼和箭楼梁架均为彻上明造，歇山转角做法，有的为抹角梁与顺、扒梁并用；有的仅用顺梁，无抹角梁，可能因不同时期修葺所造成。楼上檐斗栱均为五踩双下昂或单翘单下昂，后尾鎏金斗栱。平座斗栱减一铺为三踩单翘。

二、西安钟楼

西安钟楼位于西安城内东、西大街和南、北大街交会点处。始建于明洪武十七年（1384年）。原址在城内的广济街门，明万历十年（1582年）迁建到东、南、西、北四街的交叉口。清康熙三十八年（1699年）、乾隆五年（1740年）、道光二十年（1840年）分别进行大规模整修，新中国成立后又历经5次大修。1956年公布为陕西省文物保护单位，1996年公布为第四批全国重点文物保护单位。

西安钟楼是一座重檐三滴水四角攒尖顶的阁楼式建筑，整体以砖木结构为主，由基座、楼体

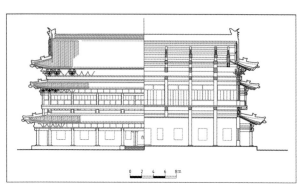

图2-4-3 西安城东门城楼立面和纵剖面图（图片来源：改绘自：赵立瀛.陕西古建筑[M].西安：陕西人民出版社，1992：151）

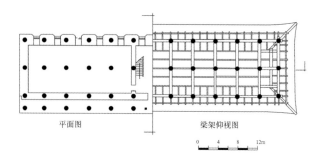

图2-4-5 西安城北门箭楼平面图（图片来源：改绘自：赵立瀛.陕西古建筑[M].西安：陕西人民出版社，1992：154）

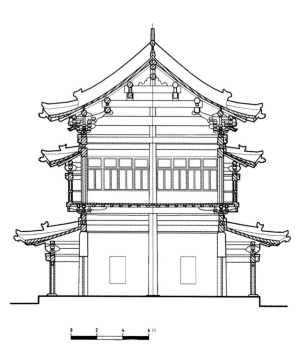

图2-4-4 西安城东门城楼横剖面图（图片来源：改绘自：赵立瀛.陕西古建筑[M].西安：陕西人民出版社，1992：152）

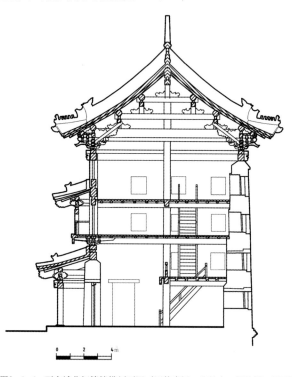

图2-4-6 西安城北门箭楼横剖面图（图片来源：改绘自：赵立瀛.陕西古建筑[M].西安：陕西人民出版社，1992：155）

及宝顶三部分组成，通高36米，建筑面积1377.64平方米。基座平面呈正方形，每边长35.5米，基座高8.6米，基座下有高与宽均为6米的十字形券洞与东、南、西、北四条大街相通（图2-4-7～图2-4-9）。

钟楼木质阁楼分两层，平面呈正方形，每边长21.2米，面阔、进深各三间，高27.4米。每层四角均有明柱回廊，下檐斗栱为三踩单昂，上檐斗栱为五踩双昂。梁枋彩绘华丽，隔扇雕饰精美。

屋顶为重檐三滴水攒尖顶，覆绿色琉璃瓦，置鎏金宝瓶刹。二层结构用通柱。攒尖顶构架采用抹角梁和井口枋，彻上明造；梁柱节点还用"丁头栱"、"虾须栱"等宋、元建筑常见的做法；上檐斗栱为五踩双下昂，后尾为鎏金斗栱，平座斗栱为五踩重栱，建筑用材相当于六等斗口，梁枋彩绘和隔扇雕饰精美。至今仍保留明代建筑的特征，是我国现今能看到的规模最大、保存最完整的钟楼（图2-4-10）。[44]

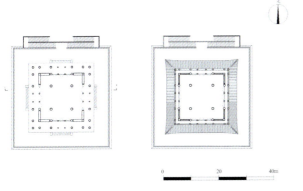

图2-4-7　西安钟楼平面图（图片来源：林源提供）

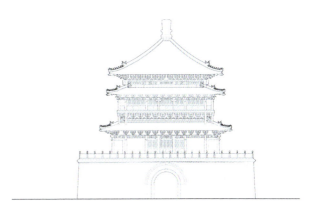

图2-4-8　西安钟楼立面图（图片来源：林源提供）

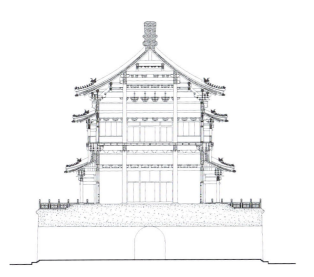

图2-4-9　西安钟楼剖面图（图片来源：林源提供）

图2-4-10　西安钟楼实景图（图片来源：自摄）

三、西安鼓楼

西安鼓楼位于钟楼以西，位于西大街北口。始建于明洪武十三年（1380年），清康熙三十八年（1699年）、乾隆五年（1740年）曾两次重修。至今仍较完好地保留明代建筑的面貌，为国内现存最大的鼓楼建筑。1956年公布为陕西省重点文物保护单位，1996年公布为第四批全国重点文物保护单位。

西安鼓楼是一座重檐三滴水歇山顶的阁楼式建筑，整体以砖木结构为主，由基座、楼体及屋顶三部分组成，通高33米。基座用青砖砌成，平面呈长方形，底边长52.6米，宽37.8米，高近9米，建筑面积1998.8平方米。中间辟6米高南北向券洞贯通街道，形制如同门楼。基座高约9米（图2-4-11、图2-4-12）。

鼓楼木质阁楼分两层，上下两层均为面阔七间，进深三间，周回廊。平面呈长方形，东西约41.2米，南北约22.2米，楼高约25米。下檐斗栱

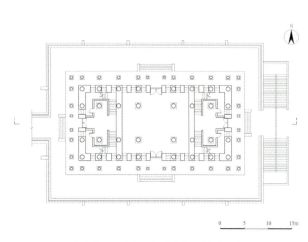

图2-4-11 西安鼓楼一层平面图（图片来源：改绘自：赵立瀛.陕西古建筑[M].西安：陕西人民出版社，1992）

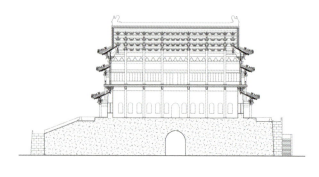

图2-4-12 西安鼓楼剖面图（图片来源：改绘自：赵立瀛.陕西古建筑[M].西安：陕西人民出版社，1992）

为三踩单昂，上檐斗栱为七踩单翘双昂。二层作腰檐和平座栏杆。整体结构采用通柱，梁架为彻上明造，用材硕大，加工精细。屋顶为重檐三滴水歇山顶，覆绿色琉璃瓦，梁枋遍施彩画（图2-4-13）。

钟楼与鼓楼遥相辉映，故有"姊妹楼"和"文武楼"之称，唐代诗人李咸用诗云"朝钟暮鼓不到耳，明月孤云长挂情"。现已成为西安城重要的文化历史空间——钟鼓楼广场。

四、户县钟楼

户县钟楼位于西安市户县县城四街中心。始建于明崇祯八年（1635年），因其仿西安钟楼样式，原名文昌阁。又因位居四街中心，称中楼。清康熙二十年（1681年）重修，乾隆十年（1745年）重修后改称大观楼。现为户县钟楼文物陈列馆。1992年公布为陕西省重点文物保护单位（图2-4-14）。

户县钟楼由一层基座、两层楼阁两部分组成。楼体总高24.55米，基座高6.4米。结构为重檐三滴水四角攒尖顶。1949年修东北台角。1957年大修，亮椽揭瓦并施彩绘。1984年加固楼座，以40厘米钢筋混凝土浇灌四周，外包仿古青砖。1981年、1987年又两次进行彩绘。现存清乾隆李文汉《重修大观楼记》石碑一通。

五、城固钟楼

城固钟楼位于汉中市城固县博望镇钟楼街，原

图2-4-13 西安鼓楼实景图（图片来源：自摄）

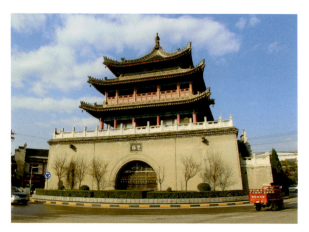

图2-4-14 户县钟楼实景图（图片来源：自摄）

城固县城东、西、南、北大街的交会中心。据清代《城固县志》记载：城固钟楼始建于清康熙年间，后因兵祸焚毁，重建于清光绪二十四年（1898年）。2008年公布为陕西省文物保护单位。

城固钟楼由基座、楼体两部分组成。通高20米，为砖木结构，内有陡梯可通顶层。基座为砖砌，其平面呈正方形，边长7.5米，高6米，下有"十"字券洞，可穿行。楼为三滴重檐亭阁式建筑（图2-4-15~2-4-18）。

楼体部分为木结构，平面呈方形。底层每面三间四柱，通面阔5.5米；二层平面亦为方形，每面仅一间，四周绕回廊，通面阔4.2米；三层平面为六边形，每边长1.45米。屋顶为六角，攒尖盔顶，宝顶为铁铸宝珠。各层均施腰檐，老角梁下原有风铃。一、二层外檐斗栱作五踩双翘，单栱计心造，当心间平身科出斜栱作如意斗栱。三层外檐斗栱作三踩单翘。外檐斗栱布置疏朗，升栱做法正规。底部无幽，出翘卷杀弧度较长。平板枋和栏额断面窄扁（图2-4-19）。

城固钟楼是陕南地区唯一保存下来的钟楼，也是城固县城最豪华、最雄伟的建筑之一。城固钟楼与关中地区钟楼相比较，有明显的外观差别。城固

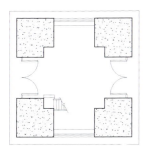

图2-4-15 城固钟楼台座平面图（图片来源：自绘）

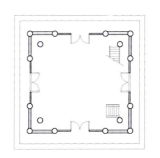

图2-4-16 城固钟楼一层平面图（图片来源：自绘）

图2-4-17 城固钟楼二层平面图（图片来源：自绘）

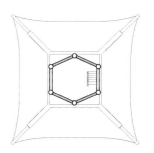

图2-4-18 城固钟楼三层平面图（图片来源：自绘）

图2-4-19 城固钟楼实景图（图片来源：自摄）

钟楼比例修长，层数较多，形象中更多具有"阁"的意味，而关中地区的钟楼比例粗阔，层数不超过两层，形象较敦实稳重。[45]

六、神木钟楼

神木钟楼位于神木县城中心，又名凯歌楼。明隆庆元年（1567年），驻守神木参将高天吉抵御外敌凯旋，建此楼以纪念胜利并报"神恩"。清同治七年（1868年）被焚，后修复。2003年公布为陕西省重点文物保护单位。

神木钟楼由基座、楼体两部分组成。基座横跨街心，平面呈正方形，边长20米。基座为夯土筑成，外包青砖，中间辟十字券洞，使南北与大街相通。基座内有阶梯可至台面。台面上楼主体为二层，二滴水歇山顶屋面，面阔三间，进深两间，底层周回廊，二层出平座栏杆。楼高10.55米。楼南北各有东西小配房八间，在台上形成一组建筑布局（图2-4-20）。

底层檐柱不施斗栱，为柱梁作；二层层高降低，上檐施七踩斗栱，柱头科和平身科相同。明间平身科用两攒，次间一攒，攒档疏朗。歇山顶收山较大[46]（图2-4-21）。

七、定边鼓楼

定边鼓楼，原名玉皇阁，位于定边县城街道中心。鼓楼初建年代无考，明代万历三十四年（1606年）重修，清代光绪二十一年（1895年）曾维修，1968年曾彩绘，1986年陕西省拨专款由县文化馆进行维修，更换灰瓦为黄琉璃瓦，校正倾斜，更换腐朽，新制石栏杆，并油漆彩绘。1992年公布为陕西省重点文物保护单位。

定边鼓楼为重檐十字歇山顶三滴水三层砖木结构建筑，占地271平方米，通高30米。由基座、楼体两部分组成。基座平面呈正方形，边长16米，高9米，外砌青砖，内黄土，内有十字券洞互通，洞顶交叉处浮雕八卦图案，基座南侧铺青砖，石雕栏杆相围。楼体为三层木楼阁，面阔和进深均7.66米，内设木踏步，可达三层，南侧辟拱形门，东西北三面青砖砌墙，东西墙正中各辟石雕团龙网窗。第三层四面均为大陕棂花隔窗门，木质地板。二、

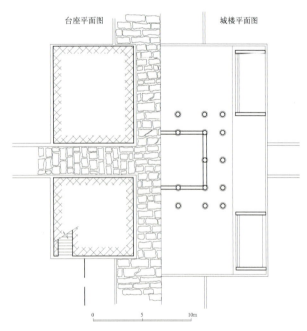

图2-4-20 神木钟楼平面图（图片来源：改绘自：赵立瀛. 陕西古建筑[M]. 西安：陕西人民出版社，1992：161）

图2-4-21 神木钟楼实景图（图片来源：自摄）

三层檐下斗栱均为一斗二升麻叶头，明间平身科斗栱三朵，次间一朵。重檐顶覆盖琉璃瓦，脊兽、十字脊中安宝瓶，脊均置三仙人走兽，兽面勾头蔓草滴水，油漆红挂，旋子彩绘，檐角悬挂铁质风铃（图2-4-22）。

八、其他

1. 榆林星明楼

星明楼又名新明楼，也称新鼓楼、南鼓楼。位于榆林城南大街。1991年公布为陕西省级重点文物保护单位。

据《榆林府志》载，星明楼修建于明正德年间（1506～1521年），清嘉庆、光绪年间均有修葺，是榆林地区现存年代较早的木构楼阁建筑（图2-4-23）。

星明楼占地216平方米，平面呈方形，其周长180米。楼阁总高20米，共三层。一层高6.27米（含石基0.9米），二、三层高各4.6米，顶部高4.53米。楼基分4个墩，为大青石砌成，基墩间留十字通道，连南、北、西大街。

楼体结构简洁，底层柱网围成三圈：内圈一间四柱，通高三层；中圈三间十二柱，通高二层；内圈、中圈为楼身结构柱；外圈三间十二柱，为底层外廊柱。外观逐层收减高宽，柱子有明显"侧脚"、"生起"，造型稳定而优美[47]（图2-4-24、图2-4-25）。

底层斗栱柱头科与平身科相同，为七踩三下昂，昂嘴如象鼻，里转出三翘。明间平身科作如意斗栱一攒，斗栱富于装饰性。歇山顶山花作博风、悬鱼，十字脊脊兽，作四龙盘于脊端，头向上成对望状，造型别致。各层楼檐均用琉璃瓦脊兽布局，四周外廊环绕，木雕栏相围，架顶、额枋、洞门花窗都雕有花卉、鸟兽等。

楼宇屋顶为十字歇山顶，四檐角攒脊向正中宝顶，全为琉璃瓦脊布顶。各层腰檐设平座栏杆。底层、二层面阔、进深均为三间，三层收进为一间。现三层楼阁中遗有明万历年间高约2米铜造佛像1尊。

2. 榆林镇北台

镇北台位于陕西榆林城北4公里处的红山顶上，建于明朝万历三十五年（1607年），属明长城最大瞭望台，素有"天下第一台"之称（图2-4-26）。

图2-4-22 定边鼓楼实景图（图片来源：自摄）

图2-4-23 星明楼近景（图片来源：张小郁摄）

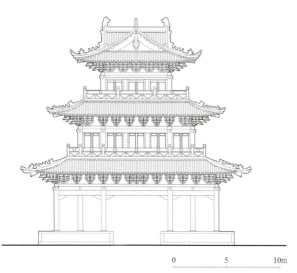

图2-4-24 星明楼立面图（图片来源：改绘自：赵立瀛. 陕西古建筑[M]. 西安：陕西人民出版社，1992）

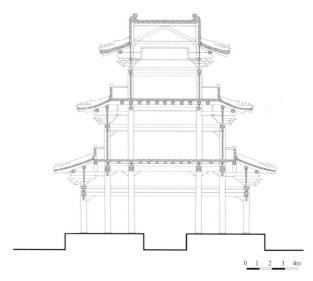

图2-4-25 星明楼剖面图（图片来源：改绘自：赵立瀛. 陕西古建筑[M]. 西安：陕西人民出版社，1992）

图2-4-26 镇北台近景（图片来源：自摄）

台基北长82米，南长76米，东、西各64米，占地面积5056平方米。平面呈方形，共4层，高30余米。镇北台据险临下，巍峨挺拔，扼南北之咽喉，为古长城沿线现存最大的要塞之一（图2-4-27）。

镇北台之各层均青砖包砌，各层台顶外侧砖砌约2米高的垛口，垛口上部设有瞭望口，各层垛口内四周相通。其第一层有屋宇环列，系当年守台将卒营房，至今基座尚存。紧依台北下方修筑有一方形小砖城，名曰贡城，为当年蒙汉官员接待洽谈及举行献纳贡品仪式的场所。[48]

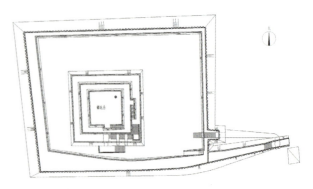

图2-4-27 镇北台平面图（图片来源：自绘）

 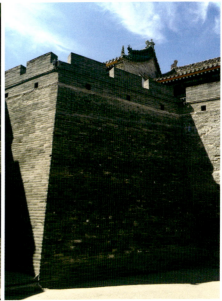

图2-4-28 凤凰台近景（图片来源：自摄）

3. 咸阳凤凰台

凤凰台位于咸阳渭城区老城内，始建于明洪武四年（1371年），台高6.1米，占地800平方米，台上有大殿4座。凤凰台相传因"萧史与弄玉吹箫引凤"的典故而修建，原为咸阳县城北门楼，1957年公布为第一批陕西省重点文物保护单位[49]（图2-4-28）。

凤凰台上东、西殿各为三间，中间两座殿前后依次排列，前殿略高，台墩两侧有磴道，北面有南海洞，整体建筑形似凤凰。台前有石碑坊及32级磴道，磴道两旁有石栏杆、石墁道，磴道中间两侧有铁铸八棱六屋塔，俗称凤眼。台上中殿前原有洞宇，后殿内供无量佛像，东殿供三太白像，西殿供三大菩萨像，墙壁绘满佛教故事、彩塑立神，山墙外镶有琉璃彩塑神话故事浮雕。特别是东殿山墙处镶有一幅完整的琉璃浮雕图案，描绘弄玉乘凤、萧史骑马、秦穆公乘龙的传说故事，艺术精巧，栩栩如生。台上有一钟、一石、一柏，钟声洪亮，可传数十里。乾隆时张大森有诗云："台起凌虚空，丹凤栖云表，磴道挂三峰，首尾俱缭绕。立神擎洞宇，天凤响柏杪，开户能明月，卷帘惊宿鸟……"（图2-4-29）。

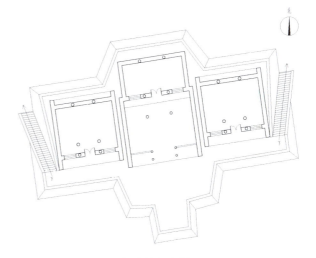

图2-4-29 凤凰台平面图（图片来源：自绘）

注释

① 陕西省地方志编纂委员会.陕西省志·建设志[M].西安：三秦出版社，1999：320.

② 中国日报中文网.陕西石峁遗址发现一处错落有致的大型石砌院落[EB/OL]，2015-09-10.http://www.chinadaily.com.cn/hqpl/zggc/2015-09-10/content_14174258.html.

③ 陕西省文物局汉唐网.陕西省全国重点文物保护单位名单[EB/OL]，2006-09-13.http://www.wenwu.

gov.cn/contents/230/4486.html.

④ 陕西省考古研究所.镐京西周宫室[M].西安：西北大学出版社，1995：77.

⑤ 朱士光，吴宏岐.西安的历史变迁与发展[M].西安：西安出版社，2003：109-114，115-123.

⑥ 卢连成.西周丰镐两京考[J].中国历史地理论丛，1988（3）.

⑦ 咸阳市地方志编纂委员会.咸阳市志（二）[M].西安：三秦出版社，2001：474.

⑧ 陕西省文物局汉唐网.陕西省全国重点文物保护单位名单[EB/OL]，2006-09-13．http：//www.wenwu.gov.cn/contents/230 /4486.html.

⑨ 咸阳市地方志编纂委员会.咸阳市志[M].西安：陕西人民出版社，1996：492.

⑩ 李浩，关丹.试论秦咸阳城市营建之区域观念——由《阿房宫赋》所引发的思考[J].规划师，2008（2）：89-92.

⑪ 韩建华.秦咸阳城郭形态的再探讨[J].文博，2004（4）：37-40.

⑫ 陕西省文物局编.陕西文物古迹大观（一）[M].西安：三秦出版社，2003：26.

⑬ 陕西省志.建设志[M].西安：三秦出版社，2003：80.

⑭ 任中.秦宫殿建筑地盘与院落布局研究[D].北京：北京建筑大学，2014：24.

⑮ 陕西省文物局汉唐网.陕西省全国重点文物保护单位名单[EB/OL]，2006-09-13．http：//www.wenwu.gov.cn/contents/230 /4486.html.

⑯ 西安市文物局，西安市汉长安城遗址保管所，西安文物保护修复中心，西安文物保护修复工程有限公司.汉长安城遗址保护[M].北京：文物出版社，2012：7.

⑰ 李毓芳.汉长安城的布局与结构[J].考古与文物，1997（5）：71-75.

⑱ 西安市文物局，西安市汉长安城遗址保管所，西安文物保护修复中心，西安文物保护修复工程有限公司.汉长安城遗址保护[M].北京：文物出版社，2012：8，22，24，43，49，57，111.

⑲ 李毓芳.汉长安城的布局与结构[J].考古与文物，1997（5）：71-75.

⑳ 陕西省文物局汉唐网.陕西省全国重点文物保护单位名单[EB/OL]，2006-09-13．http：//www.wenwu.gov.cn/contents/230 /4486.html.

㉑ 王树声.宇文恺：划时代的营造巨匠[J].城市与区域规划研究，2013（1）：129-143.

㉒ 王树声.隋唐长安城规划手法探析[J].城市规划，2009（6）：55-59.

㉓ 王美子.隋唐长安城格局、遗存及标识[D].西安：西安建筑科技大学，2007：20.

㉔ 王美子.隋唐长安城格局、遗存及标识[D].西安：西安建筑科技大学，2007：30.

㉕ 任云英，朱士光.从隋、唐长安城看中国古代都城空间演变的功能趋向性特征[J].中国历史地理论丛，2004（4）：48-56.

㉖ 赵立瀛.陕西古建筑[M].西安：陕西人民出版社，1992：89.

㉗ 《旧唐书·地理志》关内道京师条载：南内曰兴庆宫，在东内之南隆庆坊，本玄宗在藩时宅也。自东内达南内，有夹城复道，经通化门达南内，人主往来两宫，人莫知之。宫西南隅，有花萼相辉、勤政务本之楼。

㉘ 王美子.隋唐长安城格局、遗存及标识[D].西安：西安建筑科技大学，2007：37-39.

㉙ 赵立瀛.陕西古建筑[M].西安：陕西人民出版社，1992：91.

㉚ 赵立瀛.陕西古建筑[M].西安：陕西人民出版社，1992：91.

㉛ 赵立瀛.陕西古建筑[M].西安：陕西人民出版社，1992：138.

㉜ 吴宏岐.论唐末五代长安城的形制和布局特点[J].中国历史地理论丛，1999（2）：146.

㉝ 西安市地方志编纂委员会编.西安市志[M].西安：西安出版社，2000：22.

㉞ 相虹艳.神木地区高家堡镇传统街区及其文化的延续性研究[D].西安：西安建筑科技大学，2007：9，11-14.

㉟ 陕西省文物局编.陕西文物古迹大观（三）[M].西安：三秦出版社，2006：551.

㊱ 田野.榆林古城保护研究[D].西安：西安建筑科技大学，2010：23-24.

㊲ 陕西省地方志编纂委员会编.陕西省志·建设志[M].西安：三秦出版社，1999：335.

㊳ 薛婧.吴堡古城调查研究与空间格局分析[D].西安：西安建筑科技大学，2012：11.

㊴ 谭明.吴堡窑洞古城聚落形态的研究与保护[D].西安：西安美术学院，2009：13-14.

㊵ 钟运峰.陕南蜀河古镇及其传统建筑研究[D].成都：西南交通大学，2014：9，20，28.

㊶ 张强.陕南青木川古镇传统建筑初探[D].重庆：重庆大学，2008：24.

㊷ 闫杰.多元文化视野下的陕南民居[D].西安：西安建筑科技大学，2007：25，28-31，36.

㊸ 陕西省地方志编纂委员会编.陕西省志·建设志[M].西安：三秦出版社，1999：187.

㊹ 杨绍武，向东.西安钟楼[J].陕西档案，2010（6）：54-55.

㊺ 陕西省地方志编纂委员会.陕西省志·建设志[M].西安：三秦出版，1999：191.

㊻ 陕西省地方志编纂委员会.陕西省志·建设志[M].西安：三秦出版，1999：191.

㊼ 赵立瀛.陕西古建筑[M].西安：陕西人民出版社，1992：159.

㊽ 林夕.万里长城第一台——陕西榆林镇北台[J].中国农业信息，2012（5）：73-74.

㊾ 崔羊羊.咸阳市明清城区旧城改造建筑设计研究[D].西安：西安建筑科技大学，2014：41-42.

陕西古建筑

第三章 古村落与古民居

陕西古村落与古民居分布图

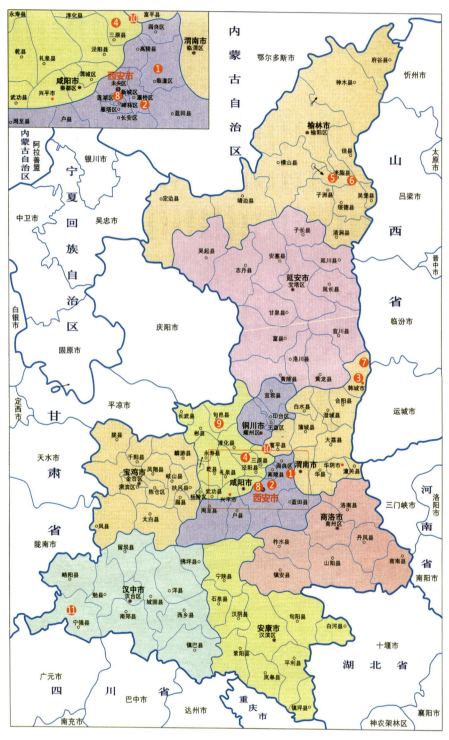

（地图引自：中华人民共和国民政部编. 中华人民共和国行政区划简册2014. 北京：中国地图出版社，2014.）

❶ 姜寨遗址　　❹ 三原柏社村　　❼ 韩城党家村民居　　❿ 三原孟店周宅
❷ 半坡遗址　　❺ 米脂杨家沟扶风古寨　　❽ 西安北院门高家大院　　⓫ 宁强青木川魏宅
❸ 韩城党家村　　❻ 米脂刘家峁姜氏庄园　　❾ 旬邑唐家宅院

第一节 概述

陕西是中华民族的重要发祥地，距今7000多年前的新石器时期的"白家村"人，已初步定居下来，从事粗放的农业、渔猎和采集活动。目前，全省已发现新石器时期的原始村落遗址887处。仰韶文化时期（距今7000～5000年），陕西原始村落以渭河中、下游的关中地区最为密集。陕北和陕南汉水、丹江流域也有所发现人类早期居住的痕迹。这些遗址一般选择在便于生活饮水、又可免遭洪水危及庄田、周围自然环境优越、土地宜耕的地区，体现了人类从穴居野处向筑屋居室的历史过渡，开创了陕西乡村聚落建设的先河。龙山文化时期（距今约四五千年）的村落遗址，长安客省庄遗址居室的布局已反映出家庭私有的痕迹，说明原始共产主义社会已处于解体阶段。这一时期，原始村落的建设也有较大的发展，并在建造技术上普遍使用了光洁坚硬的白灰面层，使屋面得到防潮、清洁、明亮的效果。

夏、商时期，随着陕西农业的进步，陕西村庄已有相当发展。《诗经·"公刘"篇》记载了周人公刘率众勘测地形、建村筑屋的情景。"古公迁岐"后，周人又在周原地区重新规划田园村落，使关中地区的村庄有了新的发展。西周统一后，关中成为王畿之地，周天子"率时农夫，播厥百谷"（《诗经·周颂》），利用渭水河谷的开阔地带发展农业，有力地促进了村庄的发展。到了西周末年，部分郑人南越秦岭，移居汉水地区称为南郑（即今南郑县一带），与土著部落褒国共同开发汉中盆地，汉中地区的村庄由此得到了迅速的发展。

春秋、战国时期，秦国通过"商鞅变法"，使关中地区村庄得到长足的发展。这一时期的陕南、陕北还不为秦人所有，由于农业相对落后，村庄发展较慢。尤其是陕北地区，大部分在匈奴族的控制之中，以游牧为主，村庄很少。秦统一后，秦始皇派蒙恬北伐匈奴，屯兵于上郡（今榆林一带），实行屯垦，移民实边，开荒种粮，随着农业的兴起，村庄也逐步增多。

西汉王朝建立后，刘邦以秦亡为鉴，实行简政宽民、安集流亡、轻徭薄赋、奖励耕桑的政策，在秦"徙天下豪富于咸阳十二万户"的基础上，又将齐、楚大族迁于关中，使关中人口大增。武帝时期，通过兴修水利，推广农业先进技术，出现了陕西村庄的第一个发展高潮。东汉以后至魏、晋、南北朝时期，随着豪强兼并土地和战祸天灾，使陕西的广大农村出现了"人皆流散，道路断绝，千里无烟"的萧条景象。直至隋、唐时期，通过隋、唐王朝推行均田制和轻徭薄赋的政策，才使农民有了休养生息的机会。盛唐时期，陕西农业有了较大幅度的发展，唐天宝元年（公元742年），全省人口增加到440万，广大的农村尤其是关中农村随之也发展起来。盛唐以后，直到新中国成立前夕，随着中国政治、经济中心的转移，使陕西的农业处于一个缓慢发展的时期。虽有明、清初期的奖励农垦政策，但为时不久，随着土地兼并、饥荒和战祸，农业和村庄又很快地衰落下去。

陕西地区的古民居按照地区可分为陕北民居、关中民居以及陕南民居三种类型。在陕北地区，主要分布的民居为黄土窑洞。关中传统民居与我国北方和中原地区的传统民居一样以四合院为基本形制，所不同的是大量中小型民居用地狭窄，面宽多在9～10米左右，两边厢房进深不超过3米，中间庭院宽为3～4米，俗称"关中窄院"。陕南地区传统民居建筑既不像关中民居那样严整而传统，也不像陕北窑洞那样浓厚和粗犷，其风格含蓄、质朴而平和。然而在陕南地区的安康与汉中的民居建筑差异较大，安康民居建筑的形态受到荆楚文化的影响较重，因此青瓦、石墙、硬山屋顶、马头墙成为安康民居的典型特征。而汉中与川北的民居较为相似，木骨、白墙与青瓦成为了汉中民居的典型特征。[①]

陕西省现存比较完整的大宅多为晚清时期所建。各个地区的大宅均为四合院式传统民居，但因所处的地理位置、地形条件、风尚习俗及宅主的经济实力不同，也存在着一些差别，建筑风格也有所差异。在陕北地区,比较著名的是米脂县刘家峁村的姜耀祖宅院。在关中地区,比较著名的大宅有三原县孟店村的周宅、泾阳县的安吴、旬邑县的唐家、西安市长安区的郭家和韩城市城关的王宅等。在陕南地区,比较著名的有汉中的青木川古镇宅院以及安康旬阳县的蜀河古镇宅院。

第二节 古村落

一、姜寨遗址

姜寨聚落是中国仰韶文化遗址的典型代表之一,是迄今发掘的新石器时代面积最大、最富代表性的一个遗址。其仰韶文化堆积由下到上依次为半坡类型、史家类型、庙底沟类型和半坡晚期类型等。遗址位于西安市临潼区城北约0.5公里处,临河东岸二级阶地上。范围东西长310米,南北宽180米,总面积约5.5公顷。1996年公布为第四批全国重点文物保护单位。

姜寨遗存较为完整,规划布局有条不紊。整个遗址分为居住区、烧陶窑场和墓地三部分。居住区西南临河为天然屏障,东、南、北三面有人工壕沟环绕。壕沟一条呈东北—西南走向,另一条呈东南—西北走向,其中北边一段沟中发现3根炭化木柱,推测沟内侧设有木桩和栅栏。壕沟正中、东南、东北缺口处有小房子,可能为寨门哨所(图3-2-1)。窑场在村西临河岸边。墓地位于居址壕沟外侧东边,共发现南北分布的3片墓地600余座墓葬,以单人葬为主,也有合葬墓,墓内有陶器等随葬品,其风格别具特色。

居住区轮廓约呈圆形,面积2万平方米。中部为4000平方米左右的广场,周围分布着100多座房子,分为5个组群。每个建筑组群以一座大房子为主体,还包括十几座或二十几座中小型房屋,户门均朝向中心广场,反映出当时氏族社会的组织结构。广场和建筑之间有土路面连接,西部有用红烧土渣或料姜石铺垫的路面,是村落内的通道[②](图3-2-2)。

房屋平面多呈方形或圆形,分大、中、小型3种,地穴、半地穴及地面建筑3类。大型房址中半地穴式及地面建筑各2座,面积均达80平方米左右,平面为方形,一般设有门道,门内设一个大型深穴连通灶坑,灶坑两侧至墙边还筑有低平的方形土台。中、小型房子面积一般为20平方米左右。有少数居住面用草泥涂抹并经火烧。房屋中央都有一个灶面或浅穴灶坑,半地穴式下部以穴壁为墙,穴壁四周还有若干小柱洞,地面起筑多以木骨涂草泥为墙。房屋附近分布有储藏东西的地窖群、两处家畜圈栏以及许多儿童瓮棺葬。

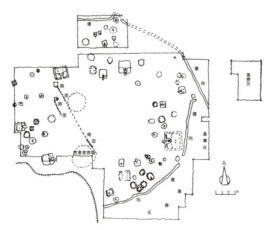

图3-2-1 临潼姜寨总平面图(图片来源:赵立瀛.陕西古建筑[M].西安:陕西人民出版社,1992:10)

图3-2-2 姜寨遗址复原图(图片来源:佚名)

各有半地穴和地面上木架建筑两类。其中，方形房屋是从早期的"半地穴式"发展而来的。这种房屋采用椽、木板和黏土混合建造而成。整栋房子用12根木柱支撑，排列成3行，每行4根，形成规整的柱网，可以认为是我国以间架为单位的"墙倒屋不塌"的木构框架式建筑的雏形③（图3-2-4）。

三、韩城党家村

党家村位于韩城市西庄镇，是陕西省内现存最完整的传统村落，也是陕西明、清村落和民居的典型代表，具有较高的历史文化和传统艺术价值。2001年公布为第五批全国文物保护单位，并入选世界遗产预备名单。

1. 历史沿革

党家村住民多为党、贾二姓，因党姓居住在早，故称党家村。元代至顺二年（1331年），先祖党恕轩以种庙田谋生定居于此，子嗣繁衍兴盛，遂成村落。明代弘治年间，村中党、贾两姓氏联姻，合伙经商，生意兴隆，富甲一方。明末清初，富户聚集，财力旺盛，造院起屋蔚然成风，四合院鳞次栉比，村落建设进入全盛期。清代咸丰元年（1851年），村中为抵御匪盗侵扰，于村东北高地旁集资修建寨堡——泌阳堡，村寨合一，两处以暗道相连通。和平时期耕作劳动可居村中，动乱时期抵御敌寇能守寨上，易守难攻，形成独特的村寨格局④（图3-2-5）。

2. 村落选址

党家村位于韩城东部黄土台塬区边缘，海拔400~460米，属典型谷地村落。村落选址特点如下：

（1）依塬傍水，向阳背风。党家村北依高原，南临泌水，日照充足。龙门一带常年有风，冬季寒风凛冽，党家村址处葫芦形谷地中，可免西北风侵害。

（2）水源方便。泌水河常年有流水，可提供部分生活用水，由于地处谷底，地下水位较高，打井方便，有足够的饮用水源。

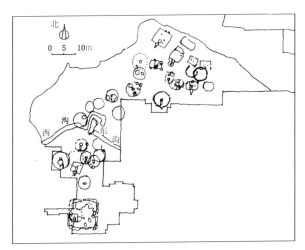

图3-2-3 半坡遗址总平面图（图片来源：赵立瀛. 陕西古建筑[M]. 西安：陕西人民出版社，1992：2）

二、半坡遗址

半坡遗址是中国首次大规模揭露的一处保存较好的新石器时代聚落遗址。它是黄河流域规模最大、保存最完整的原始社会母系氏族村落遗址。1961年公布为第一批全国重点文物保护单位。

遗址位于西安城东约6公里处的浐河东岸二级阶地上，遗址范围约5万平方米。这里土质肥美，适宜种植；距水源近，生活方便；且地势较高，无水患之害（图3-2-3）。

整个聚落的居住区占地约3万平方米，其中心是一座160平方米左右的大型房屋，中小型房屋、窖穴、圈栏等散布于周围，其外围环绕一条深、宽各约5~6米的大型壕沟。遗址北部的大围沟外，主要是氏族的公共墓地，也有少量的窖穴，陶窑设在东边。

遗址西部已发掘的是存留下来的墓地和约1/5的居住区。在此范围内，可以看出同期或稍有先后的房屋46座。以此估算，半坡聚落总体约有200多座房子。房屋分布的方向一致，在同期房屋之间保持着约3~4米的间距。在已发掘的遗址北部，小房子的门都朝向南侧大房子。

半坡遗址房屋可分为圆形和方形两种，每种又

(3) 用地充裕。泌水河形成的葫芦形谷地南北宽35米，东西长800米，有一定规模的用地，可满足村庄建设的需要。

(4) 地势北高南低，有利排水。泌水河党家村段河道较宽，河岸高差达到40米，基本可满足泄洪的需要。建村数百年以来，不曾受水患。

(5) 不染尘埃。党家村南北两侧台塬土质多黏性土，不易起尘，且该地区受黄河河谷影响，风速较高，党家村又处于谷地中，飘尘不易降落，因此村落空气清新，街道屋宇少有积尘。

3. 村落结构

党家村由本村、上寨和新村三部分构成。本村与上寨形成于明、清两代，新村则是1980年代为保护古村落，陆续迁至北塬上所兴建。其传统村落构成有如下特点：

(1) 同族领域。党家村是由党氏三支族与贾姓一支族形成的同族村，为满足生活与生产的需要，修建必要的公共设施，如饮水井、磨房、祠堂、私塾、道路等，在村落内形成较为清晰的居住领域。

(2) 村落骨架。除同族的居住领域之外，决定村落结构的要素有街、巷、路等不同功能的道路体系，有山丘，河塘、沟谷、水系等可视的地形、街市、地貌要素以及方向方位、对称性、轴线等制约村落空间的隐性要素。

(3) 街巷空间组织。本村的大巷为东西走向，大致成工字形，能够适应坐北朝南式四合院的布置。但随着村落不断扩大，由主街自然延伸出支线街道，这样形成的宅基地有时无法使住宅坐北朝南，而且东西向主街尚需考虑道路两侧安排四合院，住宅的朝向和住宅主入口的方位都会发生变化。本村中20多条巷道综合纵横贯通，主次分明，全部条石或卵石墁铺，古色古香，别具一格（图3-2-6）。大门（院门）不冲巷口；巷不对巷；村落中，各户院门相互错开，无一相对。

上寨只有通过南向的隧洞才能进入寨内，靠南城墙一侧四合院均坐北朝南，但多为祠堂或强势家族的别宅。上寨街路由三条南北向的巷道构成，故

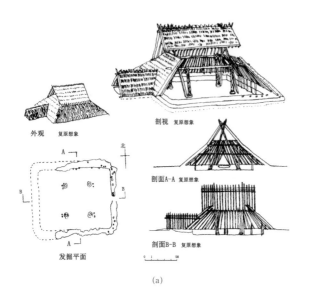

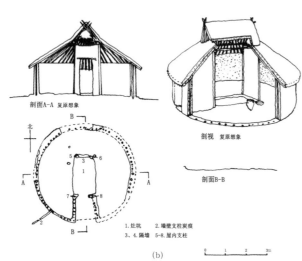

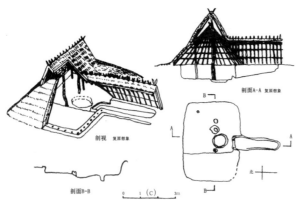

图3-2-4 各类房屋复原图

(a) 陕西西安市半坡村原始社会大方形房屋（图片来源：刘敦桢. 中国建筑史[M]. 北京：中国建筑工业出版社，1984：23-25）；(b) 陕西西安市半坡村原始社会圆形房屋（图片来源：刘敦桢. 中国建筑史[M]. 北京：中国建筑工业出版社，1984：23-25）；(c) 陕西西安市半坡村原始社会方形房屋（图片来源：刘敦桢. 中国建筑史[M]. 北京：中国建筑工业出版社，1984：23-25）

图3-2-5 党家村总平面图（图片来源：王军. 西北民居[M]. 北京：中国建筑工业出版社，2009）

宅基地均为东西走向（即东西长，南北短，四合院住宅也只能坐东或坐西），住宅入口非东向即西向。

4. 建筑特征

党家村民居建筑形式精良，内涵丰富，有村有寨，群体保护完整，公用设施齐全，避难防御安全。村中有宝塔、祠堂、私塾、节孝碑、瞭望塔、暗道、哨门城楼、神庙、老池、古井、火药库等诸多公共建筑（图3-2-7～图3-2-9）。

党家村各类宅院布置于街巷两侧，为关中地区典型的传统四合院形式。院落通常为占地四分左右的独立式宅院，仅有个别带后院、偏院。上首厅房和下首门房都将地基的横向基本占尽，两侧厢房嵌

图3-2-6 党家村街巷实景透视（图片来源：自摄）

图3-2-7 党家村瞭望塔（图片来源：自摄）

图3-2-8 党家村节孝碑（图片来源：自摄）

图3-2-9 党家村文星阁（图片来源：自摄）

图3-2-10 柏社村总平面图（图片来源：雷会霞提供）

在二者之间，围在中间的院落比较狭窄。

院内建筑多为两层，下层供人居住，上层铺板储物。正房门脸高敞，多为三间，左右厢房三或五间。院内建筑多作砖雕、石雕、木雕等装饰，形式多样、内涵丰富。

四、三原柏社村

柏社村位于咸阳市三原县新兴镇西北部，距三原县城25公里，是关中地区保存规模最大的地坑式窑洞村落。1991年列入国家历史文化名村保护名录（图3-2-10）。

1. 历史沿革

柏社村始建于晋代，因历史上广植柏树而得名"柏社"，距今已有1600多年历史。彼时关中战乱频繁，百姓为躲避战祸迁徙至"老堡子沟"，前秦时期迁移至"胡同古道"。南北朝时，北魏在此修筑城堡，现存于村东北，其形依稀可辨。隋时在古堡西南800米处建新城，今称南堡西城。唐时，南堡又添东城。宋代柏社村成为塬区商贸集镇。明代时期建立北堡，位于寿丰寺西邻，成为盛极一时的商贸集镇。现存当年的商业街一条，民居街三条，明清古建民宅四院。柏社村包括多个自然村，居住约3750人，据调查现存有780余个窑院，其中村子的核心区域面积为92.97公顷，集中分布有220多处窑院。目前，西北地区下沉式窑洞多已消失，类似柏社村这样集中且连续分布有如此大规模下沉式窑院的村落尚无发现。⑤

2. 村落选址

柏社村地处关中北部黄土台塬区，地势北高南低，除北部有数条自然冲沟洼地嵌入，基本为平坦塬面地形。村落周边为典型的田园自然景色，树木繁茂，具有鲜明的关中乡村风貌特色。村落核心区

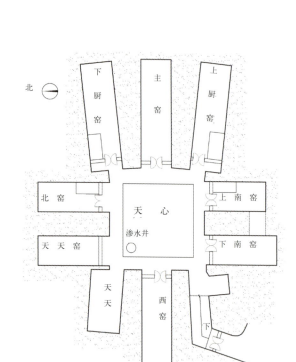

图3-2-11 柏社村典型下沉式窑院平面图（图片来源：自绘）

图3-2-12 柏社村典型下沉式窑院透视图1（图片来源：自摄）

图3-2-13 柏社村典型下沉式窑院透视图2（图片来源：自摄）

沿三新公路呈南北向展开，内部被一东西街道划分，形成南北片区。其中南部窑院分布较为集中、连片且居于村子中心地带；北部在胡同古道两侧结合地形有部分明窑（崖窑）；中段东部主体为具有百年历史的明清古街区。村子西南端为近年新建的村民住宅区。

3. 建筑特征

柏社村共保留窑洞约780院，以及明清古建筑、古庙宇、胡同古道等多类建筑。窑洞分为崖窑（明窑）、地窑（暗窑）两类。其中，村落中心区分布有225院下沉式窑洞四合院，形制有方坑式四合头、八合头、十合头、十二合头等多种。窑院顶部多砌有沿墙，窑洞高3.5米，洞顶厚3～3.5米，宽3.5～4米，深10～20米不等。窑内墙壁多采用当地极富特色的矿土——"白土"进行粉饰。（图3-2-11～图3-2-13）。

五、米脂杨家沟扶风古寨

扶风古寨位于榆林市米脂县杨家沟村，距县城20公里。2005年列入中国历史文化名村。

扶风古寨始建于清同治六年（1867年）。其后以此为中心，以马氏"堂号"（户）为单位，逐渐拓展为组团式的庄院群落（图3-2-14、图3-2-15）。

扶风古寨包括寨门、城墙、泉井窑洞、宗祖祠堂、老院、新院等建筑群。古寨营建巧妙运用高低错落的丘陵沟壑地貌，通过选址、理水、削崖，争得良好窑洞院落的方位。同时，古寨建设善于运用对称轴线和主景轴线的转换推移，营造步移景异、峰回路转的空间效果。

古寨城堡墙垣内有几组多进窑洞四合院，其内外空间组织井然有序、体量处理均衡且富有韵感，其中又以"新院"最具代表性。该组建筑背靠30米的崖壁，用人工填夯形成宅基庭院。主体建筑为一排坐北朝南的十一孔石窑，正中三孔主窑突出，两侧六孔缩进，边侧两孔再前伸，平面呈倒"山"字形。主窑两侧开小门，正面外露四根通天石壁柱、三套仿哥特式窗户。主窑内部空间相通，分寝室、书房、会客室。方形石板铺地，地下砌烟

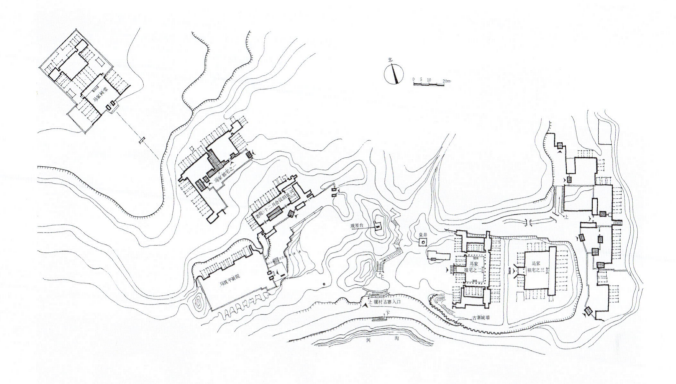

图3-2-14 扶风古寨总平面图（图片来源：自绘）

图3-2-15 扶风古寨实景图（图片来源：史飞摄）

图3-2-16 扶风古寨新院实景

(a) 新院寨门（图片来源：自摄）；(b) 马宅透视（图片来源：自摄）；(c) 马宅挑檐（图片来源：自摄）；(d) 马宅窗户（图片来源：自摄）；(e) 马宅室内通道（图片来源：自摄）；(f) 暖阁（图片来源：自摄）；(g) 窑前月台（图片来源：自摄）

道。室外建地下火灶，用于冬季取暖，又可保持居室清洁。窑内还设暖阁、壁橱，主窑东侧窑墙上开出拱形洗澡间。窑前月台宽敞，放置纳凉饮茶所需的石桌。院落树木扶疏，东侧建城堡式寨门，额题"新院"二字[⑥]（图3-2-16）。

第三节 古民居

一、米脂刘家峁姜氏庄园

姜氏庄园又名姜耀祖宅院，位于榆林市米脂县城东16公里处的桥河岔乡刘家峁村，是黄土高原特有的窑洞院落与北方四合院相结合的民居形式。宅院由该村清末首富姜耀祖聘请北京专家设计，招聚县内能工巧匠兴建而成。清同治十三年（1874年）动土，清光绪十二年（1886年）竣工，前后耗时13年（图3-3-1）。2006年公布为第六批全国重点文物保护单位。

庄园占地40余亩，由下院、中院、上院和寨墙、井楼等部分组成。主体上院建筑为陕西地区最高等级的"明五暗四六厢窑"式窑洞院落。庄园三院暗道相通，四周寨墙高耸，对内相互通联，对外严于防患，整个建筑设计奇妙，工艺精湛，布局合理，是全国最大的城堡式窑洞庄园（图3-3-2、图3-3-3）。

第一层是下院，院前以块石砌垒高达9.5米的挡土墙，上部筑女儿墙，外观犹若城垣。庄园道路从沟壑底部盘旋而上，路面宽4米，中间以石片竖插，一则作为车马通道，二则为雨雪天防滑及排泄洪水。

寨门为拱形石洞。寨墙正立面镌刻主人亲笔题写的"大岳屏藩"四个大字。穿寨门过涵洞即到达下院，下院为管家院，其建筑为三孔石窑，坐西北向东南，两厢各有三孔石窑，倒座是木屋架、石板铺顶的房屋。大门青瓦硬山顶，门额题"大夫第"，门道两侧置抱鼓石。正面窑洞北侧设通往上院的暗道（图3-3-4）。

下院外，寨墙北有一石拱窑式井楼（实际上是

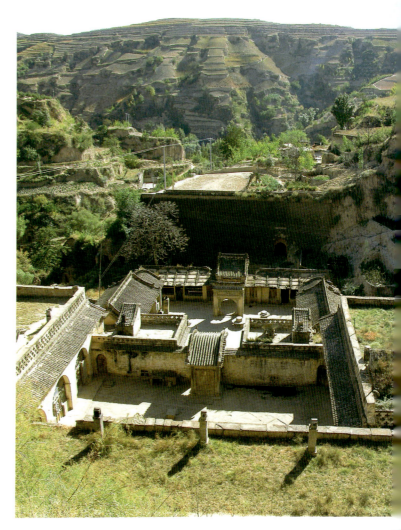

图3-3-1 姜耀祖宅院实景图
(a) 姜耀祖宅院整体环境（图片来源：自摄）；(b) 院落全景图（图片来源：自摄）

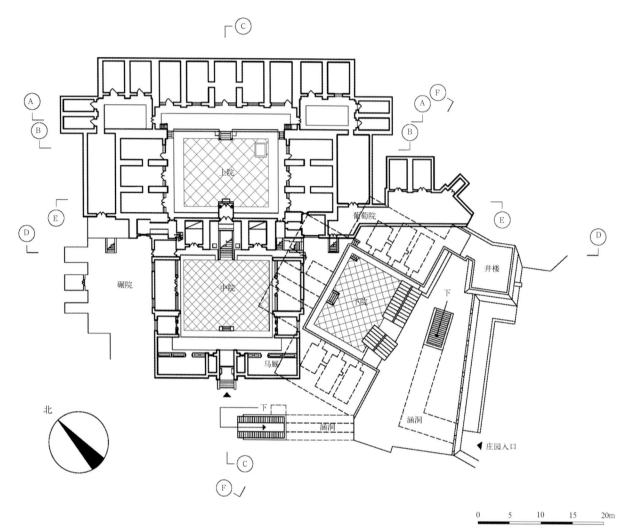

图3-3-2 姜耀祖宅总平面图（图片来源：自绘）

一座石拱窑），高5米，东西宽4米，井深33米，井壁皆用石块盘旋垒砌而成，水源引至山脚，水质甜美爽口。井楼内安置有手摇辘轳，不出寨门即可保证用水。寨墙最高处砌有炮台，形若马面，从井楼的小窗口可直接射击攻打寨门者。其宅院设计及防卫功能的匠心独运令人惊叹，可谓"一夫当关，万夫莫开"。

沿下院侧边道路穿洞门即达中院。正对中院门耸立着高8米、长约10米的寨墙（实际上是挡土墙），将庄院围绕，并留有通后山的门洞，上有"保障"二字的石刻。中院坐东北向西南，正中是头门，为五脊六兽硬山顶。头门内设青砖月洞影壁，水磨砖雕，精细典雅。中院东西两侧各有三间大厢房，附小耳房。厢房两架梁，硬山顶，木隔扇门窗。耳房一架梁，卷棚顶，铺筒瓦。值得一提的是东厢房比西厢房高20厘米，这一差别是遵中国古代宗法制度中的"昭穆之制"而产生的（图3-3-5）。

中院与上院以中轴线上的垂花门分隔，沿石级踏步而上，穿过垂花门可到达第三层院：上院，其是整个建筑群的主宅，坐东北向西南，正面五孔石窑，称上窑，院子两侧各三孔厢窑。在五孔上窑的两侧分置对称的双院，院内面向西南各有两孔窑，俗称暗四间。上院垂花门是整座宅院的精品，砖木结构，柱梁门框举架，双瓣驼峰托枋，小爪状雀替、木构件皆彩绘，卷棚顶。门扇镶黄铜铺首、云钩、泡钉，门蹲处置石雕抱鼓，垂花门两侧设神

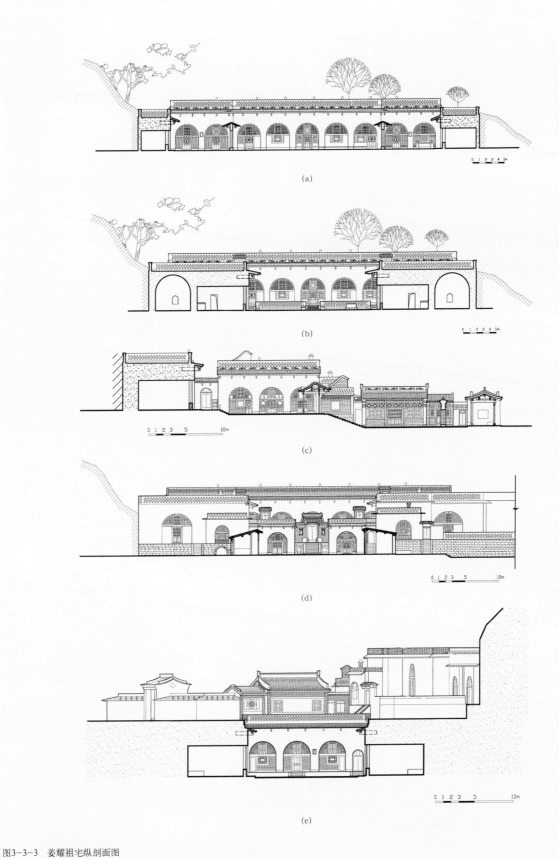

图3-3-3 姜耀祖宅纵剖面图
(a) 上院A-A剖面图（图片来源：自绘）；(b) 上院B-B剖面图（图片来源：自绘）；(c) 上院、中院C-C剖立面（图片来源：自绘）；(d) 中院D-D正立面（图片来源：自绘）；(e) 下院F-F北立面（图片来源：自绘）

图3-3-4 姜耀祖宅下院实景图
(a) 下院俯视（图片来源：自摄）；(b) 下院院落（图片来源：自摄）；(c) 下院大门门楣（图片来源：自摄）；(d) 下院大门（图片来源：自摄）；(e) 下院大门抱鼓石（图片来源：自摄）

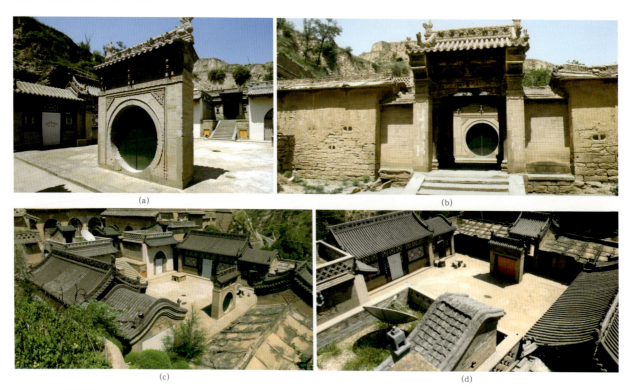

图3-3-5 姜耀祖宅中院实景图
(a) 中院月洞影壁（图片来源：自摄）；(b) 中院大门（图片来源：自摄）；(c) 中院院落俯视1（图片来源：自摄）；(d) 中院院落俯视2（图片来源：自摄）

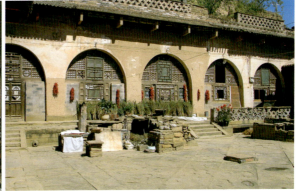

图3-3-6 姜耀祖宅上院实景图
(a) 上院院落空间布局（图片来源：自摄）；(b) 上院五孔窑（图片来源：自摄）；(c) 上窑侧院（图片来源：自摄）；(d) 上院入口垂花门（图片来源：自摄）

龛、护墙浮雕（图3-3-6）。

整个宅院后面设一道寨墙，其中有寨门可通后山。姜氏宅院设计精巧，施工精细，布局紧凑，上下与山势浑然一体，对外严于防患，院内互相通联，是陕北高原上的经典宅院。⑦

二、韩城党家村民居

韩城党家村现存清朝所建住宅120余处。其绝大部分为四合院住宅，少量为三合院。

党家村四合院特征可概括为四个字："高"——屋宇高峻，"大"——厅大门大，"简"——布局简练，"严"——封闭严密。三句话："质文并重，朴而不拙，华而不繁"。这些四合院是当时社会经济、政治文化、风尚和建筑艺术的综合体现，反映了当年建造者求安全坚固、光前裕后、富而望贵和向往风雅的心理状态。

党家村四合院面宽较窄，平面甚为狭长。其高耸的房屋所围成的窄四合院呈现着强烈的封闭性。厅房功能单纯为礼仪性的公共空间，一般不兼用。因此正厅很少有"一明两暗"式的例子。厢房的结构间尺寸较小，且厢房间数奇数偶数均有，并以偶数居多。院中见不到种植的桑槐之类，完全是人工化的空间。门、厢、厅及各房中以楼房居多，平房相对要少（图3-3-7）。

陕西关中地区的厢房特点是一面坡，所谓"房子半边盖"，党家村则不循此例，多为两坡屋面。屋顶形式均为硬山屋顶，悬山屋顶的房屋仅有村中元代所建的戏楼和明代遗构的党生财宅中的厅房两例。厢房还有独特处理手法，称为"一脊两厦"，两面坡硬山屋面的厢房由屋脊处一分为二，成为两个相邻院落的厢房，相当经济实用。

1. "太史第"

太史第据考是清代翰林党蒙的后人所建。此宅院充分代表了党家村民居的特点：院落呈长方

图3-3-7 党家村院落实景图（图片来源：自摄）

形，青砖墁地，中央设天心石。厅房居中，前为门房后为绣楼，左右两侧为厢房。其形似人体，厅房为首，门房为足，厢房为双臂。住宅中门房一脊、厅房一脊、绣楼一脊，意喻连升三级（脊）。此外，其厢房的屋脊高度也不相同，即东厢房比西厢房高，以示"兄东弟西"之意。厅房、门房、厢房阁楼层，主要用其储藏物品（图3-3-8）。

2. 大巷北侧10号、11号、12号宅院（图3-3-9）
3. 党东俊宅院

住宅为了安全，设有多层瞭望塔，构成全村的制高点并丰富了建筑群体轮廓线。各房均设阁楼作为储藏空间[8]（图3-3-10）。

三、西安北院门高家大院

高家大院位于西安市北院门144号，是西安市保护最完整的汉族民居院落之一（图3-3-11）。高家大院始建于明崇祯十四年（1641年），主体完工于乾隆时期，道光年间修毕。1966年"文革"期间大院被收为国有至今。1985年，西安书画院及政府部门对大院进行了修缮。1999年由中挪两国政府投资对大院顶部及其他损坏严重的结构部分进行了整修。2003年年底西安市国画院对院落进行了二次整修，开发为鼓楼历史街区内第一个以民俗、民居为展览内容的民俗博物馆，先后被批准为省、市两级文物保护单位。

高家大院位于鼓楼历史街区北院门街中段，院落布局沿北院门街向东西纵深方向展开，其南北宽42米，东西长63米，占地4.2亩，房屋86间，总建筑面积2517平方米（图3-3-12）。高家大院由并列的两组三进院组成院落主体。院落主入口位于北院门街，坐西面东。进主入口门厅后，轴线向南转折，即是高家大院的主轴线，东西贯穿三进院：前院、中院、后院。由南主院前庭向北即到私塾院，此处是北主轴线贯穿的三进院落。两个主院的前院、中院、后院都相互联通，并与北跨院相联。南跨院未全部对外开放，故联系通道只有后院与其相联通。即南主院、北主院。主体院落的南侧是南跨院，由戏楼院及佣人附属院组成；北侧是一狭长花园通过围墙与闹市隔绝。

院落的平面布局同时具备串联、并联式的特点。首先是沿着院落的东西轴线空间展开，形成层层递进的空间效果，然后通过四合院的南北横向通道将各院落并联，形成多轴线的建筑群体。根据院落尺度、比例及院落的建筑形制的差异，显示各处院落间的主从关系。各功能流线分配合理，主人、子女、管家、佣人、厨子、客人各行其道。

高家大院前院厢房为客房，中间是客厅兼过厅，后厅是主人办公空间，后院是家眷院。院内厢房为"房子半边盖"的典型陕西民居特色，过厅为硬山明柱出檐式，且前后、东西相向对称，上房为硬山明柱出檐二层楼房（图3-3-13）。

高家大院建筑群外观凝重谦和、不事张扬。大门及院内门窗隔扇则是装饰重点。院内建筑高大宽敞，屋顶虽有五脊六兽，但造型朴实、结构严谨，没有华丽的高浮雕脊饰瓦件。院内山墙及空间转折节点处均有砖雕图案，砖雕主要以农蔬、松、竹、桃为题材，表达了主人高风亮节的品行及期盼"五谷丰登"、"松鹤延年"的美好愿望。特别是一进门的砖雕照壁龙图案，雕工精细、玲珑剔透。高家大院内的牌匾和楹联，亦构成民居庭院的文化装饰（图3-3-14）。

图3-3-8 "太史第"宅院实景图、测绘图 (a) 宅院平面（图片来源：王军. 西北民居[M]. 北京：中国建筑工业出版社，2009）；(b) 宅院纵剖面（图片来源：王军. 西北民居[M]. 北京：中国建筑工业出版社，2009）；(c) 入口正立面（图片来源：王军. 西北民居[M]. 北京：中国建筑工业出版社，2009）；(d) 1-1剖面（图片来源：王军. 西北民居[M]. 北京：中国建筑工业出版社，2009）；(e) 入口倒座；(f) 宅院大门

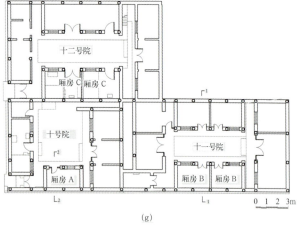

图3-3-9 10号、11号、12号院落实景图、测绘图
(a) 10号、11号立面图（图片来源：王军．西北民居[M]．北京：中国建筑工业出版社，2009）；(b) 1-1剖面图（图片来源：王军．西北民居[M]．北京：中国建筑工业出版社，2009）；(c) 厢房A立面图（图片来源：王军．西北民居[M]．北京：中国建筑工业出版社，2009）；(d) 2-2剖面图（图片来源：王军．西北民居[M]．北京：中国建筑工业出版社，2009）；(e) 厢房B立面图（图片来源：王军．西北民居[M]．北京：中国建筑工业出版社，2009）；(f) 厢房C立面图（图片来源：王军．西北民居[M]．北京：中国建筑工业出版社，2009）；(g) 院落平面图（图片来源：王军．西北民居[M]．北京：中国建筑工业出版社，2009）；(h) 宅院；(i) 10号、11号院外墙

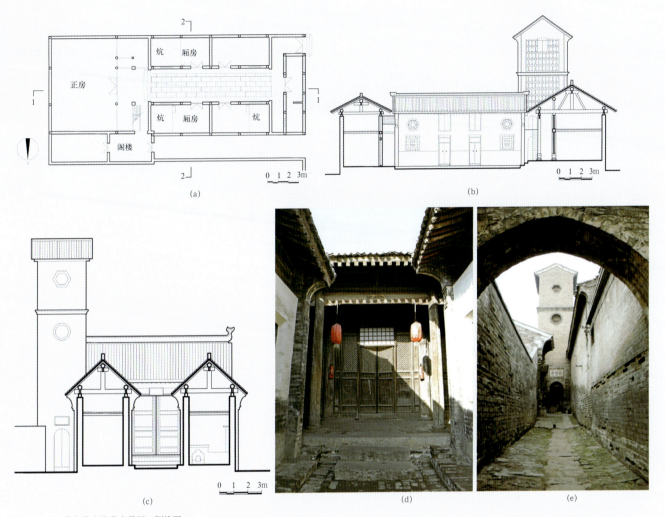

图3-3-10 党东俊宅院落实景图、测绘图
(a) 宅院平面图;(b) 1-1剖面图;(c) 2-2剖面图;(d) 宅院(图片来源:自摄);(e) 瞭望塔(图片来源:自摄)

图3-3-11 高家大院入口实景图
(a) 入口大门(图片来源:自摄);(b) 照壁(图片来源:自摄)

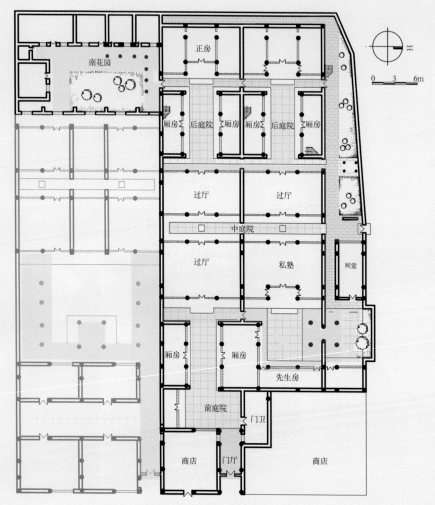

图3-3-12 高家大院平面图（图片来源：王军. 西北民居[M]. 北京：中国建筑工业出版社，2009）

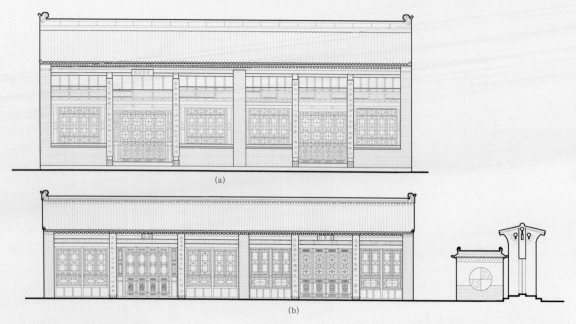

图3-3-13 高家大院立面图
(a) 高家大院在中堂立面图（图片来源：自绘）；(b) 高家大院退厅立面图（图片来源：自绘）

图3-3-14 高家大院楹联与牌匾
（图片来源：自摄）

四、旬邑唐家宅院

唐家宅院位于咸阳市旬邑县城东北7公里处的唐家村，1992年公布为陕西省文物保护单位（图3-3-15）。

唐宅修建于明末清初，现存有两进三院和其他两院，150余间房屋。其建筑将北方四合院和苏杭园林艺术相融合，砖雕、木雕、石雕众多，图案精美、细腻。整个庭院屋顶脊卧兽飞、檐牙鸟啄，墙壁为水磨石砖，造型优美，门栏窗棂更是玲珑剔透（图3-3-16）。

唐家大院坐北朝南，平面形制以三开间厅房为基本单元，包括院落、正房、厅房、厢房、门房、门楼等组成部分。其单个庭院的平面布局是以门楼正对厅房的中轴线为主，前后左右，按照厅房（或过厅）居上，厢房居于两侧，以左右对称形式展开。厅房坐北朝南，以充分吸收南向阳光，厅房以南两侧建筑，称为厢房，供晚辈居住。正对厅房的是倒座，布置有门房、客房等，在倒座的正中留出一间作民居的出入口。大院外墙与房屋后墙或山墙连为一体，不设独立院墙，形成较封闭的外观形态（图3-3-17）。

唐家大院的庭院空间呈长方形，院落长宽比为2∶1，两厢房檐分别向外延伸1.3米左右，属于关中典型的"窄院民居"。门房建造成楼房，使庭院整体呈现屋宇高峻的壮观效果。围合庭院的四个界面呈北高南低、东高西低，即厅房高于门房，东厢房高于西厢房，厢房又略低于门房。庭院的地平面也随着门前照壁一级、门房一级、厅房一级，而形成了庭院空间层次上升。两种围合界面高度的变化，以及地面标高的变化，使庭院空间的构成因素更加丰富，满足了居民对庭院文化隐喻的"连升三级（脊）"等民俗文化象征含义的精神诉求。

唐家大院正房为两层楼房，是整个住宅中最高的建筑单体，承担主人日常起居、饮食、会客等功能。正房布局采用"一明两暗"方式，中间开间为人们的日常活动区，左右两开间不设直接对外的出入口，由内部进入，楼上正中供奉祖先牌位。

图3-3-15 唐宅实景图
(a) 临街立面（图片来源：自摄）；(b) 唐家大门（图片来源：自摄）；(c) 西前院（西厅房南面）（图片来源：自摄）；(d) 较封闭的院落空间（图片来源：自摄）；(e) 东前院（东厅房南面）（图片来源：自摄）；(f) 东后院（东正房南面）（图片来源：自摄）；(g) 狭长的院落通道（图片来源：自摄）；(h) 西后院（西厅房北面）（图片来源：自摄）

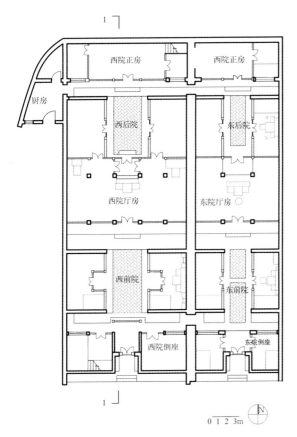

图3-3-16 唐宅总平面图（图片来源：王军. 西北民居[M]. 北京：中国建筑工业出版社，2009）

厅房即客厅，主要是接待客人、家族议事、重要活动仪式场所。厅房陈设富丽堂皇以显示主人的身份地位。厢房为儿女卧室，其进深小，高度不超过正房，且东厢房高于西厢房约20厘米。门房是宅中仆人的住所，或是用来招待留宿客人的房间，一般在外墙上不开窗。唐家大院倒座外墙面装饰属关中民居较高等级，其砖雕瓦饰工艺精湛、风骨典雅[9]（图3-3-18）。

五、三原孟店周宅

周氏宅院位于咸阳市三原县城西北5公里处的孟店村，初建于清代嘉庆年间（1796~1820年）。当时规模宏大，计有17个院落。后经兵乱，先后烧毁16个院落。现仅存1座院落（图3-3-19）。

宅院傍村内大路，总体布局采用四合院形式，坐北面南，占地规矩。中院东西宽13.8米，进深70米，占地面积约980平方米，建筑面积3206平方米。院内房屋中轴贯通，格局严谨，次序井然。院内建筑采用砖、石、木混合结构；青石台基，青砖墙身，整体连贯。双坡硬山式屋顶，青灰筒板瓦敷面，雕砖花脊，纵横勾连，脊兽唇齿相对，蔚为壮观。在装饰方面，选料上乘，施工精致，尤以小木作及砖石雕刻工艺精湛。

入口门楼居中，阶高门阔，门额上高悬"主政第"匾额。门塾、倒座为五间楼房。进门迎面立一扇大屏风，用以遮挡视线，转折空间。前院呈横长，较浅，东西侧墙辟偏门以通侧院。进入二道门后为主要院落，两侧各为四开间的厢房，梁架为三架梁带前廊。正面为三大间的前堂，其后为五开间的大厅。堂与厅之间檐口高低相衔，梁架均为五架梁带后廊。通过大厅则到达内院，此处为宅主人的居所。该院空间狭长，东西两侧为厢房，正房为五开间二层楼房，名"怀古月轩"。楼房面阔五间（14米），上下两层，一层门前为廊（廊深1.35米），

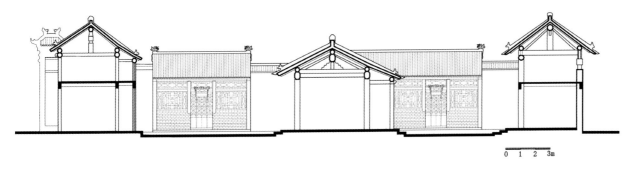

图3-3-17 唐宅院落剖面图（图片来源：王军. 西北民居[M]. 北京：中国建筑工业出版社，2009）

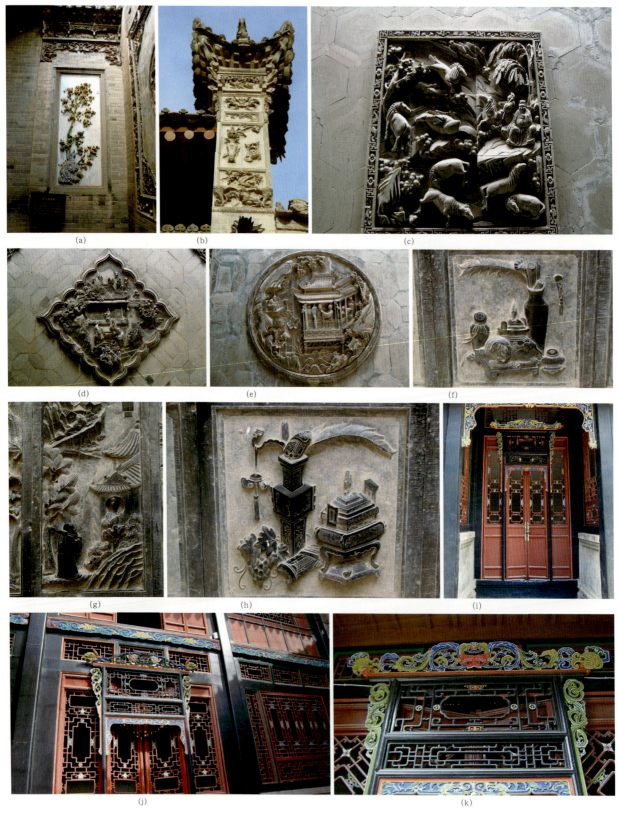

图3-3-18 唐宅装饰实景图

(a) 山墙雕饰（图片来源：自摄）；(b) 硬山墀头（图片来源：自摄）；(c) 砖雕艺术1（图片来源：自摄）；(d) 砖雕艺术2（图片来源：自摄）；(e) 砖雕艺术3（图片来源：自摄）；(f) 石雕艺术1（图片来源：自摄）；(g) 石雕艺术2（图片来源：自摄）；(h) 石雕艺术3（图片来源：自摄）；(i) 木雕门饰1（图片来源：自摄）；(j) 木雕门饰2（图片来源：自摄）；(k) 木雕门饰3（图片来源：自摄）

图3-3-19 周宅实景图（图片来源：自摄）

梁架为三架梁带前廊，采用通柱做法。檐柱柱头出单斗跳承托梁底，前廊施单步梁与老檐柱搭交，三架梁上立蜀柱辅以叉手承托脊檩。楼房的砖石台基均比其他房屋的台基高出两倍以上[①]（图3-3-20）。

六、宁强青木川魏宅

魏宅位于汉中市宁强县青木川镇魏家坝。魏氏老宅共有两进四合院，前院主要对外，分上下两层，并有回廊相连；后院为主人起居，正厅用于祭祀，两旁的耳房和厢房住人，仅有一层（图3-3-21）。

前后两院之间有近2.1米高差，以台阶相连，台阶分别位于中间和两侧的屋檐下，这样既可以充分利用地形，又能起到区分内外的作用。院内地面、台阶均以青石铺砌，空间开阔，变化丰富。

老宅外部较封闭，围护结构以夯土砌筑，除正面门之外，开有少量圆形和方形的小窗，体量厚重，具有很强的防御性。由外而内，在视觉上和心理上给人造成强烈的反差。室内为了获得较大的空间，可依据功能的不同，灵活处理。

主厅堂不住人，仅在祭祀及家庭活动时用，室内空间往往一通到顶，没有楼板层，屋顶的檩条、盖瓦完全暴露，同登（支撑檩条的不落地短柱）下部有木雕装饰。在柱与柱之间镶有木板，区分各个房间。在人居住的房间中，依据抬梁式的结构原理，在楼板层以下，沿进深方向，有一弯梁，上部地面及柱子荷载落在弯梁上，下部不落地，仅两端的柱子落地，承托弯梁传下来的荷载。在转角处，因多无居住需求，构架相互粗犷地搭接在一起，显得更加质朴。

建筑内部装饰主要以木作为主，圆门方窗，图案上下两层各不相同，装饰质朴，具有浓郁的乡土味道。旧宅虽历经风雨，但从精雕细刻的窗棂门楣、石雕等细节上以及建筑高大的体量和厚重的青石板上，仍能想象出当年的气派和堂皇（图3-3-22）。

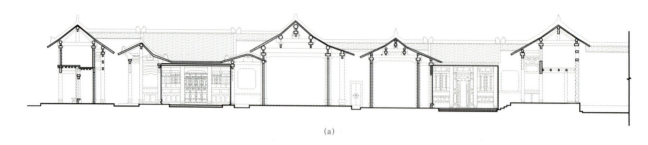

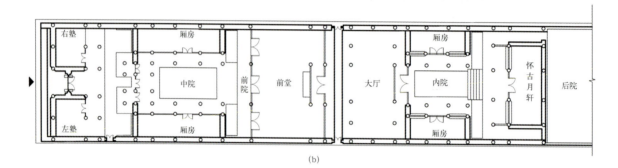

图3-3-20 周宅院落纵剖面图、平面图、实景图
(a) 周宅院落纵剖面图（图片来源：自绘）；(b) 周宅院落平面图（图片来源：自绘）；(c) 周宅院落实景图1（图片来源：自摄）；(d) 周宅院落实景图2（图片来源：自摄）；(e) 周宅院落实景图3（图片来源：自摄）

图3-3-21 魏宅实景图（图片来源：自摄）

图3-3-22 魏宅院落平面图、纵剖面图、院落实景图
(a) 魏宅院落平面图（图片来源：自绘）；(b) 魏宅院落实景图1（图片来源：自摄）；(c) 魏宅院落实景图2（图片来源：自摄）；(d) 魏宅院落实景图3（图片来源：自摄）；(e) 魏宅院落纵剖面图（图片来源：自绘）

注释

① 王军. 西北民居[M]. 北京：中国建筑工业出版社，2009：52，93，127.

② 赵立瀛. 陕西古建筑[M]. 西安：陕西人民出版社，1992：9.

③ 赵立瀛. 陕西古建筑[M]. 西安：陕西人民出版社，1992：1.

④ 周若祁. 韩城党家村[M]. 北京：中国建筑工业出版社，2009：102.

⑤ 雷会霞，吴左宾，高元. 隐于林中，沉于地下——柏社村的价值与未来[J]. 城市规划，2014（11）：88-91.

⑥ 王军. 西北民居[M]. 北京：中国建筑工业出版社，2009：81-84.

⑦ 侯继尧，王军. 中国窑洞[M]. 郑州：河南科学技术出版社，1999：116-120.

⑧ 王军. 西北民居[M]. 北京：中国建筑工业出版社，2009：104-107.

⑨ 王军. 西北民居[M]. 北京：中国建筑工业出版社，2009：110-115.

⑩ 石磊. 陕西省三原县孟店街民居研究初探[D]. 西安：西安建筑科技大学，2010：7，15-16，23，33.

陕西古建筑

第四章 宗教建筑

陕西宗教建筑分布图

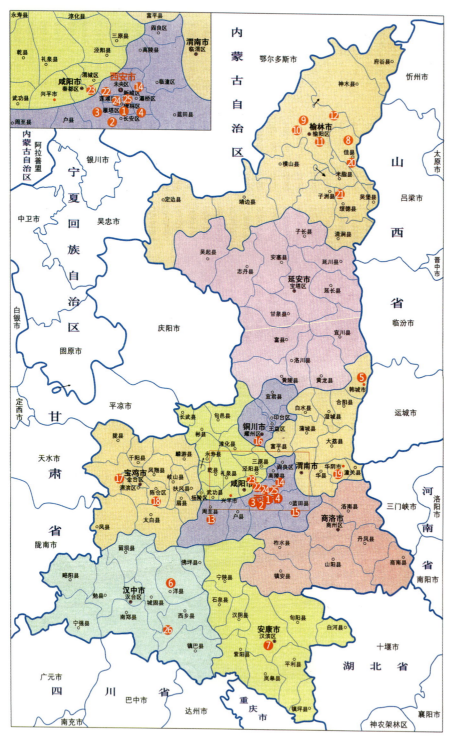

(地图引自:中华人民共和国民政部编.中华人民共和国行政区划简册2014.北京:中国地图出版社,2014.)

① 西安大慈恩寺　　⑤ 韩城普照寺　　⑨ 榆林戴兴寺　　⑬ 周至楼观台　　⑰ 宝鸡金台观　　㉑ 榆林盘龙山古建筑群　　㉕ 西安大皮院清真寺
② 长安护国兴教寺　⑥ 洋县智果寺　　⑩ 横山法云寺　　⑭ 西安八仙庵　　⑱ 宝鸡钓鱼台　　㉒ 西安化觉巷清真寺　　㉖ 西乡鹿龄寺
③ 西安大兴善寺　　⑦ 安康白云寺　　⑪ 榆林万佛楼　　⑮ 蓝田水陆庵　　⑲ 华阴玉泉院　　㉓ 西安大学习巷清真寺
④ 西安香积寺　　　⑧ 佳县香炉寺　　⑫ 榆林梅花楼　　⑯ 耀县药王山庙　　⑳ 佳县白云观　　㉔ 西安小皮院清真寺

第一节 概述

宗教建筑是中国古代建筑的重要组成部分，对于深入研究中国古代的宗教哲学思想，解剖民族传统文化的深层结构，建设有民族特色的新文化，具有重要的历史和艺术价值。[①]受篇幅所限，本书研究的宗教建筑主要侧重于三种类型：佛教寺庙建筑、道教宫观建筑、伊斯兰教清真寺建筑。

佛教寺庙：寺，原意为官署，以汉明帝时白马驮经止于鸿胪寺，次年为其辟地建舍，仍名为白马寺。庙，初指宗庙，为供奉祖先之所，以后引申为凡奉祀先哲或神佛之所都可称庙。[②]它的类型主要分为佛塔和佛殿两种。其中佛殿类是本章介绍的重点。

道教宫观，是道教神圣的建筑空间，是道教供奉神灵、信徒进行礼拜、祭祀活动以及道士进行集体修道活动的专用场所。[③]

伊斯兰清真寺，又称"礼拜寺"，是阿拉伯语中"麦斯吉德"的音译，原意是叩拜处，用以表示真主阿拉的无比亲近和顺从。《古兰经》第9章第108节称"……从第一天起就以敬畏为基地的清真寺，确是更值得你在里面做礼拜的"。由此可见，伊斯兰教精神是以清真寺为媒体浸入穆斯林心灵的穆斯林礼拜和敬事安拉，又是通过清真寺而上达的，因此中国穆斯林将清真寺尊称为安拉的屋子。[④]

陕西历史上宗教文化繁荣昌盛，堪称中国宗教的主要发祥地。现代的陕西依然是一个宗教大省。早在原始社会时期，就产生了最早的萌芽。半坡村的墓葬和陶器上的图案都显示了当时对天、地的敬畏和对神灵的崇拜等宗教信仰。黄帝时代，原始的宗教信仰和宗教活动已经相当发达。在西周时期，因为政治和文化的中心地位，宗教文化在全国起到举足轻重的作用。西汉初期，后世道教的思想从这里向全国推行。西汉末年，佛教就正式进入长安社会之中，这标志着中国内地佛教的开始。东汉后期，道教的萌芽形态也从四川迁至陕南，形成了中国最早的道教形态。此后，经过魏晋南北朝时期的发展，到隋唐时代陕西宗教趋于鼎盛阶段，成为中国乃至整个世界宗教文化的中心。[⑤]

陕西宗教建筑分布广泛。各种类型的宗教建筑在陕北、关中、陕南三个区域都有所分布，没有形成某种宗教建筑集中分布在某一个地区的现象。相对来说，陕北多道教和民间信仰，关中部地区多佛教、天主教和基督教，陕南五类信仰杂处，传统的佛教、道教与民间信仰相融并处。若从社会生活的角度对宗教传播区域进行划分，陕西可以划分为城市区、山地区、平原农村区三种区域类型，各种宗教在这三种区域内都有分布。相比较而言，靠近城市的山地区多佛教和道教，偏远的山地区则多民间信仰，城市和平原农村地区多佛教、天主教和基督教。伊斯兰教建筑则是按照信仰伊斯兰教民族的分布而分布的，主要分布在西安、安康、汉中、宝鸡等城市和一些回民聚居的山区。

陕西宗教建筑地位突出。佛教、道教、伊斯兰教、天主教、基督教等在中国的漫长历史也是最早从这里迈开：道教在这里诞生了它的核心经典，成为天下道家的总源头，全真教派由这里创立，形成源源不断的传承。佛教在这里成为进入中国的第一站，此后在西晋、东晋、北朝、隋、唐各代一直是全国乃至世界的佛教中心，这里翻译出几乎全部汉文佛教经典中一半以上的经典，诞生了八大宗派中的六大宗派，佛教中国化是在这里逐渐形成的，又从这里传播到东亚各国。天主教、基督教也是以唐代景教的进入作为其传入中国的最早标志。

综上所述，陕西省宗教建筑在中国宗教历史发展上具有特别重要的地位。陕西省现存宗教建筑占古建筑的比重较大，尤其是以寺庙、宫观居多。其中寺庙有佳县香炉寺、榆林万佛楼、榆林戴兴寺、榆林梅花楼、五龙山庙群、韩城普照寺、西安大慈恩寺、西安大兴善寺、西安香积寺、长安护国兴教寺、洋县智果寺、安康白云寺等10余座；宫观有佳县白云观、米脂真武宫、耀州区药王山庙、蓝田水陆庵、周至楼观台、西安八仙庵、宝鸡金台观、宝鸡钓鱼台、华阴玉泉院等；清真寺主要有西安化觉巷清真寺、西安小皮院清真寺、西安大皮院清真寺、西乡鹿龄寺等。

第二节 佛教寺庙

一、西安大慈恩寺

1. 概况

西安大慈恩寺位于西安市雁塔区雁塔南路北口，是汉传佛教法相宗的祖庭，唐长安三大译经场之一，也是唐长安城最宏伟壮丽的皇家寺院代表。1961年公布为第一批全国重点文物保护单位。2014年，寺内的大雁塔入选《世界遗产名录》。

唐太宗贞观二十二年（公元648年），太子李治为文德皇后祈求冥福，在晋昌坊隋无漏寺（建于开皇九年）故址营建此寺，重建后改名大慈恩寺。[6]当时有13个院落，房舍1897间。[7]明成化二年（1466年）起在原寺院西塔院基础上陆续修建，逐步形成今日寺院格局。

2. 总体布局

大慈恩寺坐北朝南，其南北长约300米，东西宽约150米，全寺总占地面积约为45000平方米。自南向北在中轴线上坐落有山门、大雄宝殿、佛殿、大雁塔、玄奘院。在山门西北与东北侧坐落着钟鼓二楼，钟鼓楼北侧东西分别坐落着客堂和云水堂，它们与中轴线南北方向的山门以及大雄宝殿构成了寺院的第一进院落，此院南北长（山门之北与大雄宝殿台基南缘的距离）约90米，东西宽（客堂之东与云水堂之西的距离）约36米，为全寺最大的院落。在大雄宝殿两侧建有面宽较长的东西配殿，东西配殿与南面的大雄宝殿以及北面的在建佛殿共同构成寺院中轴线上的第二进院落，该院落南北长（大雄宝殿之北与在建佛殿之南的距离）约17米，东西宽（两配殿的间距）约33米，其规模小于第一进院落。寺院的功能区主要集中于西侧以及东南，西侧自南向北分别分布着管理院、僧人院以及方丈院三组院落。东南方向自南向北分别为公共卫生设施建筑以及佛教艺术品展室[8]（图4-2-1）。

3. 建筑单体

山门：面阔三间，坐北朝南，砖木结构，硬山双坡屋顶，布板瓦。脊高7.89米，面宽11.35米，进深9.49米，建筑面积107.71平方米。门内三间原为金刚殿，后将中间改为通道，东西为传达、接待用房。两侧现建有供游人出入的侧门各一间。门外当心间上方额题"大慈恩寺"（图4-2-2~图4-2-4）。

大雄宝殿：始建于明成化二年（1466年），历代均有维修。2006年实施重建，2009年春季落成。整修后的建筑面阔五间，砖木结构，布筒瓦，大殿高9米，宽23.5米，进深12.5米，建筑面积293平方米，为一层歇山式建筑。[9]门楣题匾"大雄宝殿"，

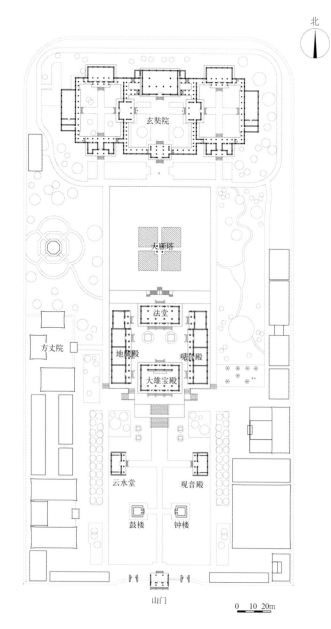

图4-2-1 西安大慈恩寺总平面图（图片来源：自绘）

图4-2-2 西安大慈恩寺山门实景图（图片来源：自摄）

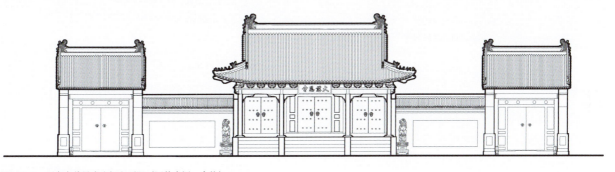

图4-2-3 西安大慈恩寺山门立面图（图片来源：自绘）

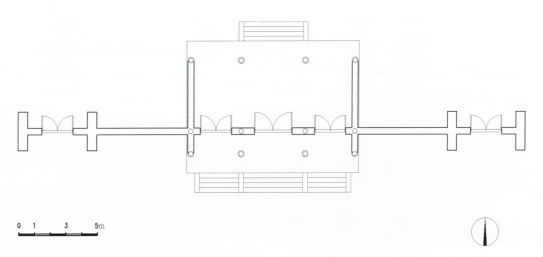

图4-2-4 西安大慈恩寺山门平面图（图片来源：自绘）

图4-2-5 大雄宝殿实景图（图片来源：自摄）

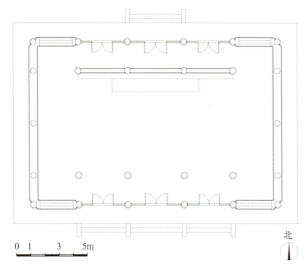

图4-2-6 大雄宝殿平面图（图片来源：自绘）

南北皆有门，但北门通里院，仅供值殿僧人通行，平时锁闭。殿门东西各有一小门，系入院通道⑩（图4-2-5~图4-2-8）。

玄奘三藏院：2000年新建，由3个并列布局的对称式院落、19座仿唐风格建筑物构成。其梁柱、斗栱为钢筋水泥构造，柱础为莲花座，屋面均为宜兴造琉璃瓦，风格高大宽敞。其中，大遍觉堂居中，庑殿式，脊高13.32米，两层，各五间，地面部分面宽23.4米，进深17米，地下部分面宽22.46米，进深16.06米。大殿台基高1.3米，高于东西两殿。东、西大殿分别为译经堂和求法堂，歇山式屋面，前抱厦门廊，脊高10.29米，两层各五间，地

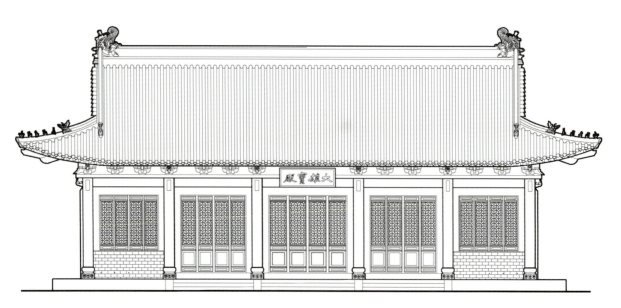

图4-2-7 大雄宝殿立面图（图片来源：自绘）

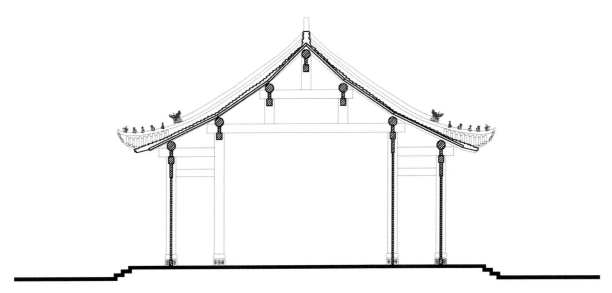

图4-2-8 大雄宝殿剖面图（图片来源：自绘）

面部分面宽20.8米，进深14.8米，地下部分面宽19.92米，进深15.92米，台基高于地面61厘米。东院东侧为东展厅，西院西侧为接待室，悬山式屋面，脊高8.02米，各一层七间，面宽26.3米，进深10.4米，台基高65厘米。三院之间有东西二门相通，悬山式屋面，脊高6.94米[11]（图4-2-9）。

二、长安护国兴教寺

1. 概况

长安护国兴教寺位于西安市长安区樊川北塬（少陵塬），为唐代樊川八大寺院之首。[12] 1961年公布为第一批全国重点文物保护单位。1983年兴教寺公布为汉族地区全国重点寺院。

寺院始建于唐高宗总章二年（公元669年），初为从白鹿原迁葬玄奘法师遗骨，在此建五层砖塔，随即建寺。唐肃宗题塔额曰"兴教"，寺遂得名。后玄奘两名高徒窥基、圆测分别于唐永淳元年（公元682年）、唐登封元年（公元696年）葬于塔两侧。建寺约百年之后，即"塔无主，寺无僧"。唐文宗太和二年（公元828年），重修塔身。清同治年间（1862～1874年）遭兵灾，除三座舍利塔外，全寺付之一炬，几成废墟。民国年间，寺僧募资修缮大殿、僧房十余间，增建及修葺塔亭、大殿、藏经楼、山门等。1982年以来，又进行了全面修缮、增建（图4-2-10）。

2. 总体布局

兴教寺坐北朝南，现由正院、东跨院和西跨院三部分组成（图4-2-11）。正院由山门、钟鼓楼、大殿、法堂、禅堂等形成中轴线。山门内钟鼓两楼夹道对峙。大殿正对山门，殿内供奉明代铜佛像和缅甸赠送的白玉石刻弥勒佛像各一尊，并有彩色宗教故事画。东跨院部分以藏经楼为主要建筑，为二层楼：一层陈列有关玄奘大师的画像和书画；二层珍藏《藏经》、《大藏经》等数千册经书及用巴利文写的《贝叶经》残片（图4-2-12）。西跨院又称慈恩塔院，为玄奘及其弟子圆测和窥基遗骨安葬之地。院内建有并列的三座舍利塔。

3. 建筑单体

玄奘法师舍利塔（详见第八章）为现存年代最早的唐代楼阁式塔，又称大遍觉塔，塔体为砖砌仿木结构，共五层，底层拱洞内有玄奘法师塑像。[13] 玄奘法师墓塔左右两侧各有一座三层塔，为其弟子慈恩大师窥基和西明大师圆测舍利塔。两位弟子的灵塔平面皆为方形，塔身三层，高约7米，塔体为

图4-2-9 西安大慈恩寺玄奘三藏院实景图
(a) 山门（图片来源：自摄）；(b) 鸟瞰（图片来源：自摄）

图4-2-10 长安护国兴教寺实景图
(a) 大雄宝殿（图片来源：自摄）；(b) 法堂（图片来源：自摄）；(c) 卧佛殿（图片来源：自摄）；(d) 三藏院1（图片来源：自摄）；(e) 三藏院2（图片来源：自摄）

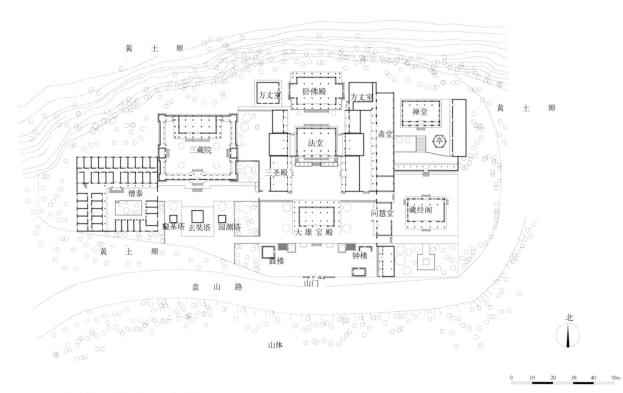

图4-2-11 长安护国兴教寺总平面图（图片来源：自绘）

图4-2-12 藏经楼实景图（图片来源：自摄）

实心砖结构。三座塔之北的慈恩殿内陈列玄奘及其弟子的石刻像等[14]（图4-2-13）。

三、西安大兴善寺

1. 概况

西安大兴善寺位于西安市兴善寺西街，是汉地佛教密宗祖庭，唐代长安三大译经场之一。[15] 1956年公布为陕西省重点文物保护单位，1983年被国务院列为全国重点开放寺院之一。

大兴善寺始建于晋武帝太康二年（公元266年），初曰"遵善寺"。[16] 隋开皇二年（公元582年）重修此寺，更名为大兴善寺，为当时京城第一大寺。该寺始建即为国寺，安置于新都大兴城的"九五"贵位，寺院占城内靖善坊一坊之地，取城名"大兴"、坊名"善"字，赐名"大兴善寺"。唐神龙年间（公元705~706年），改为鄘国寺，景云元年（公元710~711年）复名。[17] 唐武宗会昌年间（公元841~846年），大举灭佛，大兴善寺被拆毁。以后屡有重修，以清康熙年间（1662~1722年）的修复工程最多，先后重修了山门、方丈殿、钟楼、鼓楼等。清同治年间，寺院建筑再次被毁，仅存钟、鼓楼和前门。[18] 1955年，全面大修（图4-2-14）。

2. 总体布局

大兴善寺是目前西安地区占地面积最大的寺院，占地面积约8公顷。其南北长330米，东西宽219米。自南向北，沿中轴线方向依次分布着四组大型院落（图4-2-15）。

第一进院，由轴线南端的山门，北部的天王殿以及东、西仿古商业店面构成。

图4-2-13 舍利塔实景图（图片来源：自摄）

图4-2-14 西安大兴善寺实景图
(a) 大雄宝殿(图片来源：自摄); (b) 石碑（图片来源：自摄); (c) 文殊殿(图片来源：自摄) (d) 后院（图片来源：自摄)

第二进院，由南部的天王殿，北部的大雄宝殿，以及自南向北东西对峙的钟鼓楼和仿唐式配殿共同围合构成，该院落尺度为中轴线上四组院落之最。

第三进院，由南往北方向分别为大雄宝殿和观音殿，它们与东西对峙的禅堂、文殊殿、普贤殿共同构成一组院落，其中的唐代转轮藏经殿的殿基位于这组院落的中心偏北方向。

第四进院，南北分别为观音殿、法堂，这两殿之间的东西两侧亦对称布置着一系列的配殿，西侧自南向北为众香寮和卧佛殿，东侧自南向北为花雨轩和玉佛殿。

上述四组院落构成了大兴善寺今日格局的主体。并以第二进院落构成寺院的核心区，此院落在南北方向上的距离自天王殿之北到大雄宝殿之南总长约为70米，东西长度也达到了50米，其空间尺度大大超过其余三组院落，除此之外在大兴善寺北端最后一进院落的紧东边建有金刚殿。[19]

3. 建筑单体

现存大兴善寺主体为两大部分，中间为宗教活动区域。主要建筑包括：山门殿、天王殿、大雄宝殿、三佛殿、菩萨殿、法堂、罗汉堂、议事堂、佛学院、藏经楼等，称为五殿、三堂、一院、一楼；两侧布置禅堂、亭、阁、榭以及佛教宾馆、素香斋、茶苑、盆景花卉等寺庙园林景观。

大雄宝殿为寺中规模最大的一座建筑，其制度等级与帝王太庙的制度等级一致。面阔七间，进深两间加前廊，重檐歇山顶，外檐出三踩单昂斗栱（图4-2-16）。天王殿，面阔五间，单檐硬山顶，外檐不施斗栱。菩萨殿，面阔五间，单檐硬山顶，外檐不施斗栱，形制有如大雄宝殿，东西两侧配有砖砌碑亭。鼓楼，砖结构，高二层，单檐歇山顶，内置大鼓一面。普同塔，平面六角形，高五层，高约18米，砖结构，坐落在六角形的砖砌台基之上。该塔系1990年由附近的小寨西路迁建于此。

四、西安香积寺

1. 概况

香积寺位于西安市长安区郭杜乡香积寺村，原名光明寺，是汉地佛教净土宗之祖庭。1956年列为陕西省重点文物保护单位，也是国务院确定的佛教地区全国重点寺院之一。[20]寺内的善导塔于2001年公布为第五批国家级文物保护单位。

寺院始建于唐高宗永隆二年（公元681年）。净土宗创始人之一善导大师圆寂，弟子怀恽为纪念善导功德，修建了香积寺和善导大师供养塔。"安史之乱"和唐武宗灭佛事件中，香积寺遭到严重破坏。直到宋朝时，又恢复了原名。宋、元期间，长安衰落，寺院年久失修，到明嘉靖年间才进行了大规模的修复。清朝时，香积寺仍保持明朝的规模，并进行了修葺。直到清末，寺内还保存有许多金石文物，仅历代雕刻就有119件。20世纪50年代初，寺内主要建筑仅有大殿三间、金刚殿三间以及善导、净业二塔，金石文物几乎荡然无存。1979年，政府为兴建香积寺，拆掉长安县（西安市长安区）子午镇（今西安市长安区子午镇）的古戏楼，修建大雄宝殿五间，并加固善导古塔。[21]之后相继新建法堂五间，廊房十间，僧房、库房百余间，重建了寺庙围墙和院内通道（图4-2-17）。

2. 总体布局

唐香积寺的建筑已毁，现今香积寺由南向北依次为门前牌坊、山门、天王殿、大雄宝殿、佛

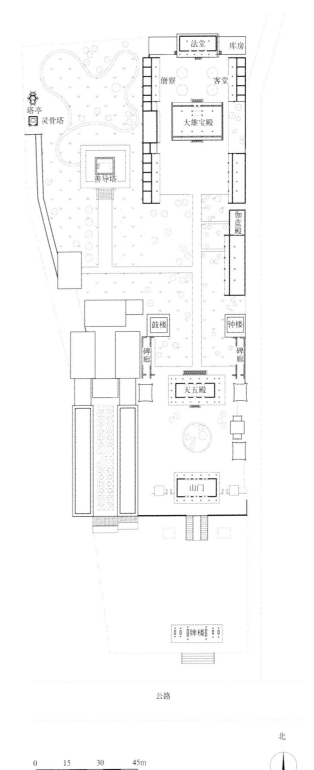

图4-2-15　西安香积寺总平面图（图片来源：自绘）

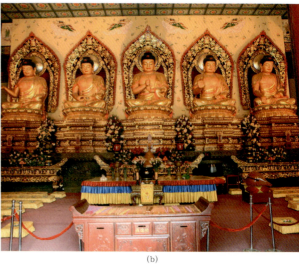

图4-2-16 西安大兴善寺实景图
(a) 大雄宝殿殿前（图片来源：自摄）；(b) 大雄宝殿室内（图片来源：自摄）

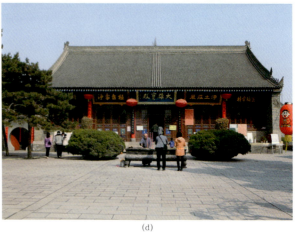

图4-2-17 西安大香积寺实景图
(a) 门前广场及山门（图片来源：自摄）；(b) 院落看塔（图片来源：自摄）；(c) 天王殿（图片来源：自摄）；(d) 大雄宝殿（图片来源：自摄）

堂，左右两侧分别有钟楼、鼓楼、善导塔和客堂等建筑。寺内建筑共有大殿五间、佛堂五间、僧房十间等。寺内遗存唐代两座古塔，其中最大的一座就是为纪念善导大师而建立的，故名"善导塔"（详见第八章）。另一座塔为善导的门徒净业和尚的灵塔。

五、韩城普照寺

1. 概况

韩城普照寺位于韩城市昝村镇吴村，是韩城元代佛寺的标志性建筑，佛教文化气息浓厚。2001年公布为第五批全国重点文物保护单位。

普照寺始建于元延祐三年（1316年），据寺内保存下来的《金桩神像并理观音洞碑记》和《重修普照寺大佛殿碑记》记载，清康熙十六年（1677年）、三十六年（1697年），清道光三年（1823年）曾多次对该寺进行过较大规模的维修（图4-2-18）。

2. 总体布局

普照寺建于砖砌的高台上，北靠古寨，面南而居，居高临下，颇有虎踞高山之势。寺院原占地面积4453平方米，后陆续迁建韩城境内濒危的元代建筑十座，与原有殿堂一起形成颇具规模的古建筑群，但其各自依旧保持原状格局与特征，被誉为"元代建筑博物馆"，寺院面积也扩大至30余亩[22]（图4-2-19）。现保存下来的建筑有大佛殿、土地庙、关公庙、伽蓝殿、护法庙、观音洞等。

3. 单体建筑

大佛殿：元代典型建筑，面阔五间，21米；进深三间六架椽，14米，建筑面积约294平方米。该殿为单檐歇山顶，灰布筒板瓦屋面，前檐当心间设双开板门，次间在墙的上半部设直棂高窗，梢间不开窗或门。殿身山墙的厚度将近1米，且收分比较明显（图4-2-20）。

大殿在大木结构做法上，继承了宋代以来所形成的传统制度，在斗栱、柱额、举折方面具有宋元时期建筑的特征。檐下一周置有斗栱，设有柱头铺作和转角铺作，无补间铺作。前檐及两际斗栱式

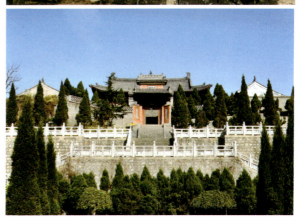

图4-2-18 普照寺建筑群实景图（图片来源：自摄）

样均为五铺作双下昂，里转出双抄；后檐斗栱式样为五铺作，里外出双抄。另外前檐仅当心间的栌斗为圆形，其余则为方形，昂身做成琴面。厢栱上承托替木，替木之上为挑檐檩。转角铺作中设有一种特殊的斗栱——鸳鸯交手栱。殿内保存有塑于元泰定三年（1326年）的释迦牟尼佛和文殊、普贤二菩

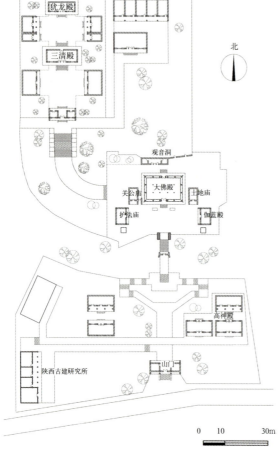

图4-2-19 韩城普照寺总平面图（图片来源：自绘）

萨，阿难、伽叶二弟子五尊彩塑像及明清藻井绘画130余幅。

大佛殿左右为土地庙与关公庙，其面阔、进深各一间，硬山顶，灰瓦屋面。殿与庙之间为拱洞，殿前东西两侧为伽蓝殿和护法庙，面阔均为三间，进深均为一间，硬山顶，灰瓦屋面。大殿后面是观音洞。大佛殿前东、西两侧各建有青砖碑楼，均为硬山仿木构建筑。[23]

六、洋县智果寺

1. 概况

洋县智果寺位于汉中市洋县谢村镇，是一组规模宽敞、形制完备的"敕建"寺院，也是陕西唯一的皇家城堡式寺院，素有"汉上名刹"之称。1962年公布为陕西省重点文物保护单位。

据《洋县志》载：智果寺始建于唐仪凤年间（公元676~679年），宋、元皆重修。清雍正二年（1724年）《重修智果院六次序》碑记："嗣后万历十四年（1586年）颁施藏经，赐建藏经楼。其规模逐为宏阔。"[24]

图4-2-20 韩城普照寺大佛殿实景图（图片来源：自摄）

图4-2-21 洋县智果寺室内实景图（图片来源：自摄）

2. 总体布局

智果寺占地约35000平方米，寺院周围有寺墙和护寺河。清嘉庆二十三年（1818年）石刻载："智果寺……周围筑城约二里许。外有壕沟环境，所以护持经楼也。"现存大佛殿、藏经楼及护城河遗址。

3. 建筑单体

大殿：平面呈凸字形，长11.5米，宽10.4米。面阔五间，进深六架椽，北面明间和次间出后屋深1.8米的椽架，檐柱粗短，有显著"侧脚"和"生起"。前檐斗栱五铺作出重昂，山檐和后檐斗栱出双抄。屋顶为单檐歇山顶，收山较深，正脊较短，举折平缓。前、后檐柱上施一径约30厘米的"大额"，与角柱交接，其上置柱头铺作；山面和转角铺作则直接置柱头上。梁架为彻上明造。当心间作减柱、移柱。因此，在次间外侧四根金柱上施纵向大"内额"，以承载明间两缝位的四椽栿梁架，这种梁架做法多见于元代木结构建筑中。除此之外，这座大殿在斗栱、梁栿的构造做法上也保留有元代木结构的特征[25]（图4-2-21~图4-2-24）。

藏经楼：创建于明万历十四年（1586年）。坐北向南，为重檐歇山二层木结构。其平面呈长方形，长21.7米，宽18.3米，面积约600平方米。楼底层面阔三间，计13.4米，当心间略大于次间；进深七架椽，计9.9米，底层设围廊一周，单步梁深1.7米，上覆腰檐。二层平面与底层老檐柱位置相同，四周退进一椽架至金柱缝，形成周围廊。在当

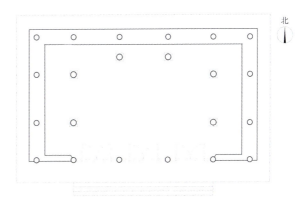

图4-2-22 洋县智果寺大殿平面图（图片来源：自绘）

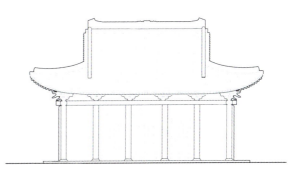

图4-2-23 洋县智果寺大殿立面图（图片来源：自绘）

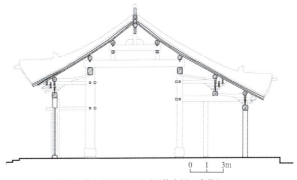

图4-2-24 洋县智果寺大殿剖面图（图片来源：自绘）

图4-2-25 藏经楼实景图（图片来源：自摄）

心间的部分向外挑出平座，以加重立面中心构图。㉖前后各有四根较粗檐柱，楼内有四根明柱，东西两侧，檐柱各七。楼高15米，顶部屋脊六兽仰首（图4-2-25～图4-2-27）。藏经楼现存碑碣16通，楼前竖有明万历十六年（1588年）"圣谕碑"，楼内存有明神宗朱翊钧之母"慈圣宣文明肃皇太后"御赐经卷678函、6780卷，为全国佛经珍品。目前，藏经楼所藏经典按"千字文"计为4178卷，经书长35厘米，宽13厘米。其所经年代之久、参与译著人数之多和囊括内容之丰富，实属罕见。

七、安康白云寺

1．概况

白云寺位于安康市西南约18公里处的天柱山上，是陕南佛教圣地四大丛林之一，也是安康著名八景之一。1992年公布为陕西省重点文物保护单位。

寺庙始建于唐麟德二年（公元665年），明末毁于兵灾，清康熙五十五年（1716年）重修，乾隆二十年（1755年）安康总督上山求雨如愿，遂扩修寺庙。

2．总体布局

白云寺占地百余亩，坐北朝南。寺庙由三进四塔、一炉五殿、九洞三院组成，共有殿宇、厢房60余间。中轴线上依次为天王殿、观音殿、大雄宝殿。大雄宝殿右侧为养心殿，后左侧有禅堂，禅堂左右有厢房，均系清代建筑（图4-2-28～图4-2-31）。

真武祖师殿石碑最高处三进佛殿的佛像，均为明代石雕精品。寺后有莲花池，前有方池。山北峭壁处有自然形成的九个洞，洞洞相通。四座灵骨塔均高两丈余，系该寺宋至清代的灵骨。现寺内存碑三十余块，皆为善信捐资重修内容，唯《天柱山庙公议戒律条规碑》为重要，寺东山坡及山坳存舍利塔四座，是安康迄今所知保留舍利塔最多者，其东山一塔高五层，第三层上浮雕释迦牟尼造像，保存基本完整。

八、佳县香炉寺

1．概况

佳县香炉寺位于榆林市佳县县城东北侧的石峰之上，是佳县八景之一的"香炉晚照"所在。㉗2003年公布为陕西省重点文物保护单位（图4-2-32）。

据寺内现存碑石记载，香炉寺始建于明朝万历十一年（1583年），曾于万历十八年（1590年）、二十八年（1600年）、四十年（1612年）、四十一年（1613年）四次增修。香炉寺现存石碑8通，石坊1座，壁画54幅，古柏2株。石坊上书"天柱胜境"四字，笔法独到，遒劲有力。㉘

2．总体布局

香炉寺占地600多平方米。寺院规模虽小，但选地绝胜。建筑群三面绝空，仅西北方向以一狭径

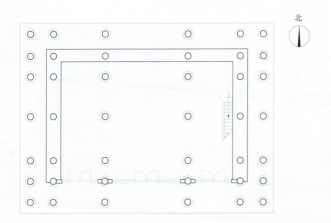

图4-2-26 洋县智果寺藏经楼平面图（图片来源：自绘）

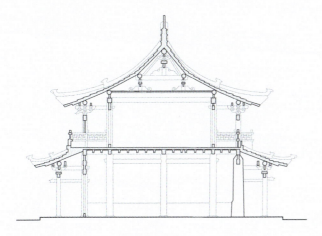

图4-2-27 洋县智果寺藏经楼剖面图（图片来源：自绘）

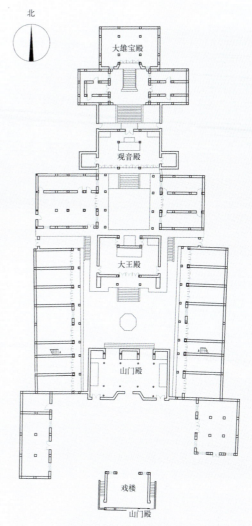

图4-2-28 安康白云寺总平面图（图片来源：自绘）

图4-2-29 安康白云寺山门实景图（图片来源：自摄）

图4-2-30 安康白云寺大雄宝殿实景图（图片来源：自摄）

图4-2-31 安康白云寺后殿实景图（图片来源：自摄）

图4-2-32 香炉寺实景图（图片来源：张小郁摄）

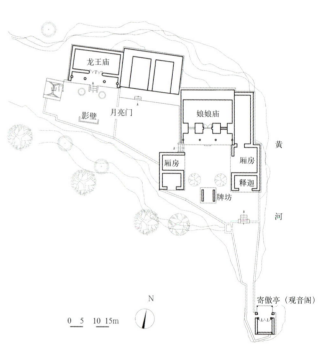

图4-2-33 香炉寺总平面图（图片来源：自绘）

与县城古城门相通（图4-2-33）。

　　寺院由东、西两部分组成：东边有山门、龙王庙、娘娘庙等建筑；西边为一组三合院式的明代建筑，石牌坊位于院中，与寄傲亭对望。寺东南10米处，有直径5米、高20余米的石柱兀自耸立，巨石之上建有寄傲亭，可俯瞰黄河。寄傲亭与崖畔之间有3米长的木桥相连，名曰悬桥（图4-2-34）。寺内建筑规模较小，三合院主体建筑为硬山顶，两厢为不规则建筑形式，南向山墙出耳房，作单坡檐。石牌坊为仿木构建筑，为一门两柱，斗栱用三攒，为三踩单翘制式，造型古拙。

图4-2-34 寄傲亭（观音阁）实景图（图片来源：自摄）

九、榆林戴兴寺

1. 概况

戴兴寺位于榆林城东驼峰山巅，与香云寺、洪济寺、大庵寺和老爷庙等建筑群合称为"四寺夹一庙"，是榆林八景之一的"驼峰拥翠"。1992年公布为陕西省重点文物保护单位。

戴兴寺建于明正德十一年（1516年），原为延绥镇总兵戴钦家祠。明正德十三年（1518年）武宗巡边抵榆，纳戴钦之女，赐戴钦尚方宝剑，挂征西将军印，戴氏声威显赫一时。后舍为佛寺。明天启七年（1627年），清康熙二十年（1681年）、四十二年（1703年），乾隆三十年（1765年），光绪三十年（1904年）戴兴寺均有维修㉙（图4-2-35）。

2. 总体布局

戴兴寺规划布局因山就势，错落有致，总占地面积2846.1平方米。依地形高低就势，分上下两大院。主要建筑为五佛殿、大雄宝殿、观音殿、罗汉殿、地藏殿、南北禅堂等明代殿宇，建筑形式多为砖木结构（图4-2-36）。上院北殿供十殿阎君，南殿供十八罗汉。院中有两座高八九米、下粗3米的"千佛铁塔"。塔上逐层铸有高约3寸小佛像。下院可分南、北、中三个小院落。北小院北殿祀二十四臂金身观音。东殿供奉弥勒佛。该院南墙有弥足珍贵的砖雕壁画和联语。中小院东殿是念经堂，供释迦佛。殿前檐下有光绪、宣统年间数方木匾。中小

图4-2-35 榆林戴兴寺实景图（图片来源：自摄）

院北房是待客室，其顶部建"暮鼓"阁，南房是佛教协会用房，其顶部建"晨钟"阁。其后进入南小院"禅居"处。

3. 建筑单体

五佛大殿：为上院正殿，建筑坐东面西，总高11.2米；一层为砖砌五开间通堂拱券式枕头窑，宽22米、深9.4米、高4.7米，外接飞檐走廊；南、北两侧各砌砖拱券洞，置砖踏步，拾级而上可达二层；二层为砖木结构，歇山顶5檩36柱环廊，南北19.4米，深10.6米，顶覆仰合灰瓦、脊兽㉚（图4-2-37）。

十、横山法云寺

1. 概况

法云寺位于榆林市横山县殿市镇五龙山村，俗称五龙山庙群。寺院内庙宇楼阁重重、院落错综相连，其规模宏大、布局有序，是陕北地区较为典型的古代建筑群落实例。2008年公布为陕西省重点文物保护单位。寺院始建于唐代开元二年（公元714年），经明万历、崇祯、清康熙、乾隆时陆续扩建，遂形成现状。

2. 总体布局

法云寺选址于五龙山余脉，山体高约70米，形似神龟。寺院四面临沟，居高临下、气势雄伟。法云寺坐东北面西南，占地面积达9600平方米。寺院分前、中、后、左、右五组院落，上、中、下三层。其中，楼亭台阁7座，前后大殿10座，三合院7处，各种小庙堂舍30多处，禅堂、经窑3处，大小高低塔7座，会窑耳房数间，布局和谐自然，上下左右庙宇浑然一体（图4-2-38）。

3. 建筑单体

寺院前部由山门、五龙照壁、大雄宝殿、真武祖师殿、五佛殿、文昌殿等12座建筑组成。山门为洞式，两侧各踞石狮。五龙照壁居山门后2米正中，壁面砖石，上雕刻五龙盘踞，装饰着青蓝点金，重檐彩顶，毁于兵革年代。真武祖师殿面阔三间，进深一间，为枕头窑洞式砖木结构，顶为卷棚硬山单檐勾连搭灰瓦顶。大雄宝殿与真武祖师殿相连，内立庙志碑数通。文昌殿位于建筑群中部，高8米，石结构，正方形，正面有进深4.5米、高3米的窑洞式文庙，洞口上方石雕"青云"二字，下款乾隆二十六年。右边设石台阶至魁星爷楼，其高3米，砖木结构，柱为8根，屋顶为八角攒尖式（图4-2-39）。

寺院后部经四大天王殿内石台阶进入，是由孔子殿、仙公殿、禅堂等建筑组合的窑洞式四合院。再由石台阶进入三佛殿，该殿为后部分的主体建筑，面阔三间，前有月台，内为拱窑式，屋顶单檐歇山式，飞檐高耸，斗栱密布（图4-2-40）。

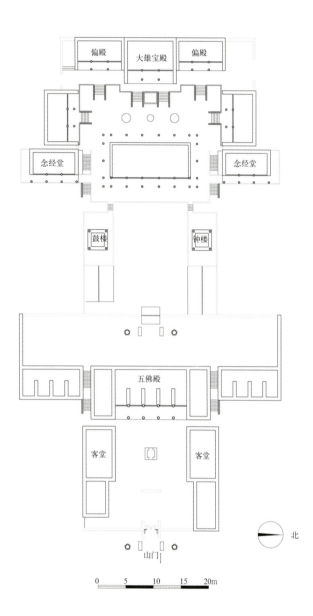

图4-2-36 榆林戴兴寺总平面图（图片来源：自绘）

图4-2-37 榆林戴兴寺五佛大殿实景图（图片来源：自摄）

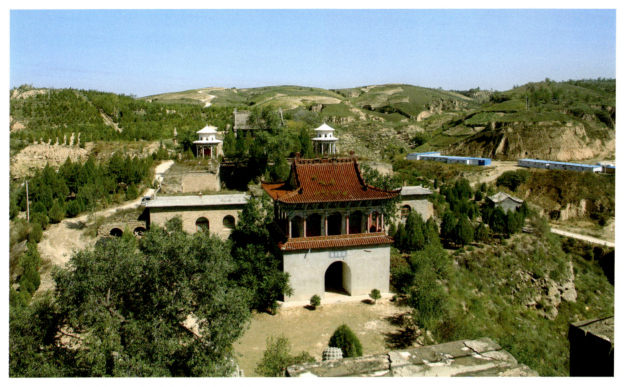

图4-2-38 法云寺建筑实景图五龙山庙群（图片来源：自摄）

图4-2-39 法云寺大雄宝殿实景图（图片来源：自摄）

图4-2-40 法云寺三佛殿建筑实景图（图片来源：自摄）

十一、榆林万佛楼

1. 概况

万佛楼位于榆林城南大街中心新明楼与南城门之间，为一座建于过街楼台上的佛寺，是榆林历史文化名城中保存较为完好的砖木结构楼阁式建筑。因内藏佛像万尊，故名"万佛楼"。2003年公布为陕西省重点文物保护单位。

建筑始建于清康熙二十七年（1688年）。民国五年（1916年）5月庙会失火，顶楼被焚毁，民国七年（1918年）按原样重修。1984年万佛楼补修后，改为榆林县文物陈列馆（图4-2-41）。

2. 建筑单体

万佛楼：楼基高大，阁楼宏伟，造型古朴，结构严谨，有浓郁的中原古建遗风。建筑为三层砖木

图4-2-41 榆林万佛楼观音殿实景图（图片来源：自摄）

结构，可分为基座和楼阁层两部分。基座部分呈长方形，长29.6米，宽18.4米，高18米余，占地面积534平方米。内夯黄土，外包青砖。四个十字券洞与街道相通。券洞高、宽各约5米（图4-2-42）。

基座上建有二层木结构楼阁，一层正阁为通殿，南北各有4根径为0.28米的立柱直通二层额枋下，14根廊柱环宇，为一层屋檐及二层走廊承重柱。阁楼大殿分南北两院，北院为观音殿，廊柱卷棚式门厅，东西各设厢房3间；南院为孔雀明王殿，东西也各设厢房3间。二层大殿呈长方形通殿，东西长12.6米，南北宽8.4米，周设走廊，柱间棂门格窗，外附栏杆。顶部为重檐歇山屋顶[31]（图4-2-43、图4-2-44）。

图4-2-42 榆林万佛楼剖面图（图片来源：自绘）

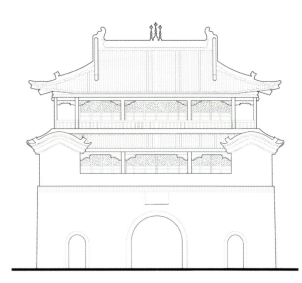

图4-2-43 榆林万佛楼立面图（图片来源：自绘）

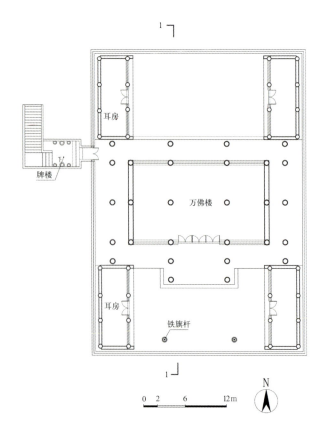

图4-2-44 榆林万佛楼平面图（图片来源：自绘）

图4-2-45 梅花楼实景图（图片来源：自摄）

图4-2-46 梅花楼细部实景图（图片来源：自摄）

楼南院中原有铁旗杆一对，铁狮子一对，现已无存。楼东大门上有天桥，通向殿院。[32]整组建筑规模、用材都很小。大木为小式柱梁作，不施斗栱，构架为前后抱头梁对五架梁，平梁上叉手与蜀柱并用。万佛楼的特色，在于它处在过街楼台上特殊的环境和狭小的台面，展示出一组完整的建筑布局。在群体造型上有主有次，轮廓丰富，构成榆林城的显著街景。

十二、榆林梅花楼

1. 概况

梅花楼位于榆林城内普惠泉西原寿宁寺北大院，2008年公布为陕西省重点文物保护单位。

寿宁寺相传为唐建，明代亦称天界寺，明正统年间重修后改名寿宁寺。明万历十年（1582年）正殿重修后，又称"梅花楼"。原梅花楼内有石雕十八罗汉，以及明成化十年（1471年）铸造的铜鼎等物，现已不存在。梅花楼院内现尚存40余间古庙建筑，大部分改为居室，但其建筑物仍存有许多彩画。[33]

2. 建筑单体

梅花楼：为典型的单檐双层歇山顶式砖木结构，上为藏经楼，下为罗汉堂。一层为三开间通堂砖拱大殿，东西设有小耳室，四周环建外廊，东西17.3米，南北12.8米，高4.5米；12根廊柱各柱距3米，东侧廊道内设门洞，楼梯通达二层（图4-2-45）。

二层阁楼三开间为木梁架结构，东西10.24米，南北5米，廊深2.8米；12根廊柱环列。上层歇山顶置琉璃兽头，飞檐翘角，檐下彩绘，琉璃兽脊、浮雕木刻基本完好（图4-2-46）。

第三节 道教宫观

一、周至楼观台

1. 概况

楼观台位于西安市周至县楼观镇内，南依秦岭，北望渭河，是中国道教最早的宫观，道教祖庭。[34]1956年列为陕西省第一批重点文物保护单位。

楼观台始建于秦汉，魏时已有记载，《楼观》谓："魏元帝咸熙初（264年），道士梁谌事郑法师于楼观。"相传春秋时期，周朝函谷关令尹喜在此结草为楼，名"草楼观"。后老子西行路经此地，撰写《道德经》，并在楼南高冈筑台讲经，遂称作"说经台"，楼观台由此得名。后周穆王曾建"楼观宫"。秦始皇在观南修庙，汉武帝在观北建祠，魏晋南北朝时形成著名之"楼观道"。至唐高祖武德年间（公元618~626年）建规模较大的"宗圣宫"，楼观被尊为皇家祖庙，致于鼎盛。金代天兴年间（1232~1234年），楼观殿宇屡遭战乱，焚毁殆尽。宋元以后，楼观台屡遭颓圮和葺缮，盛况渐衰。清末，宗圣宫废毁，唯有说经台保存完好（图4-3-1）。

2. 总体布局

楼观台有文物古迹50多处，现仅存有"说经台"、"炼丹炉"、"化女泉"、"上善池"、"吕祖洞"、"宗圣宫"、"老子墓"、"仰天池"、"镇仙宝塔"、"三鹰柏"、"古银杏树"等古迹遗址。楼观台现有建筑均为明清所建，作为单体建筑并无多大历史价值，但建筑与环境的结合颇具特色。

3. 建筑单体

说经台：亦称老子祠、授经台，是春秋时期伟大的哲学家老子讲授《道德经》五千言之地。说经台位于海拔594米的山冈上，始建于公元619年，1236年重新扩建，明、清均有修葺。说经台位居峰顶，南依秦岭，北瞰渭水，占地9432.5平方米，呈南北纵长182.6米，东西平均宽30米不规则矩形的多进院落。历来都是帝王、道众朝拜的仙都，文人墨客云集的圣地。宋苏东坡诗云："此台一览秦川小，不待传经意已空"。祠院主要殿堂有启玄殿、斗姥殿、救苦殿、灵官殿。此外尚有配殿两座、藏经楼和其他两侧配殿、厢房和展廊（图4-3-2）。

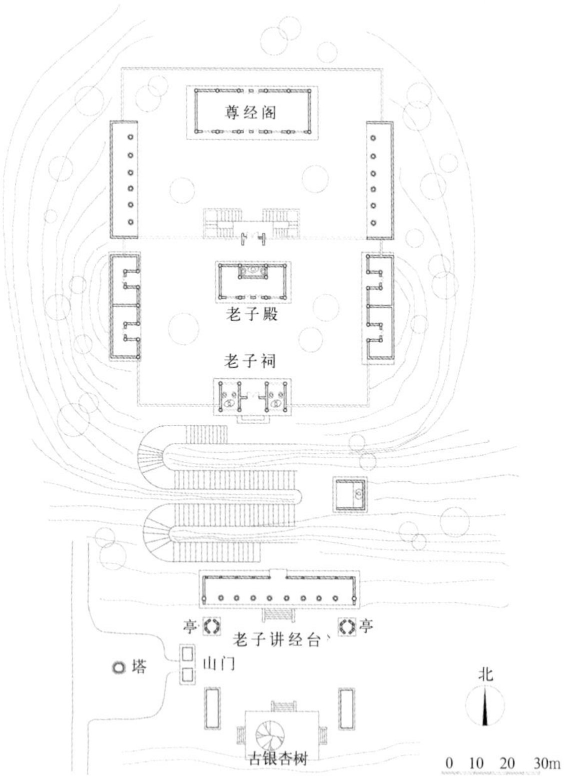

说经台山门：南向偏西，建在高1.3米的台基上。山门为单檐悬山顶，面阔七间，明间设门。东西两端又增建耳房各一间，单檐悬山顶（图4-3-3）。

二、西安八仙庵

1. 概况

八仙庵，又称"八仙宫"，位于西安城东关长乐坊，原为唐代兴庆宫遗址的一部分，现为西安最大的一座道教庙宇。1956年公布为陕西省重点文物保护单位。㉟

八仙庵始建于宋朝，元至正年间（1341~1368年）重修，明正德年间（1506~1521年）增建雷祖殿。清康熙十四年（1675年）重修，嘉庆十二年（1807年）增建吕祖、太白诸殿，道人董清奇增建西跨院。㊱道光十二年（1832年）《十方丛林碑记》记载："董清奇以后有韩合义、刘合仑开坛放戒，朱教先创建西花园。"同治年间（1862~1874年），部分殿宇古柏毁于兵火。道光年间（1821~1850年）重修。1900年，光绪皇帝与慈禧太后避难西安时，驻跸于八仙庵西花园内，光绪御书"宝箓仙传"匾额，慈禧太后敕名为"西安东关清门万寿八仙宫"。民国及新中国成立后多有修缮（图4-3-4）。

2. 总体布局

八仙庵占地110亩，坐北面南，总建筑面积8200多平方米，现存殿堂建筑均系明清以后所建，布局紧凑，殿堂庄严。山门前雄伟壮观，建有砖砌

图4-3-1 周至楼观台总平面图（图片来源：自绘）

大牌坊，刻有"万古长青"四个大字（图4-3-5）。

宫观从山门至后殿计分三进院落。山门外有清光绪二十年砖砌大牌坊两座，门外的影壁上刻有"万古长青"。第一进有五开间山门殿，山门两端，钟、鼓楼分立左右。第二进前有三间殿，后为八仙殿，为八仙宫之主殿，是道观日常举行盛大宗教活动的场所。面阔五间，原殿门正面，悬有"宝箓仙传"四字匾额，为清光绪皇帝（德宗载湉）所书。第三进为斗姥殿，面阔五间，殿门上悬有"洞天云芨"匾额。第三进院落东、西两面各有跨院，东跨院为供奉吕祖、太白、药王的诸殿，均为3间，西跨院为监院住室。自山门至第三进，两旁各有厢房18间，分客堂、圊堂、寮堂（作住室之用）（图4-3-6，图4-3-7）。

三、蓝田水陆庵

1. 概况

水陆庵地处西安市蓝田县普化镇王顺山下。寺庙坐落在一个形似卧鱼的小岛尾部，因其三面环水，形似孤岛，由此得名。水陆庵以精巧的壁画、

(a)

(b)

图4-3-2 老子祠实景图
(a) 庭院（图片来源：自摄）；(b) 山门（图片来源：自摄）

(a)

(b)

图4-3-3 老子祠细部实景图
(a) 老子祠（图片来源：自摄）；(b) 灵官殿（图片来源：自摄）

图4-3-4 西安八仙庵实景图
(a) 山门（图片来源：自摄）；(b) 斗姥殿（图片来源：自摄）

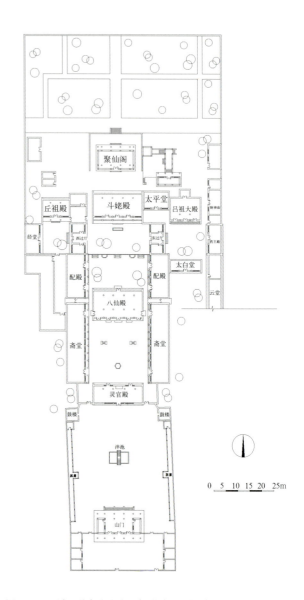

图4-3-5 西安八仙庵总平面图（图片来源：自摄）

图4-3-6 西安八仙庵八仙殿实景图
(a) 八仙殿（图片来源：自摄）；(b) 室内彩画（图片来源：自摄）

图4-3-7 西安八仙庵八仙殿建筑细部（图片来源：自摄）

泥塑闻名，有"中国第二敦煌"之美誉。1996年公布为第四批全国重点文物保护单位。[37]

据《蓝田县志》及碑所记载，水陆庵始建于隋文帝开皇年间（公元581～591年），为隋唐时期著名佛寺悟真寺里的水陆殿。唐代发展成为可容僧千人的佛教寺院。及至明代，秦藩王奉为家祀佛堂，后为了纪念其母，将原名水陆殿改名为水陆庵（图4-3-8）。

2. 总体布局

水陆庵山门朝东，中间为三间过殿，后院正中为五开间的大雄宝殿，两侧各有一排13间的厢房，为三进院落的总体布局[38]（图4-3-9）。寺院占地6800平方米，建筑面积2100平方米，共有房舍46间。山门殿五开间青瓦歇山顶，中殿为三开间弥勒殿，大殿为新建五开间庑殿顶。

3. 建筑单体

诸圣水陆殿：是水陆庵的主殿。建筑平面约为方形，各边长约为16米，格局为中央置佛坛，佛坛背后有中隔壁，南山墙和北山墙向西三分之二处设有南隔壁和北隔壁，南、北、中三个隔壁将大殿分为前后两个部分，即前殿、后殿。前殿造像以佛为主，后殿造像以菩萨为主（图4-3-10）。诸圣水陆殿融绘画、圆雕、浮雕、镂刻艺术为一体，在墙、梁、柱上展现出3700多尊人物及自然界万物的塑像。整体布局严整，惟妙惟肖，是国内目前保存最大的壁塑群。水陆庵大殿内的彩色泥塑相传从明嘉靖四十二年到隆庆元年（1563～1567年），由著名雕塑家杨惠之用五年时间，在原庙宇基础之上重整壁塑制作而成。[39]（图4-3-11）。

四、耀州区药王山庙

1. 概况

药王山庙位于陕西铜川耀县城东1.5公里处，

图4-3-8 蓝田水陆庵实景图
(a) 山门（图片来源：自摄）；
(b) 畔池（图片来源：自摄）；
(c) 造像（图片来源：自摄）；
(d) 放生池（图片来源：自摄）；
(e) 大雄宝殿（图片来源：自摄）

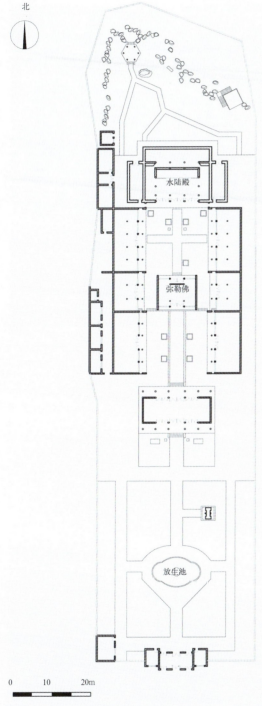

图4-3-9 蓝田水陆庵总平面图（图片来源：自绘）

图4-3-10 蓝田水陆庵诸圣水陆殿实景图（图片来源：自摄）

是唐代医学家孙思邈长期隐居之处，因民间尊奉孙思邈为"药王"而得名，后人在此修庙、建殿、塑像、立碑，药王山成为著名的医宗圣地。1961年公布为全国第一批重点文物保护单位。[40]

南北朝时，这里即为佛教丛林，隋唐继之，建有宝云寺及摩崖造像。后经唐武宗灭佛，再历五代之乱，佛教衰落。因唐代名医孙思邈隐居于此，道教兴起，约在明代时于此建"药王庙"，从此改名"药王山"[41]（图4-3-12）。

2. 总体布局

药王山庙的古代建筑主要分布在显化台的北洞和升仙台的南庵。北洞亦名太玄洞、药王洞或药王大殿，传为孙思邈的隐居处。占地面积1137平方米，现有古建30余座，建筑面积2846平方米（图4-3-13）。

3. 建筑单体

北洞：庙院中央为药王庙大殿和献亭，庙院周围环绕着配殿、飞廊和厢房。整个院落布局紧凑，严整端庄。殿前东边有碑亭一座，明隆庆六年所刻的五通碑石就立于此亭内。其中习通石碑的两面

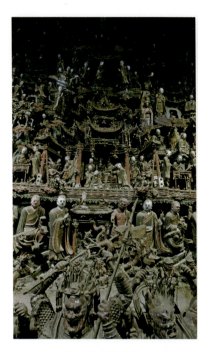 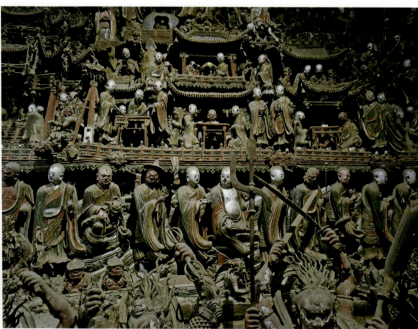

图4-3-11 诸圣水陆殿彩塑实景图（图片来源：自摄）

图4-3-12 药王山庙实景图（图片来源：自摄）

刻写的是《千金宝要》。另一通刻写的是《海上仙方》，两面刻字。碑亭东侧室内陈列着药王画像和各种版本的《千金翼方》、《备急千金要方》等著作。大殿坐北面南，用巨石砌其基，面阔五间，单檐歇山顶，两侧为耳殿，殿内中央供奉着孙思邈的彩色塑像，为明代所塑，至今色彩依然绚丽异常。献亭方形平面，各三间，重檐歇山顶。

南庵：即升仙台，相传是孙思邈当年隐栖之处。北宋崇宁二年（1103年）赐额静应庙，清代改称静应宫。㊷ 占地10余亩，现有建筑16座，建筑面积2500平方米。其最南端为文昌阁（即魁星楼），现存的七间殿、戏楼等建筑，均为清代建造。另外，保留明嘉靖年间大地震幸存的金、元大殿。㊸ 院内还有唐太宗拜孙思邈的拜真台、隐居地、药王牡丹园等古迹（图4-3-14）。

金代殿：建于北宋嘉祐四年（1059年），面阔三间，进深六架，椽带前檐，外檐斗栱五铺作双下昂，构架为前后搭牵对四椽用四柱，前檐廊柱粗短，柱上用通长"大额"，外檐斗栱五铺作双下昂，里转出双抄，令栱与耍头相交上承橑檐枋，耍头后尾斜上置于老檐柱（金柱）上，压在下平槫下；补间铺作用一朵。后檐无斗栱，可能为后世所改换；梁栿用料随弯就弯，做法粗犷（图4-3-15~图4-3-18）。

元代殿：面阔三间，进深四间，架构也为前后搭牵对四椽用四柱；四椽栿上用驼峰，太平梁上立蜀柱，两边用叉手；前檐斗栱形制同"金代殿"，用材较"金代殿"为小；补间铺作用一朵，明间出45度斜昂。但梁架经后世翻修，构件改换较多㊹（图4-3-19）。

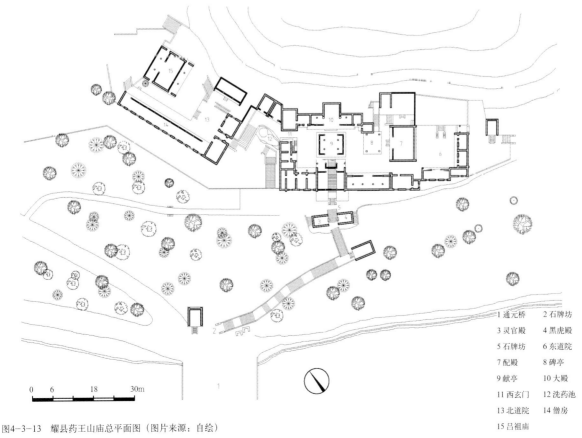

图4-3-13 耀县药王山庙总平面图（图片来源：自绘）

1 通元桥　2 石牌坊
3 灵官殿　4 黑虎殿
5 石牌坊　6 东道院
7 配殿　　8 碑亭
9 献亭　　10 大殿
11 西玄门　12 洗药池
13 北道院　14 僧房
15 吕祖庙

图4-3-14 魁星楼实景图（图片来源：自摄）

图4-3-16 耀州区药王山庙金代殿立面图（图片来源：自绘）

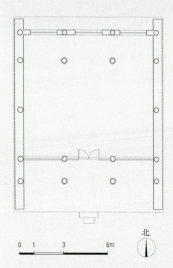

图4-3-15 耀州区药王山庙金代殿平面图（图片来源：自绘）

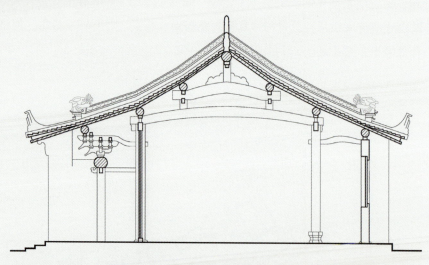

图4-3-17 耀州区药王山庙金代殿剖面图（图片来源：自绘）

(a) (b)

图4-3-18 耀州区药王山庙金代殿实景图
(a) 室外（图片来源：自摄）；(b) 室内（图片来源：自摄）

图4-3-19 元代殿实景图
(a) 室外（图片来源：自摄）；(b) 室内（图片来源：自摄）；(c) 壁画（图片来源：自摄）

五、宝鸡金台观

1. 概况

金台观位于宝鸡市金台区北坡森林公园。宫观整体布局、神祇及神殿布列、装饰艺术带有明显道家思想的影响，是我国北方特有的窑洞式道观建筑群。2003年公布为陕西省重点文物保护单位。[45]

道观始建于元朝末年，因明代道士张三丰在此修道，因而闻名。《明史·方伎》记曰："太祖敬闻其名，洪武二十四年（1392年）遣使觅之不得，后居宝鸡之金台观"。明嘉靖四十三年（1564年）修缮玉皇阁，创建娘娘殿。清道光二十二年（1843年）捐资新建吕祖洞。清光绪年间重修。后金台观屡次毁于战火，屡毁屡建。现观内大部分古建筑保留了明清建筑风格（图4-3-20）。

2. 总体布局

金台观占地面积约5.9公顷，建筑群依地形、地势灵活展开。布局包括中院和东、西偏院三部分，中部主体的神殿区、东北部窑院的膳堂、宿舍区与西北部的园林。中院采用中国传统的院落式，严谨的轴线对称，轴线上设玉皇阁、三清殿、三丰洞，两侧设配殿。另辟偏院诸洞设修炼、生活等用房。三清殿与玉皇阁合构成一个四面围合的院落空间。而最南的三丰洞，为面阔五开间的靠崖窑洞大殿。规格、装饰等级较高。山门呈东西朝向，三开间重檐歇山，为新中国成立后重建之物。在三丰洞的左右两侧更有飞天、姜嫄、药王诸洞祠。前院另有祖师殿、玄帝殿。东北部的窑院依地形筑窑洞两迭，一层洞窟14孔，二层洞窟10孔，供奉药王、周公、王母、文昌诸神。娘娘殿、太皇宫形成西北部院落[46]。

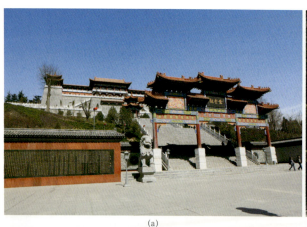

(a)   (b)

(c)   (d)

图4-3-20 金台观实景图

(a) 入口（图片来源：自摄）；(b) 入口台阶（图片来源：自摄）；(c) 修行窑洞1（图片来源：自摄）；(d) 修行窑洞2（图片来源：自摄）

3. 建筑单体

玉皇阁：坐北朝南，为明二层实三层的重檐歇山顶楼阁建筑，东西两侧有卧霞、栖云门楼。玉皇阁底层面阔三间，进深五架梁，四周围廊。底层外檐斗栱为三踩出单昂，二层外檐施三踩如意斗栱，出昂瘦削尖曲。整体结构采用通柱做法，二层施腰檐平座。做法较为特殊的是二层角柱立于下层的角梁之上，平座望柱升高直达外檐斗栱下。阁前平台百米宽，三面临空，高数米（图4-3-21）。

三清殿：位于主轴线最北端，坐北朝南。建筑初创于元代，其形制、规模、等级、装饰皆高于两侧配殿灵官殿与太子殿，为单檐歇山顶，面阔三开间，进深五架梁。外檐斗栱为三踩出单昂，前檐柱头施悬鱼彩绘。明间开槅扇门，次间设槛窗，窗下槛墙高1.4米。前檐出1.7米，背面无门窗，檐墙上皮至额枋下，不收签尖。歇山顶施绿琉璃空心莲花正脊，两头有吻兽。垂脊、戗脊各设垂兽、戗兽一个。前后两坡为灰板瓦屋面，左右山坡为黄琉璃筒瓦屋面，有勾头滴水[47]（图4-3-22）。

六、宝鸡钓鱼台

1. 概况

钓鱼台位于宝鸡市东南约20公里处天王镇的伐鱼河谷。相传为周初名臣姜太公隐居垂钓、周文王访贤与之相遇的地方。1992年公布为陕西省重点文物保护单位[48]。

相传该地汉代已有文王庙，唐贞观始建太公庙。唐上元元年（公元760年）封姜太公为武成王后，钓鱼台名声大震，以后各代均在此修建庙宇。明清以来先后修建有文王庙、三清殿、王母宫、玉皇庙、

图4-3-21 宝鸡金台观玉皇阁实景图（图片来源：自摄）

图4-3-22 宝鸡金台观三清殿实景图（图片来源：自摄）

吕祖洞等大小庙宇20余处、计60余间[49]（图4-3-24）。

2. 总体布局

钓鱼台在唐代时就建庙塑像，之后历代皆有修整及重建。占地面积约200平方公里，现有"一石、二柏、三间庙"，一石为璜石玄立：太公庙前溪水中，一巨石，此即璜石，高6.66米，顶平广，上面直径11.2米，根部仅4米，恰似莲座。璜石上刻一米见方楷字"孕璜遗璞"，系清乾隆三十八年（1773年）宝鸡知县徐文博所书。在璜石右上方的河边矗立着雄伟壮观的姜太公庙。

三间庙为唐建明修周文王庙、姜太公庙、三清庙等。盘山而上的周文王庙，重瓦危檐，布局严谨[50]（图4-3-23）。

3. 建筑单体

姜太公庙：为唐贞观初年所建，明嘉靖年间整修，清乾隆二十六年重修。坐西朝东，东西10.15米，南北40米。门前有古柏4棵，传为唐代所植。北侧有僧房5间，相传始建于唐贞观年间，历代重修。面阔三间，进深两间，柱径0.36米，柱高4.2米，台基高0.60米。砖包土坯墙，前檐有斗栱，一斗十六升，明间、补间和次间各一朵。五架梁带单架梁，硬山顶，布灰板瓦，部分琉璃瓦串沟，琉璃勾头滴水，镂空造花脊，兽边脊，琉璃小五兽，前檐有槅扇门15扇（图4-3-24）。

图4-3-23 钓鱼台实景图（院落）（图片来源：自摄）

图4-3-24 姜太公庙实景图（图片来源：自摄）

文王庙：位于太公庙以西半山腰台地上。建筑群坐南向北。东西29米，南北39米。初建于汉代，现存建筑为明代风格。主要建筑以中轴线东西对称，南北排列，主要建筑有悬山门楼一座，文王殿一座三间，姜嫄圣母殿一孔接檐三间，东西僧房各三间。1983年按原貌进行了翻修，庙柱径0.4米，柱高3.62米，砖包土坯墙，四面都有斗栱，共有斗栱25朵。七架梁，歇山顶，屋面施灰布板筒瓦，勾头滴水，正脊镂空龙纹花草。明间有雕花门4扇，两次间有格子扇2副，后檐明间有刻花门4扇，次间有2圆窗（图4-3-25）。

三清庙：位于钓鱼台伐鱼河东岸半山坡台地上。坐南向北，为群体建筑。东西13.5米，南北39米。有门楼一座，玉皇楼一间，三清、三宫庙各一间，三清殿三间，门楼东侧有僧房两间。始建年代不详，据"重修龙王山神碑庙"记，清乾隆已有，后有过重修。目前建筑仍保留清代风格[51]（图4-3-26）。

七、华阴玉泉院

1. 概况

玉泉院位于华阴市玉泉路最南端，为道教之全真派圣地，也是陕西道教著名宫观之一，是华麓景区保存最完好的园林式古建筑群。1992年公布为陕西省重点文物保护单位。[52]

玉泉院修建最早始于宋初。据传说，北宋皇祐年间（1049~1053年）道士贾得升为纪念其师父陈抟在华峪口修建庙宇，因庙院内原有一眼清泉，泉水清冽如玉，故名为华山玉泉院。道观历代几经周折，至明万历三十六年（1608年）重新修葺，扩为今置。清康熙四十二年（1703年）毁于洪水，后又重建。乾隆

图4-3-25 周文王庙实景图（图片来源：自摄）

图4-3-26 钓鱼台三清殿实景图（图片来源：自摄）

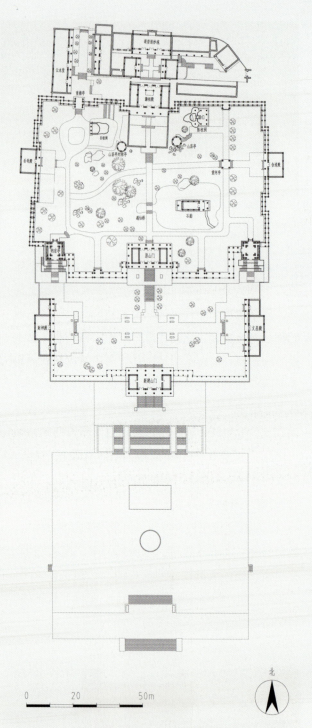

四十二年（1777年）建亭树榭，绕以周垣。1949年后曾多次维修并向东扩建了长廊。1985年华山道教协会集资对其进行修缮，按照古代宫观的基址重建部分建筑，使东西两部分建筑更趋对称（图4-3-27）。

2. 总体布局

玉泉院坐南向北，布局规整，占地面积约9000平方米，共有大小建筑18栋。道观由左右对称、从前至后随地形逐次升高的三进式院落组成，主要建筑均排列在中轴线上。由东、中、西三部分建筑组成：中间为主体建筑希夷祠，祠坐南面北，依势而建，为一座四合院式的庭堂建筑。主殿老祖殿，内供奉陈抟老祖塑像，东西分别为客堂与道舍，青砖蓝瓦，古朴无华。院内有陈抟弟子贾得升撰写的建醮碑，是研究宋代斋醮道场的珍贵资料。东西两侧

图4-3-27 华阴玉泉院总平面图（图片来源：自绘）

以长廊围合，东长廊随地形高低跌落，起伏有致；西长廊曲折迂绕，联系含清殿和无忧亭。东部有华佗墓、回廊和十二洞等。西部有回廊、石舫、无忧亭、含清殿、希夷洞、山荪亭等建筑。玉泉院融自然风光和人文景观为一体（图4-3-28）。

图4-3-28 华阴玉泉院实景图
(a) 财神殿（图片来源：自摄）；(b) 石舫（图片来源：自摄）；(c) 入口广场（图片来源：自摄）；(d) 山门（图片来源：自摄）；(e) 回廊（图纸来源：自摄）；(f) 厅院（图片来源：自摄）；(g) 通天亭（图片来源：自摄）

图4-3-29　华阴玉泉院无忧亭实景图（图片来源：自摄）

院落西北角为无忧亭，与七十二窗廊相连接，亭内宽敞雅洁，四周屏障回护（图4-3-29）。院落西南方向有二重檐望河亭，透过该亭的柱网看景致，仿佛用柱把景框起来，非常具有趣味性（图4-3-30）。山荪亭位于广宁殿东北侧，是玉泉院最早的建筑之一，山荪亭下是院内最著名的希夷睡洞（图4-3-31）。

希夷祠大殿（图4-3-32）是院内级别最高的建筑，希夷祠分前、后两殿。正殿为砖木结构，面阔五间，进深五架梁带前廊，单檐硬山顶，檐下施彩画，该殿为一殿五厅，也称作五间厅，原为拜殿

图4-3-30　重檐望河亭实景图（图片来源：自摄）

图4-3-31　希夷祠睡洞实景图（图片来源：自摄）

过厅，现供奉陈抟老祖像。大殿开间17.5米，进深7米，外檐高度5米，总高度10米。立于院中面向殿门，建筑以北，两侧为东西配殿。殿上悬挂慈禧太后赐赠"道崇清妙"匾额；其前殿为广宁殿，一殿五厅，也称作五间厅，原为拜殿过厅。有清光绪皇帝御笔"古松万年"匾额[53]（图4-3-33）。

八、榆林佳县白云观

1. 概况

白云观位于榆林市佳县城南5公里处的白云山上，是西北最负盛名的道教圣地，也是陕北地区保存完整、规模宏大的明清古建筑群。2001年公布为第五批全国重点文物保护单位[54]。

据佳县县志中记载，在宋代时白云山上已经有三清殿存在了。形成规模的时候却是在明万历三十三年（1605年），建成了包括真武大殿、钟鼓楼、玉皇阁、文昌楼等建筑。万历四十五年（1617年）补修《道藏》。万历四十六年（1618年）皇帝颁圣旨颁赐御制道藏经4726卷，使其成为中国西北最大的道教圣地。清雍正二年（1724年）重修并增建。后经历代续建补葺，逐步建成了以道为主，兼有儒、释庙宇的宏大宫观[55]（图4-3-34）。

图4-3-32 华阴玉泉院希夷祠实景图（图片来源：自摄）

图4-3-33 华阴玉泉院道崇清庙观实景图（图片来源：自摄）

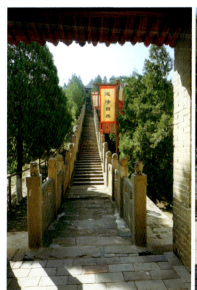

图4-3-34 佳县白云观实景图（图片来源：自摄）

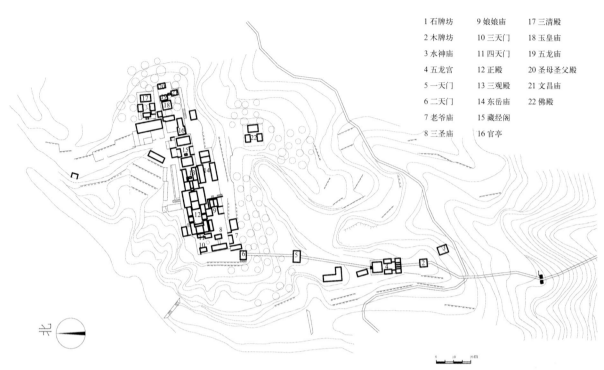

图4-3-35 佳县白云观总平面图（图片来源：自绘）

2. 总体布局

它占地80多亩，有54座庙宇，总建筑面积8.1万平方米，为陕西现存最大的一组古建筑群。白云观依山而建，主要建筑分布于南北向山梁之上。单座建筑并不大，其特色在于选址和布局，并与山势取得巧妙的结合。其建筑布局采用了前低后高、层层上升、主体建于后部高台之上的巧妙手法，将白云道观99处建筑组合成19个单元。每一单元既有主殿，也有配殿，自成一体，并跟其他单元用极明显的轴线彼此紧密联系，组成了一个结构方正、对称严谨的完整建筑群。各个单元又按形式不同，以及供奉神灵的尊卑、作用、位置之不同，在屋顶形制、覆瓦上加以区别，达到主次分明、高低有别、色彩缤纷的艺术效果。

道观由道路区、宫殿区、道院区三大部分组成。道路区在宫殿区前方，即从东侧山麓起的一条700余级石磴道顺山势贯穿至山顶，中间建有山门、石牌坊、东升桥、木牌楼、五龙宫和四道天门。道院位于宫殿西侧，是道士们的生活区，它以陕北特有的窑洞式建筑为主。宫殿区则位于白云山中央地带，形成三条基本平行的纵向轴线（图4-3-35）。

主轴线上沿山脊从南至北的依次排列是：真武大殿、三官殿、藏经阁、超然阁、玉皇阁、文昌楼、圣父圣母祠、五老祠、马王庙；玉皇阁西上一石台阶，有三清殿，再往西有元辰殿、玉皇庙、魁星阁；第二轴线位于主轴线东侧下方，建有白云洞、七圣楼、三圣阁、碧霞宫、东岳大殿等；再往东为第三轴线，建有戏楼、关帝庙、财神庙、佛殿庙等。[56]

白云山现存碑刻157块、壁画1300余幅，其内容丰富、形式多样，大部分为明清时期作品，保存了古代民间精湛的绘画艺术特色。

3. 建筑单体

真武大殿：建筑始建于明万历三十三年（1605年），坐北朝南，平面从南向北伸展，由两部分组成。原为七架前后廊歇山建筑，清康熙年间加建一处四架带前廊卷棚，作为前殿（图4-3-36）。此后，原殿则称"后殿"。

前殿，面阔三间，进深三间，有前檐廊，均施

图4-3-36 佳县白云观真武大殿实景图（图片来源：自摄）

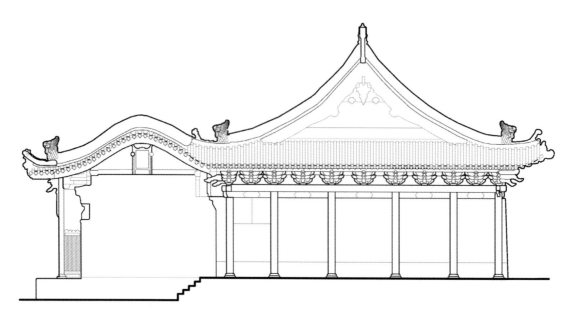

图4-3-37 真武大殿侧立面图（图片来源：自绘）

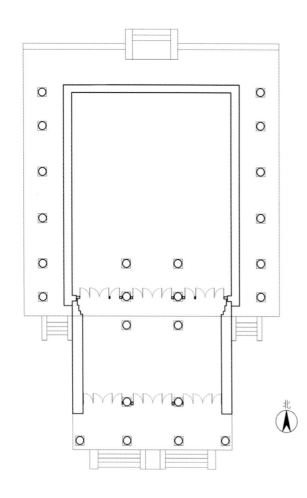

图4-3-38 真武大殿平面图（图片来源：自绘）

平身科斗栱两攒。东西长9.8米，南北宽7.7米。前殿总高6.83米，柱高（柱根至挑檐桁底皮）4.06米，檐柱净高3.3米，柱身收分不明显，无卷杀，柱下有圆形石柱础。檐柱径205毫米，柱子细长。斗栱高0.47米，与檐柱高比为1：7.02，可见斗栱尺度极小。上檐出1.22米，约柱高的1/3.33，符合清《营造则例》的约柱高的3/10的要求，其中檐椽出0.75米，飞椽出0.42米，也符合清《营造则例》的2：1之比。柱头下施平板枋、大额枋、由额垫板、小额枋。小额枋下各间均有雀替。山墙上有砖雕墀头。台明出沿为1.06米，回水距离很小。台阶为御路踏跺形式。

后殿柱网外围一圈檐柱，为副阶周匝的平面形式，室内有三排金柱，台明东西长15.68米，南北宽14.5米。后殿的四根金柱内置高台供奉真武大帝，最北面的两金柱之间砌有一道后墙，不仅将空间分隔，而且使室内的行进路线成为了一条回路。这是白云山庙建筑群中唯一的室内围绕式的平面，明显不同于其他建筑（图4-3-37、图4-3-38）。后殿为带檐廊歇山屋顶，总高11.05米，面阔五间，明间2.4米，次间2.15米，梢间1.62米，均施平身科斗栱一攒。柱高4.94米，檐柱高3.2米，

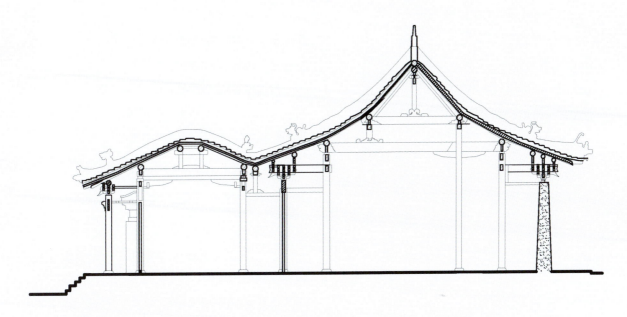

图4-3-39 真武大殿剖面图（图片来源：自绘）

图4-3-40 佳县白云观三清殿实景图（图片来源：自摄）

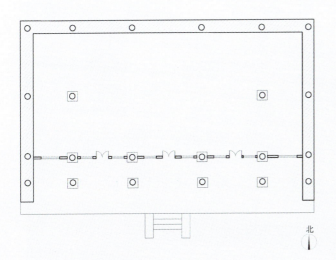

图4-3-41 佳县白云观三清殿平面图（图片来源：自绘）

柱身收分不明显，无卷杀，柱下有圆形石柱础。檐柱径310毫米，高与径之比为10.32∶1，与清《营造则例》中的10∶1接近。斗栱总高与檐柱高比为1∶4.1，斗栱尺度适中。上檐出1.87米，约为柱高的1/2.64，其中檐椽出0.90米，飞椽出0.47米，与清《营造则例》中的规定大体相当。柱头下施平板枋、额枋，在角柱处均垂直切割出头[57]（图4-3-39）。

三清殿：为独立的四合院，有山门、正殿、左右配殿。据县志记载始建于宋代，但具体形制不详，扩建于明崇祯年间，正殿由三开间变为五开间（图4-3-40）。

正殿面阔五间，进深三间，有檐廊，通面阔13米，通进深9米，内有两中柱。正殿为单檐硬山顶，总高7.2米，面阔五间，明间面阔2.9米，次间面阔2.7米，梢间面阔1.8米，施平身科斗栱一攒。梢间斗栱及檐柱仅有一半，和山墙紧贴（图4-3-41）。

柱高3.9米，檐柱净高2.95米，柱身无明显收分，有卷杀，柱下有圆鼓形石柱础。檐柱径300毫米，高与径之比为9.83∶1。斗栱高0.63米，为柱高的16%，斗栱尺度很小。前檐出1.35米，约为柱高的1/2.89，较清《营造则例》的约为柱高之1/3稍大一些，其中檐椽出0.5米，飞椽出0.4米

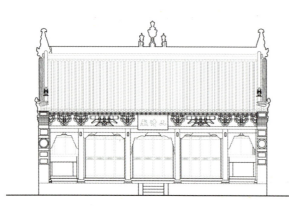

图4-3-42 佳县白云观三清殿立面图（图片来源：自绘）

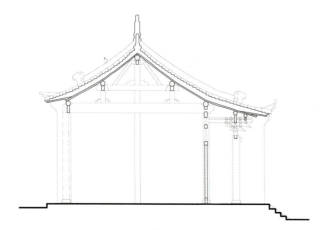

图4-3-43 佳县白云观三清殿剖面图（图片来源：自绘）

（图4-3-42、图4-3-43）。柱头下施平板枋、额枋，断面呈T字形，额枋的用材较官式中小很多。枋下有雀替，山墙上有砖雕墀头。⑱

殿内壁画有明代艺术的绘画风格，以三点透视的画法再现了中国历史上代代相传的《老子八十一化图》故事。⑲三清殿东西两侧有南斗祠、北斗祠、玉皇庙等建筑。

九、榆林盘龙山古建筑群

1. 概况

盘龙山古建筑群位于榆林市米脂县盘龙山山腰，饮马河西北侧，因崇祯十六年（1643年）李自成曾返乡驻扎，故又被称为"李自成行宫"。2006年公布为第六批全国重点文物保护单位。⑳

建筑群始建于明朝成化年间。清乾隆四十三至五十六年（1778～1791年）扩建。光绪十五至二十一年（1889～1895年）复修。1927年以后，盘龙山建筑被改作中学校舍，"文化大革命"中局部破坏。1978年复修。1983～1984年在此建李自成纪念馆和文物陈列室。1988年，彩绘装饰。1989年，局部维修（图4-3-44）。

图4-3-44 榆林盘龙山古建筑群实景图（图片来源：自摄）

2. 总体布局

盘龙山古建筑总占地3333平方米，建筑面积1760平方米，坐北朝南，偏东15度。整个建筑群布局紧凑，依山就势，层层递进，分台而筑。山下建有乐楼、梅花亭、捧圣楼、吕祖祠、娘娘庙、石坊。自二天门起，山顶部分轴线转折为南北方向，构成居高临下的建筑群主体。顶部建筑依地形分成三台，构成前后三进院落。迎面玉皇阁立于台上，后出厦，两侧钟鼓楼，自阁下台座穿洞至宫院内，至二进院落，对面牌楼相迎，正殿启祥殿居中，两厢为配殿、廊庑，园中立有木牌坊分隔庭院空间。启祥殿西廊陈列碑石数通。最后一进院落，主体建筑为兆庆宫，也是二层藏经阁，位于真武宫最高处。两侧回廊陈列汉化石像与碑刻[61]（图4-3-45）。

3. 建筑单体

启祥殿：为建筑群主体建筑，位于顶院中心。大殿高9.35米，面阔五间8.9米，进深12米，廊深1.5米。石砌台基，四架梁，细雕雀替，驼峰托檩。殿顶为前卷棚、后歇山的组合形式，筒瓦覆顶，兽面花卉滴水，脊饰城子、吻兽，庄严凝重。今改为李自成纪念馆（图4-3-46）。

乐楼：位于建筑群的西南方位。舞台高出庭院地面1.5米，主楼为前卷棚、后悬山式砖木结构，左、右侧为明清风格的两层看台。建筑面阔9.2米，进深8.9米，台柱高3.6米。顶脊兽吻井然，筒瓦覆面，造型典雅。据说修建时为达到"余音绕梁，三日不绝"，工匠们曾在戏台下埋了20余口瓷缸，故音响效果极佳。

梅花亭：与乐楼相对，又名"八卦亭"。其平面呈对称不等边八边形。亭长7.6米，宽4.6米，柱高1.62米。条石台基，砖砌墙裙，8根倚柱支托2梁架。斗拱托檐，筒瓦布顶，柱间透空，玲珑秀致（图4-3-47）。

捧圣楼：为重檐圆顶杂式楼阁，平面呈正八边形，占地68平方米。内部八卦大木攒顶，悬塑"五龙捧圣"。外部双层三檐，总高17米。中心青砖墙体，底层一门，二层两门，各有8根1.7米高廊柱举托抚檐，翼角起脊。檐面筒瓦兽头滴水。二层

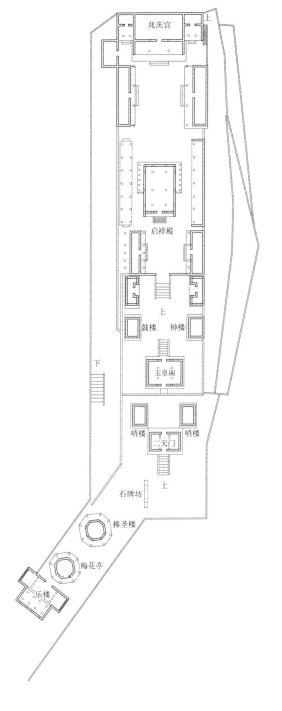

图4-3-45　榆林盘龙山古建筑群总平面图（图片来源：自摄）

图4-3-46 榆林盘龙山启祥殿实景图（图片来源：自摄）

略小，立柱间设木护栏，双昂双翘斗栱举架。楼顶球形攒尖冲天，顶面筒瓦辐射而盖。捧圣楼位于山麓，雄宏高大，有鹤立之势。

护法尊神楼：亦名"玉皇阁"，双层砖木梁架结构。上层砖阁，四周12根廊柱支撑，歇山顶，九脊十四兽。下层青砖阁墙，斗栱举檐。阁前分别有出廊随檐，阁后有四角攒尖顶方亭，主楼阔7.6米，进深6.6米。廊柱高2.4米，廊深2米，楼前和左右均有石雕护栏。楼下有石砌拱形甬道连接二天门和顶院。楼北是"蓬莱仙境"牌坊，高7米，其台基、坊柱、护墩为石制，枋、桁、匾额为木制，九踩斗栱举架，琉璃瓦歇山顶，龙吻兽脊，金碧耀彩。左右两侧为钟、鼓楼，石砌台基，青砖护栏，四柱举架，十字脊歇山顶（图4-3-48）。

图4-3-47 榆林盘龙山梅花亭实景图（图片来源：自摄）

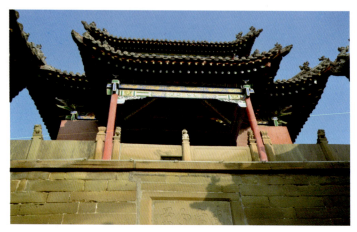

图4-3-48 榆林盘龙山护法尊神楼实景图（图片来源：自摄）

图4-3-49 榆林盘龙山兆庆宫实景图（图片来源：自摄）

兆庆宫：位于顶院末端，砖木阁楼，高11.5米，面阔五间8.95米，进深5.55米，内外双柱支撑，四架梁，雕刻雀替、彩绘枋桁装饰，双昂斗栱挑檐，筒瓦悬山顶，雕花镂脊、驮兽、正吻。主楼两侧各有耳房一间[62]（图4-3-49）。

第四节 伊斯兰教建筑

一、西安化觉巷清真寺

1. 概况

化觉巷清真寺又名东大寺，位于西安市区鼓楼大街的化觉巷，为国内占地规模最大的清真寺。1988年公布为第三批全国重点文物保护单位。

据《创建清真寺碑记》记载，该寺建于唐天宝元年（公元742年），明洪武二十五年（1392年）敕谕碑记，原称"礼拜寺"，明成化十八年（1482年），奏请改寺名为"敕赐清修寺"。明嘉靖元年（1522年）重修，明万历三十四年（1606年）大修，清乾隆年间（公元736~1795年）的重修和扩建形成当今的格局。民国三十六年（1947年）重修。[63]

2. 总体布局

化觉巷清真寺坐西朝东，占地面积约1.3万平方米，建筑面积6000多平方米，东西长245.68米，南北宽47.56米。寺院依中轴呈前后序列，左右对称，布局严整。全寺分为五进院落，内有殿、楼、亭、台、厅、堂180余间，置墙相隔，设门楼、门厅前后贯通。东端院墙正中的照壁，是全寺中轴线的起点，在这条中轴线上依次排列着木牌楼、"五间房"（二门）、石牌坊、敕修殿（三门）、省心楼（邦克楼）、连三门（四门）、凤凰亭、月台、礼拜大殿等主要建筑物。中轴线的两侧，建有各式碑楼、石坊、南北对厅和厢房、门楼等各种附属建筑，左右对称，排列井然（图4-4-1~图4-4-3）。

前院有一座三开间木质牌楼，约建于17世纪初，高约9米，为三间四柱三楼，琉璃歇山顶，额书：敕赐礼拜寺。翼角飞檐，做成为中轴线上重要的空间节点。

第二进院有石牌坊一座，三间四柱式，中楣镌刻

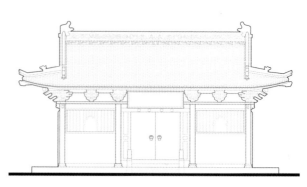

图4-4-2 西安化觉巷清真寺二门立面图（图片来源：自绘）

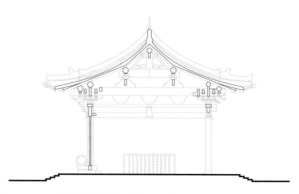

图4-4-3 西安化觉巷清真寺二门横剖面（图片来源：自绘）

"天监在兹"，两侧相刻"钦翼昭事"和"虔诚省礼"。牌坊两侧各竖冲天雕龙碑一通，一为明万历三十四年（1606年）"重修清修寺碑"，碑阴镌刻有宋代书法家米芾手书"道法参天地"五个大字。一为清乾隆三十三年（1768年）"敕修清真寺碑"，碑阴镌刻明书法家董其昌手书"敕赐礼拜寺"五个大字。

第三进院入口处是敕修殿，董其昌题"敕赐礼拜寺"的古老匾额悬于前檐。殿内立碑五通，其中一碑是清雍正十年三月十五日立的阿拉伯文"月碑"，用于推算穆斯林封斋和开斋的时间。院中心的中轴线上矗立"省心楼"，即邦克楼。此楼为两层、三檐、八角中国楼阁式建筑。"省心楼"的左右两侧厢房为经堂、沐浴室及客厅（图4-4-4）。

第四进院内有南北两厅，各面阔七间。院中心建一真亭，又名"凤凰亭"，中亭呈六角形，两侧夹亭呈

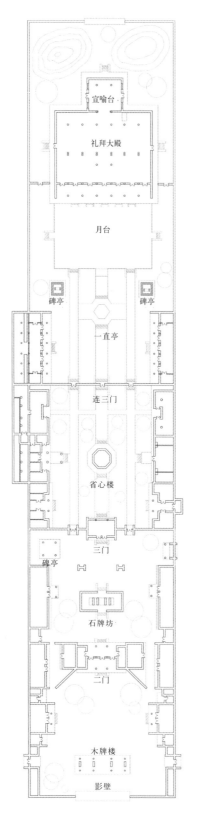

图4-4-1 西安化觉巷清真寺总平面图（图片来源：自绘）

图4-4-4 省心楼实景图（图片来源：自摄）

图4-4-5 一真亭实景图（图片来源：自摄）

三角形，三亭相连，采用中国传统木牌楼手法，形似凤凰展翅，独具风采。亭子正面檐下悬挂"一真"雕龙匾，为明建文元年兵部尚书铁铉所书。亭后有鱼池，呈海棠形。西面三座石牌坊，可至月台（图4-4-5）。

第五进院宽大的月台上有隋唐时的长明灯，被称为"吉星高照"，另有唐宋时期的白莲花座、明代的"莲"升三级座和古石盆、老鼠石、雪坡石等作为装饰品来点缀空间。北侧有一木制小楼阁，名呼图拜楼，是领拜者诵"祷词"的地方。大殿两侧设有月洞门，可通至后院，为阿訇墓地[64]（图4-4-6~图4-4-12）。

3. 建筑单体

礼拜大殿：为化觉巷清真寺最大的建筑物，可容纳千人礼拜。[65]平面呈"凸"字形，面阔七间，宽为32.95米，进深九间，为38.53米，总面积近1300平方米，为两座单檐歇山顶勾连搭而成，锥形镏金顶，明柱雕花槅扇殿门。殿前两侧内山墙为巨幅砖雕花卉。相邻檐柱用双柱，上做南北排水天沟。大殿梁架金柱不升高，梁柱交点仍用斗栱，近似宋代殿堂做法，似保持明代原状。梁架下做天花。后部"虎尾"与前部的搭接，在前部后檐采用"大额"做法，以大额承受梁架，以适应"虎尾"与前部梁柱不对缝的情况。外檐斗栱为五踩重昂制式，后部接深广各三间的后窑殿，为"拜主"所在，屋面为孔雀蓝琉璃瓦。大殿内的藻井顶棚彩画共600余幅，均为阿拉伯文和蔓草纹组成的团花图案。殿内西墙上有一凹壁（圣龛），前左为宣喻台，供阿訇说教时站立，是教徒朝拜的方向，即"圣地"麦加方向，这也是清真寺坐西朝东的缘故。[66]

二、西安大学习巷清真寺

1. 概况

大学习巷清真寺位于西安鼓楼西大街北侧大学习巷中段。1956年公布为陕西省重点文物保护单位。[67]

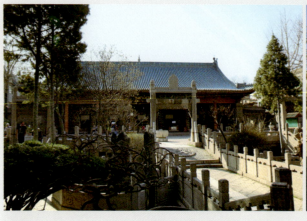

图4-4-6 西安化觉巷清真寺礼拜大殿殿前空间（图片来源：自摄）

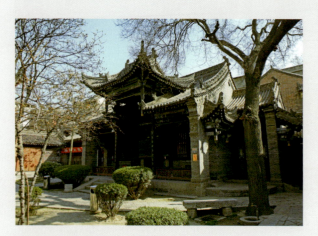

图4-4-7 西安化觉巷清真寺配殿殿前空间（图片来源：自摄）　　图4-4-8 西安化觉巷清真寺入口牌楼（图片来源：自摄）

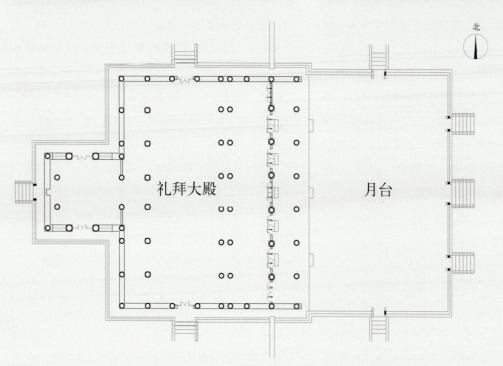

图4-4-9 西安化觉巷清真寺礼拜殿平面图（图片来源：自绘）

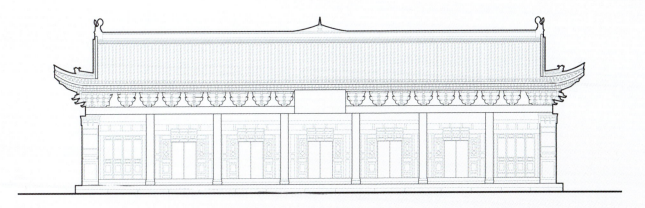

图4-4-10 西安化觉巷清真寺礼拜殿立面图（图片来源：自绘）

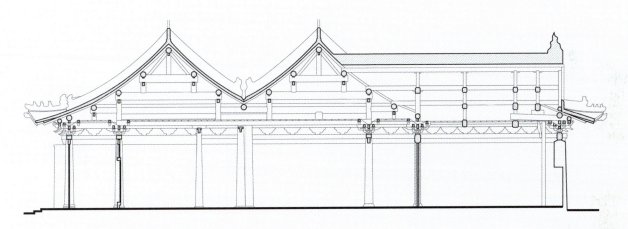

图4-4-11 西安化觉巷清真寺礼拜殿横剖面图（图片来源：自绘）

图4-4-12 西安化觉巷清真寺礼拜大殿装饰细部实景图（图片来源：自摄）

大学习巷清真寺因在化觉巷清真寺之西，因此俗称西大寺。据寺内碑石和《西安府志》记载，该寺在唐中宗时已赐名"清教寺"，唐玄宗朝复敕改唐明寺，元中统年间又赐名回民万善寺，明洪武十七年（1384年），仍敕赐清真寺，明永乐十一年（1413年）又敕命重修。[68]

2. 总体布局

该寺占地面积7000平方米，坐西朝东。总建筑面积2700平方米，二进院落，由大照壁、石牌坊、大门、三间庭、省心阁、南北厅、南北碑亭、月台、礼拜大殿等建筑构成，为典型的中国传统建筑风格类型（图4-4-13）。

大照壁在大学习巷东侧，砖砌高10米，长15米。其西、北、南三面有石栏及石柱16根环绕。照壁中心有三大幅圆形砖雕图案，上部有著名的"四马砖雕"等图案。大照壁隔巷对面的石牌坊，为三间四柱形式。大门紧贴石牌坊。门七间，中间最高，二门次之，两旁四门更次之。三间庭就是大门楼，庭中间可供礼拜时出入，庭内南北侧各为一小屋。省心阁立于一、二进院落交界处。由五级石阶而上，为四角形楼阁式建筑，三层三重檐，底层为砖木结构，二、三层为全木结构（图4-4-14）。

第二进院内的南北厅据传始建于宋，南北碑亭为四角形亭式建筑，木柱四根，有飞檐。月台系礼拜大殿前专设的一个空旷前台，月台建于明万历六年（1578年），月台三面有石制栏杆，正面有石制月台厅。登石制斜踏坡两侧踏道台阶即至月台门。月台门朝西一面镂雕阿拉伯文《古兰经》。礼拜大殿立于月台最西端，为该寺最为气魄的建筑，建筑面积约600平方米，可容500多人同时礼拜（图4-4-15、图4-4-16）。[69]

3. 建筑单体

礼拜殿：前部面阔七间，进深四间带前廊；后部面阔、进深各三间，三面围廊，平面呈"凸"字形，由两个单檐歇山顶"丁"字相接，上覆孔雀蓝琉璃瓦。殿内墙壁和天花藻井满布各种植物纹和阿拉伯文字图案，色彩富丽。[70]

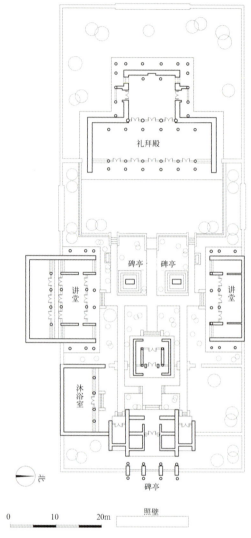

图4-4-13 西安大学习巷清真寺总平面图（图片来源：自绘）

图4-4-14 西安大学习巷省心阁实景图（图片来源：自摄）

图4-4-15 西安大学习巷清真寺入口实景图（图片来源：自摄）

图4-4-16 西安大学习巷清真寺礼拜大殿实景图（图片来源：自摄）

三、西安小皮院清真寺

1. 概况

小皮院清真寺位于西安市小皮院巷内，因其在化觉巷清真大寺以北，且规模较大，亦称"北大寺"。1992年公布为陕西省重点文物保护单位。[71]

该寺创建年代无考。据传，该寺兴建于唐末，时称"万寿寺"。宋徽宗大观元年（1107年）时为长安京兆四坊旧有清真寺。元仁宗皇庆元年（1312年）该寺得到敕建，时称"真教寺"。明洪武元年（1368年）朱元璋敕百字匾于该寺。明万历三十九年至四十二年（1611～1614年）重修。

2. 总体布局

小皮院清真寺坐西朝东，占地面积近6000平方米，东西长146米，南北宽41米，总建筑面积2000多平方米，分四进院落[72]（图4-4-17）。

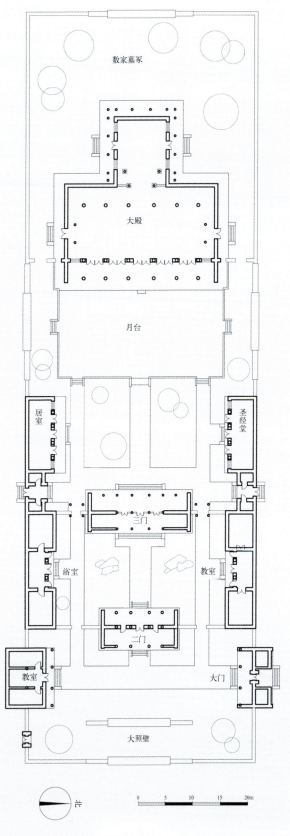

图4-4-17 西安小皮院清真寺总平面图（图片来源：自绘）

小皮院清真寺寺门在北侧，面阔三间，单檐歇山顶。上悬"小皮院清真寺"木匾一面。第一进院落有一座大照壁，照壁的两侧有配壁。配壁为水磨砖雕，壁顶五脊四面坡，青瓦覆面。

二进院中有五间厢房，均为单檐硬山顶，带围廊。正西方有三座门楼，被称为"连三门"，同样为水磨砖雕。中门面阔七间，单檐歇山顶，两边为单间小门（图4-4-18）。

第三进院落南北两侧各建大小厢房三间，曰"南北厅"，南为集会议事之处，北侧为讲经堂及阿訇居室。院中间通道两侧各有石碑一通，刻有明万历年间修寺碑记及该寺地契。

四进院落即主院落，由月台和礼拜大殿两大部分构成。月台正面为石门（也作牌坊）三座，踏道三路。山花墙外两侧各辟有一砖雕角门和一月亮门。过角门、月亮门即是礼拜大殿后院，为阿訇墓地（图4-4-19）。

3. 建筑单体

大殿：始建于明代，分为两个部分，为"前殿后亭"建筑形式，呈"凸"字形。前殿为单檐歇山顶，后亭为重檐四角攒尖顶，屋顶均覆盖琉璃瓦。前殿面阔七间，计32米；进深四间带前廊，计20.6米。后亭（后窑殿）面阔与进深各三间，长15.45米，宽15.4米，三面带廊。前殿采用三架梁莲花枕结构，十一檩十椽，雁尾槽挂椽板。而后亭则内设天花，做成为独特的"斗八藻井"。整座大殿全为大木结构，而前殿后亭角门又均为精美砖雕。大殿南北两侧有山花墙"迎风马头"，下有青石雕刻，上有水磨青砖雕刻（图4-4-20～图4-4-23）。

四、西安大皮院清真寺

1. 概况

西安大皮院清真寺位于西安市回民街大皮院。1988年公布为第三批全国重点文物保护单位。

该寺始建于明永乐九年（1411年），1959年被占作他用，致使年久失修，大殿、南北亭倒塌。1985年由当地教民捐资，恢复了清真寺的原貌，新修了石刻围栏、牌杭、满拉楼、虎国拜楼等设施（图4-4-24）。

2. 总体布局

该寺建筑规模较小，布局简单。占地面积4900平方米，建筑面积1610平方米，为中国古典式建筑风格（图4-4-25）。

前院最东端是影壁，其后是山门。过三间硬山顶的山门进入院内，两侧是满拉楼，院中立着两座碑亭，碑亭后面就是石刻围栏、牌坊。南北两侧厢房为讲堂，西侧为带月台的礼拜殿。

3. 建筑单体

礼拜殿：分前后两个部分。前部面阔五间，进深三间；后部面阔、进深各三间，平面呈"凸"字形，为两个单檐歇山顶相接而成。其收山做法只是利用山墙上砌作成山花，略有收进。其斗栱形制较古朴，似为明代所构筑。[73]礼拜殿上悬挂名人牌匾，慈禧手书"派衍天方"匾，光绪皇帝手书"教崇西域"匾，以及白崇禧题写的"兴教建国"匾。

图4-4-18 西安小皮院清真寺连三门实景图（图片来源：自摄）

图4-4-19 西安小皮院清真寺院落实景图（图片来源：自摄）

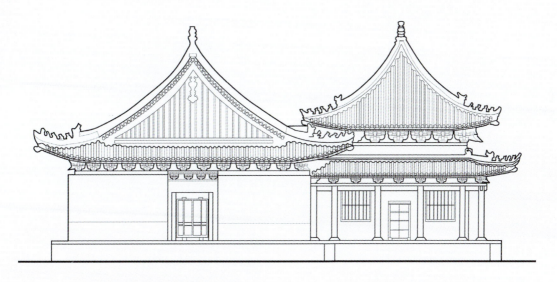

图4-4-20 西安小皮院礼拜殿侧立面图（图片来源：自绘）

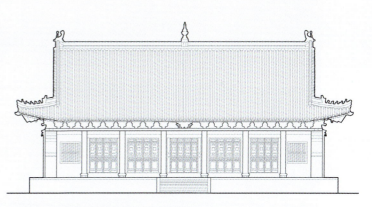

图4-4-21 西安小皮院清真寺礼拜殿立面图（图片来源：自绘）

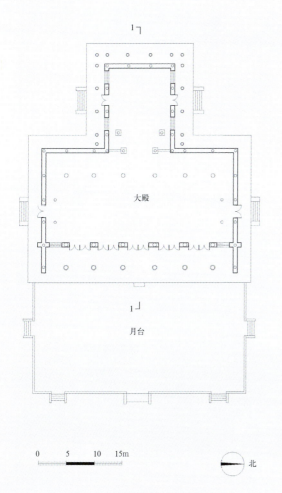

图4-4-22 西安小皮院清真寺礼拜殿平面图（图片来源：自绘）

图4-4-23 小皮院清真寺礼拜大殿实景图（图片来源：自摄）

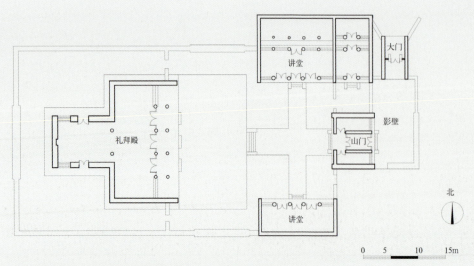

图4-4-24 西安大皮院清真寺总平面图（图片来源：自绘）

图4-4-25 西安大皮院礼拜大殿实景图（图片来源：自摄）

五、西乡鹿龄寺

1. 概况

鹿龄寺位于陕西省汉中市西乡县城西,系中国伊斯兰教嘎的林耶道祖祁静一归真后埋葬之地,中国伊斯兰教卡迪林耶派三大圣地之一。2003年公布为陕西省重点文物保护单位。

鹿龄寺始建于清康熙六十年(1721年),祁静一归真后,葬其遗体于"悠久亭",后又改为"鹿龄寺"。清同治元年(1862年),不幸毁于兵事。同治七年(1868年),重修墓亭,建客厅、住宅等50余间及三楹牌楼一座,至光绪十一年(1885年)才告修竣牌坊工程,恢复了原貌。1960年代期间,鹿龄寺遭受了极大的破坏,建筑群坍塌及荒废。1980年代,鹿龄寺历时五年,进行了三次维修,始恢复景观和建筑面貌。⑭

2. 总体布局

鹿龄寺结合陇南和陕南的建筑特点,融合了中国传统样式和伊斯兰的特色,是陕南地区最大的清真寺,其石雕和砖雕艺术堪称一绝,该寺占地面积达100余亩,总体布局为传统寺庙的形制,院落沿南北纵深布置,原大寺区由仙根寺、静思寺、鹿龄寺三寺组成,现为鹿龄寺的主要部分(图4-4-26)。

鹿龄寺三进院落沿南北中轴线展开,依次布置

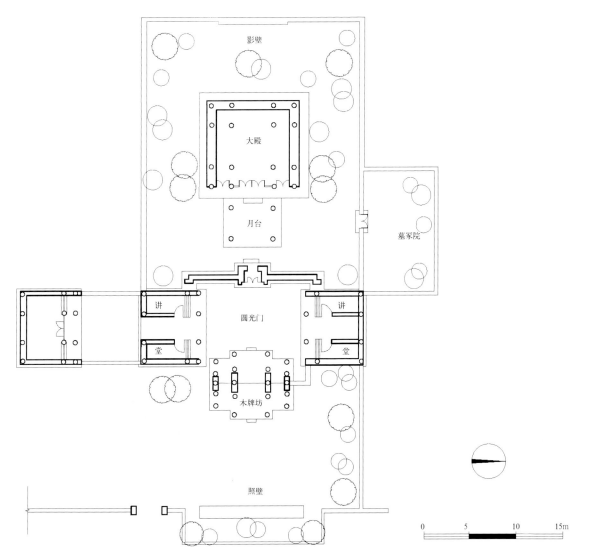

图4-4-26 鹿龄寺总平面图(图片来源:自绘)

照壁、牌坊、大门、墓庐等。嵌有"鹿龄寺"匾额的牌坊处于第一进和第二进院落之间，为三间四柱三楼木牌坊，主楼高约8.9米，两侧次楼高约5.8米，庑殿顶出檐深远，起翘优美，檐下斗栱呈倒金字塔形排列，层层迭出，富有韵律。

大门内为正殿前院，东西墙都有水磨对缝方形砖雕图案，东墙砖刻"书斋图"，西墙砖刻"松月牡丹图"。最后院落为月台抱厦和礼拜殿。抱厦房各一间，单檐卷棚顶，与大殿毗连。

3. 建筑单体

礼拜殿：平面为方形，坐落在宽大的台基上，面阔与进深均为三间。殿身内四根高大的金柱托起梁架，形成重檐盝顶的屋顶形式。外檐为七踩斗栱，疏密相宜。各层栱翘做直角卷杀并斜向出跳，手法独具特色。额枋多为镂空雕饰，华美富丽。大殿的后面覆以照壁作为结束（图4-4-27）。礼拜殿东侧为"刷达"院，即阿訇墓地。[75]

墓庐悠久亭：鹿龄寺最核心的建筑，坐北朝南，建筑平面呈倒"凸"字形，由卷棚和八卦亭组成。八卦亭为单层重檐盝顶，与前方的拜殿屋顶以勾连搭方式相连接，屋顶覆盖灰色筒瓦，屋脊设有精美砖雕，中央设圆形塔式脊刹，整个屋檐曲线优

图4-4-27 西乡鹿龄寺实景图
(a) 牌楼（图片来源：自摄）；
(b) 圆光门（图片来源：自摄）

图4-4-28 悠久亭实景图（图片来源：自摄）

美，沉稳大气[76]（图4-4-28）。

鹿龄寺砖雕照壁堪称一绝，常设于南北轴线或院落进门对面。壁身多采用砖雕磨缝对齐，中央以主体砖雕图案装饰，壁身与顶部连接处以垂花倒栏杆为过渡，顶部的装饰斗栱呼应中国木构建筑（图4-4-29）。

注释

① 吴维伟. 中国宗教建筑的文化解析[J]. 科教文汇（下旬刊），2008（2）：158.

② 王庆成. 晚清北方寺庙和社会文化[J]. 近代史研究，2009（2）：4-22.

③ 胡锐. 道教宫观文化研究[D]. 成都：四川大学，2003：3.

④ 路秉杰. 中国伊斯兰教建筑[M]. 上海：上海三联书店出版社，2005.

⑤ 陕西省地方志编纂委员会. 陕西省志·宗教志[M].

图4-4-29 鹿龄寺砖雕实景图（图片来源：自摄）

西安：三秦出版社，2012.

⑥ 介永强. 西北佛教历史文化地理研究[D]. 西安：陕西师范大学，2004：126-126.

⑦ 王齐秀. 大慈恩寺与大雁塔[J]. 丝绸之路，1998（6）：36-37.

⑧ 苏义鼎. 西安地区佛寺建筑研究[D]. 西安：西安建筑科技大学，2013：64.

⑨ 胡秦玉. 西安大慈恩寺大雄宝殿重修落成[N]. 香港文汇报, 2009-10-29.

⑩ 陈景富. 大慈恩寺志（卷二）·大慈恩寺的历史沿革（二）[EB/OL], 2006-12-24. http://www.wuys.com/news/article_show.asp?articleid=7102.

⑪ 陈景富. 大慈恩寺志（卷二）·大慈恩寺的历史沿革（二）[EB/OL], 2006-12-24. http://www.wuys.com/news/article_show.asp?articleid=7102.

⑫ 杜季月. 20个中国汉传佛寺的平面布局研究[D]. 西安：西安建筑科技大学, 2013：73.

⑬ 刘一凯. 长安兴教寺寺史考——兼论玄奘舍利之真伪[J]. 赤峰学院学报（汉文哲学社会科学版）, 2015（5）：43-45.

⑭ 周文敏. 兴教寺新介[J]. 法音, 1988（8）：35-36.

⑮ 介永强. 西北佛教历史文化地理研究[D]. 西安：陕西师范大学, 2004：95.

⑯ 此处存在争议：一、关于大兴善寺的前身，目前已经有了两个名称：一个是陟岵寺，另外一个是遵善寺；二、初创年代亦有两种看法：《陕西通志》认为始创于西晋武帝时（公元265～290年），王贵祥认为：初创于西魏大同五年（公元539年）。

⑰ 王贵祥. 唐长安靖善坊大兴善寺大殿及寺院布局初探[J]. 中国建筑史论汇刊, 2014（2）：61-103.

⑱ 景亚鹏，王原茵. 西安大兴善寺建置沿革与文化遗存[J]. 文博, 2013（5）：92-96.

⑲ 苏义鼎. 西安地区佛寺建筑研究[D]. 西安：西安建筑科技大学, 2013：63-64.

⑳ 吕丽宁. 西安香积寺佛教净土宗祖庭[J]. 国家人文历史, 2014（9）：106-109.

㉑ 刘磊. 西安香积寺[J]. 城建档案, 2008（12）：22-25.

㉒ 贺林. 佛寺建筑赏析——韩城普照寺[J]. 文博, 2005（10）：39-42.

㉓ 贺林. 佛寺建筑赏析——韩城普照寺[J]. 文博, 2005（10）：39-42.

㉔ 李卫. 智果寺大殿修缮研究[J]. 考古与文物, 1994（6）：26-29.

㉕ 李卫. 智果寺大殿修缮研究[J]. 考古与文物, 1994（6）：26-29.

㉖ 赵立瀛. 陕西古建筑[M]. 西安：陕西人民出版社, 1992：175.

㉗ 佳县地方志编纂委员会. 佳县志[M], 2008.

㉘ 贾正兰. 寄情香炉寺[N]. 中国民族报, 2010-10-12.

㉙ 马聚魁，张渊. 榆林地区佛教、道教的历史演进和发展现状考察[J]. 社科纵横. 2012（7）：104-105.

㉚ 榆林市志编纂委员会. 榆林市志[M]. 西安：三秦出版社, 1996.

㉛ 王富春，谢静. 榆林万佛楼[M]. 西安：陕西旅游出版社, 2012.

㉜ 郭彦，强王正云. 中国名城榆林[M]. 西安：陕西人民出版社, 2005.

㉝ 榆林市志编纂委员会. 榆林市志[M]. 西安：三秦出版社, 1996.

㉞ 许玉姣. 楼观台道教文化展示区建筑形态研究[D]. 西安：西安建筑科技大学, 2012：63.

㉟ 陕西省文物局. 陕西省重点文物保护单位名单（共415处）（中）[EB/OL], 2006-09-13. http://www.wenwu.gov.cn/contents/230/4488.html.

㊱ 赵立瀛. 陕西古建筑[M]. 西安：陕西人民出版社, 1992：215.

㊲ 陕西省文物局. 陕西省全国重点文物保护单位名单（共140处）[EB/OL], 2006-09-13. http://www.wenwu.gov.cn/contents/230/4486.html.

㊳ 江伊婷. 生态视角下西安地区佛教文化旅游资源开发策略研究[D]. 西安：西安建筑科技大学, 2009：37.

㊴ 陈晓春. 陕西蓝田水陆庵彩塑之二十四尊神将造像研究[D]. 西安：西安美术学院, 2007：48.

㊵ 陕西省文物局汉唐网. 中国第一批重点文物保护单位[EB/OL], 2005-04-29. http://www.wenwu.gov.cn/contents/230/4480.html.

㊶ 惠磊. 孙思邈药王文化考[D]. 咸阳：陕西中医学院, 2012：39-43.

㊷ 陕西省铜川市地理志[M].

㊸ 张史杰. 铜川揽胜[M]. 西安：陕西旅游出版社, 1991：38.

㊹ 赵立瀛．陕西古建筑[M]．西安：陕西人民出版社，1992：197．
㊺ 陕西省文物局．陕西省重点文物保护单位名单（共415处）（下）[EB/OL]，2006-09-13．http://www.wenwu.gov.cn/contents/ 230/4489.html．
㊻ 田苗．宝鸡金台观建筑研究[D]．西安：西安建筑科技大学，2004：31．
㊼ 田苗．宝鸡金台观建筑研究[D]．西安：西安建筑科技大学，2004：44-47．
㊽ 陕西省文物局，陕西省重点文物保护单位名单（共415处）（中）[EB/OL]，2006-09-13．http://www.wenwu.gov.cn/contents/ 230/4488.html．
㊾ 王建章，朱宗柱，冯伯瑜，范希忠．宝鸡市志[M]．西安：三秦出版社，1984．
㊿ 王雪．垂钓始祖发祥地——宝鸡钓鱼台[J]．大陆桥视野，2008（1）：66-67．
(51) 王建章，朱宗柱，冯伯瑜，范希忠．宝鸡市志[M]．西安：三秦出版社，1984．
(52) 陕西省文物局．陕西省重点文物保护单位名单（共415处）（下）[EB/OL]，2006-09-13．http://www.wenwu.gov.cn/contents /230/4489.html．
(53) 权美．华山玉泉院空间艺术研究[D]．西安：西安建筑科技大学，2012：12．
(54) 陕西省文物局．陕西省全国重点文物保护单位名单[EB/OL]，2006-09-13．http://www.wenwu.gov.cn/contents/230/ 4486.html．
(55) 王蕾．佳县白云山庙建筑研究[D]．西安：西安建筑科技大学，2003：10．
(56) 周蕾．陕西道教建筑庙前空间与庙会场所研究——以佳县白云山庙为例[D]．西安：西安建筑科技大学，2012：72．
(57) 王蕾．佳县白云山庙建筑研究[D]．西安：西安建筑科技大学，2003：37-390．
(58) 王蕾．佳县白云山庙建筑研究[D]．西安：西安建筑科技大学，2003：50-52．
(59) 雷朝晖．陕西佳县白云观《老子八十一化图》壁画研究[J]．中国书画，2008（7）：22-26．
(60) 陕西省文物局．第六批全国重点文物保护单位[EB/OL]，2011-03-23．http://www.wenwu.gov.cn/contents/230 /9396.html．
(61) 米脂县地方志编纂委员会．米脂县志[M]．西安：陕西人民出版社，1993．
(62) 米脂县地方志编纂委员会．米脂县志[M]．西安：陕西人民出版社，1993．
(63) 马琳．文化·空间·建筑——西安回坊院落式清真寺研究[D]．西安：西安建筑科技大学，2008：52．
(64) 马琳．文化·空间·建筑——西安回坊院落式清真寺研究[D]．西安：西安建筑科技大学，2008：57-58．
(65) 王海麦．西安回坊清真寺建筑与环境艺术探究[D]．西安：西安美术学院，2014：21．
(66) 赵立瀛．陕西古建筑[M]．西安：陕西人民出版社，1992：217、221．
(67) 陕西省文物局汉唐网．中国第一批重点文物保护单位[EB/OL]，2005-04-29．http://www.wenwu.gov.cn/contents/230 /4480.html．
(68) 陈珊．西安穆斯林聚居区居住文化与生活环境保护研究[D]．西安：西安建筑科技大学，2005：46．
(69) 马琳．文化·空间·建筑——西安回坊院落式清真寺研究[D]．西安：西安建筑科技大学，2008：65-67．
(70) 赵立瀛．陕西古建筑[M]．西安：陕西人民出版社，1992：226．
(71) 陕西省文物局汉唐网．中国第一批重点文物保护单位[EB/OL]，2005-04-29．http://www.wenwu.gov.cn/contents/230 /4480.html，
(72) 陈珊．西安穆斯林聚居区居住文化与生活环境保护研究[D]．西安：西安建筑科技大学，2005：46-47．
(73) 赵立瀛．陕西古建筑[M]．西安：陕西人民出版社，1992：227．
(74) 陕西省文物局汉唐网．中国第一批重点文物保护单位[EB/OL]，2005-04-29．http://www.wenwu.gov.cn/contents/230 /4489.html．
(75) 赵立瀛．陕西古建筑[M]．西安：陕西人民出版社，1992：227．
(76) 蒲仪军．陕西伊斯兰建筑鹿龄寺及周边环境再生研究——从口述史开始[J]．华中建筑，2013（5）：169-172．

陕西古建筑

第五章 祠庙建筑

陕西祠庙建筑分布图

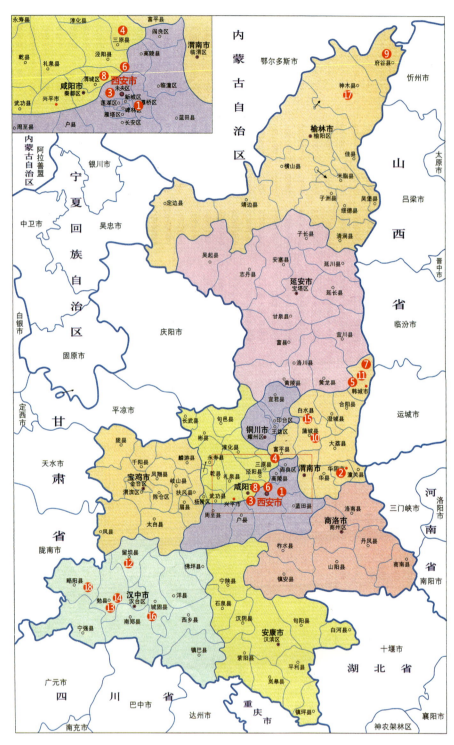

（地图引自：中华人民共和国民政部编. 中华人民共和国行政区划简册2014. 北京：中国地图出版社，2014.）

- ❶ 西安东岳庙
- ❷ 华阴西岳庙
- ❸ 西安都城隍庙
- ❹ 三原城隍庙
- ❺ 韩城城隍庙
- ❻ 西安府文庙
- ❼ 韩城文庙
- ❽ 咸阳文庙
- ❾ 府谷文庙
- ❿ 蒲城文庙
- ⓫ 韩城司马迁祠
- ⓬ 留坝留侯祠（张良庙）
- ⓭ 勉县武侯祠
- ⓮ 勉县武侯墓
- ⓯ 白水仓颉庙
- ⓰ 城固韩氏祠堂
- ⓱ 神木二郎山庙群
- ⓲ 略阳江神庙

第一节 概述

祠，本意为祭名，先指"春祭"，后指祠庙。祠庙建筑集中体现了中国古代的信仰崇拜、宗族制度、伦理道德，以及人们在社会生活和审美趣味方面的许多特征。祠庙建筑不仅遍布我国名山大川，也是城市人文景观的重要组成部分。其类型主要分为三种：神祠、先贤祠与宗祠。①

神祠，即以某个神仙作为祭祀对象的祠庙。当人类还处在原始社会的时候，由于人类生存能力有限而经常会遇到天灾的侵害和野兽的袭击，当时还不可能科学地认识这些现象，于是将希望寄托在一种神灵的保护上，把某些动、植物作为幻想中神灵的标志而加以供奉，这就是原始社会的图腾崇拜。随着社会的发展，人类逐渐将自然界的天地以及山川代替了原始的图腾，待到宗教产生以后，佛、真主、上帝又代替了天地的自然物象而成为人类膜拜的对象了。

先贤祠，即以古代某位先贤智者为祭祀对象的祠庙。在长达几千年的中国传统封建社会，朝廷极力推崇忠君思想、忠君道德伦理，维护整体社会秩序。在古代，先贤祠庙的数量较多，包括名宦、清官祠、乡贤祠、孝女祠等，而在这些祠庙当中又以文庙（孔庙）最为普遍。

宗祠，为祭祀宗族的家庙祠堂，是大量存在于民间的最为普遍的一种祠庙形式。从皇帝到士大夫，都有祭祀祖先的庙堂。皇帝祭祖的称作太庙，这是至高无上的宗庙。一般士大夫以及宗族祭祀祖先的称作"祠"，俗称"宗祠"或者"祠堂"。

陕西的祠庙建筑，在城市与乡村都有大量留存，而且类型多样。现存的祠庙建筑以明、清时期的为主，占现存古建筑的比重较大。在历经数百年之后，彰显了明清传统聚落的整体格局与社会秩序。由于陕西地处西北地区，其地理位置在历史上曾处于极其重要的地位，因此，大多数由官方兴建的祠庙等级较高。这其中包括用于祭拜华山的西岳庙、管辖西北各府城镇的西安都城隍庙等。

然而对于陕西的城镇格局来说，城隍庙、关帝庙（关岳庙）、文庙等祠庙建筑无疑成为了组成城市空间的重要元素。现存的文庙有西安文庙、韩城文庙、合阳文庙、兴平文庙、蒲城文庙等10余座；城隍庙有西安都城隍庙、三原城隍庙、韩城城隍庙、彬县城隍庙、扶风城隍庙、澄城城隍庙等；岳庙有华山西岳庙、西安东岳庙等；名人祠堂有韩城司马迁祠、勉县武侯祠、白水仓颉庙、周公庙、杜公祠、岐山诸葛亮庙、公输堂、周公庙、周原村大禹庙、蕲王庙、七星庙、三圣庙等。

在这些祠庙建筑之中尤其以文庙、城隍庙居多。以城隍庙为例，其在陕西的分布，不仅位于城镇，而且在堡寨、乡村也有分布。明清时期陕西地区存在数以百计的村镇城隍庙，这一现象非常值得关注。自唐宋以来，作为重要军事区域，陕西地区在长期战乱的社会历史背景下，除了建有国家军事防御体系的城堡之外，从州县治所到村镇，也广泛建置堡寨。村镇城隍庙的建置与堡寨的建造有关，作为城市的守护神，建有城堡就有可能建造城隍庙，这是城隍神见诸文献以来具有的普遍性的原则。陕西地区的特色就在于，由于特殊的历史背景，集中体现了这样的原则。②

纵观历史，陕西无论从官方或者民间都积极地推动了民间信仰的发展。并且从陕西现存祠庙的类型与数量来看，陕西在不同的历史时期在精神信仰问题上是比较一致的，而且在文化传承的过程之中达到了很好的延续。

第二节 岳庙

在生产力水平低下的古代社会，山川为先民提供了各种生活保障，它们对国计民生有着重要意义，因此山川崇拜自上古时代就普遍流行。③其中，"五岳"④是诸名山大川的最高代表。它们既是封建帝王仰天功之巍巍而封禅祭祀的地方，更是封建帝王受命于天，定鼎中原的象征，故而修筑庙宇、塑造神像，进行祭祀。

东岳庙是为祭祀五岳之首——泰山神所建。陕西境内东岳庙祭祀出现较早，有方志称汉代咸宁县（今陕西西安境内）东南已肇建东岳庙。追溯太远，不可尽信。但有民国《咸宁长安两县续志》卷七《祠祀考》记载东岳庙始建于唐，却近事实。《朝邑县志》载：朝邑县（今大荔县朝邑乡）之东岳行祠，"唐贞观元年（公元627年）建，宋政和八年（1118年）敕赐崇佑观"。这一唐代古祠今尚有古戏楼，称"岱祠岑楼"。北宋时期东岳庙在陕西境内得到普及，比较著名的有兴平市东岳庙，三原东岳庙。金代东岳庙著名者有淳化、澄城岱岳庙，皆大定二十七年（1187年）重建。元代所建（或重建）东岳庙有咸宁、延长、凤翔、耀州、三水、长武等庙。明清时期所建东岳庙甚多，据雍正《陕西通志》记载，有泾阳、富平、醴泉、扶风、鄠县、汉中、凤县、榆林、华州、华阴、蒲城、乾州、武功、邠州、三水、绥德、清涧、神木等数十所。

西岳华山位于陕西省渭南市华阴市城南，是中华文明的发祥地之一。现存西岳庙为五岳中建庙最早、占地面积最大的清代建筑组群，因整体形似北京故宫，素有"陕西故宫"以及"五岳第一庙"之殊誉。秦统一中国后，定华山为官方祭祀的名山，确立了祭祀时间与礼仪，正式将五岳祭祀纳入国祀常制。汉武帝之时，于华山下建集灵宫祭祀神仙王乔、赤松子。汉宣帝时，祭岳基本形成定制。其后千余年华山祭祀多以汉制为基础，形成国内历史最为悠久、体系最为完备的祭祀文化活动之一。⑤

一、西安东岳庙

1. 概况

西安东岳庙位于西安东城门内北侧昌仁里，东邻顺城巷，南接东大街，现为陕西著名道教庙宇之一。1956年公布为陕西省第一批重点文物保护单位（图5-2-1）。

东岳庙建立之初的功能为祈雨，并祭祀东岳泰山神。据《咸宁长安两县续志》记载：庙建于北宋政和六年（1116年），元代庙宇被毁，明弘治年间（1488~1505年）、万历十年（1582年）及清光绪二十一年（1895年）都有扩充修葺，庙内保存有明清石碑数通为证。⑥1949年新中国成立后被昌仁里小学占用。"文化大革命"时期，庙内塑像被毁，石牌坊、石碑被砸。1983年，三教宫毁于火灾。2010年，东岳庙进行维修扩建。

2. 总体布局

东岳庙坐北朝南，遵从"居中为尊"的观念，以南北向的主轴线组织山门、前殿、中殿、后殿及东西对称的廊庑。由于功能空间布局的需要，同时存在的还有其他几条次要的轴线。正殿与寝殿各自有独立的殿院，而非其他祠庙类建筑使用同一殿院的制式。由于记载西安东岳庙的资料匮乏，近代以来变化也较大（图5-2-2）。因此，西安东岳庙正殿与寝殿各自有独立的殿院极有可能是经近现代改动时，未按祠庙制度建设而形成。

图5-2-1　西安东岳庙实景图（图片来源：自摄）

3. 建筑单体

西安东岳庙现存大殿、中殿和后殿及东西廊庑等建筑。大殿前有石牌坊、石狮子和记载庙宇大事记的石碑等。石牌坊为明万历七年（1579年）所建，上有"岱岳尊宗"四字。

大殿：系明代建筑，清代修复，其大梁上有"清康熙乙未腊月建"题记。其平面呈长方形，面阔五间，进深三间六步架，建筑面积521平方米。双步周回廊，单檐歇山顶，殿脊、屋面施绿琉璃瓦（图5-2-3、图5-2-4）。梁架为彻上明造，抬梁式木构架，仍保留叉手、驼峰等做法。前后檐斗栱耍头后尾延长插在内檐垂莲柱上，垂莲柱上承下金檩，在挑檐和下金檩之间起平衡作用。外檐斗栱为七踩单抄双下昂，里转出三抄。檐面部分的斗栱在最上面昂嘴部分雕成龙形，有上下错动之分。东岳庙建筑开间大，因此，平身科在当心间用两朵，其

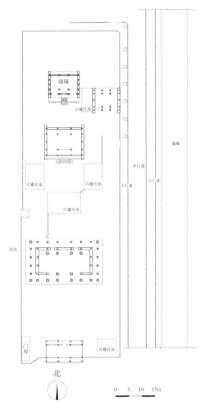

图5-2-2 西安东岳庙总平面图（图片来源：自绘）

图5-2-3 西安东岳庙大殿实景图（图片来源：自摄）

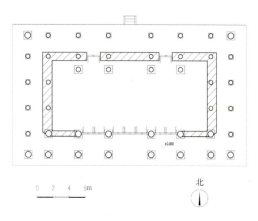

图5-2-4 西安东岳庙大殿平面图（图片来源：自绘）

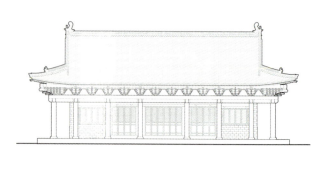

图5-2-5 西安东岳庙大殿立面图（图片来源：自绘）

余用一朵。该殿共有朱色廊柱24根，前檐8根柱子柱础刻有精美的二龙戏珠浮雕图案，其他柱石皆雕花卉（图5-2-5）。

大殿后檐梢间墙壁开有发券棋盘门，门颊底部有鼓形门枕石，券顶东西对称有砖刻"泰华真境"和"东黄紫府"匾[7]（图5-2-6）。殿内东西两壁、后壁棋盘门两侧之上满布大幅彩色道教壁画，面积达158平方米，绘制于清朝康熙五十四年（1715年），是陕西境内现存宫观壁画中单体面积最大的。壁画内容主要为山水、楼阁、人物、花卉，题材多取自神话传说和历史故事，画工精巧，色彩斑斓，保存比较完整。

中殿：又称"寝宫殿"。建筑面阔三间，进深两间，分心槽，占地面积196平方米，硬山顶建筑。殿内墙壁多饰以精美砖雕，有较高的艺术欣赏价值。山墙及后檐墙面上有"楼阁仕女"壁画，绘制于清朝乾隆二年（1737年），壁画线条遒劲，色彩浓重，有元、明时代绘画气韵，其内容也超出宗教题材范围，反映了当时的园林建筑特色和悠闲享乐的生活情境（图5-2-7）。

后殿：面阔三间，硬山式建筑，建于2.3米的高台之上，占地面积98平方米。《微言集》记载后

图5-2-6 西安东岳庙大殿室内壁画（图片来源：自摄）

图5-2-7 西安东岳庙中殿实景图（图片来源：自摄）

图5-2-8 西安东岳庙后殿实景图（图片来源：自摄）

殿名曰"老母殿"，原来内塑东岳大帝父母之像，并有送子娘娘和眼光菩萨分立两侧。后殿今被用作仓库，式样已改观（图5-2-8）。

偏殿：面阔三开间，进深两间，硬山顶。其为供奉神仙的殿堂，现仅存梁架，建筑墙身早已被毁坏。

二、华阴西岳庙

1. 概况

西岳庙，又称华岳庙，是专为中国古代帝王祭祀华山之神的庙宇，位于华山北麓5公里处，东距华阴市区2.5公里。1988年公布为全国重点文物保护单位（图5-2-9）。

西岳庙占地186亩，约12万平方米。历史上有华岳庙、金天王神祠等称呼，俗称为大庙、皇庙。该庙在五岳庙中规模最大，是西北地区现存最大的明清风格皇家祭祀古建园林群落，兼有帝王行宫职能。西岳庙前身为集灵宫，创建于西汉武帝元光元年（公元前134年），初在华山黄神谷。东汉兴平元年（公元94年）迁于今址。东汉恒帝延熹八年（公元165年）《西岳华山庙碑》已记载修庙祭山、祈天求雨之事，北周、唐、宋、明，历代均有修葺。清乾隆四十二年（1777年）大规模扩建，历时三年完成，奠定了今日之西岳庙格局。乾隆大修后200年来岳庙灾难不断，先是同治年间回民反清，焚毁大半岳庙；民国时期国民军占驻，破坏加剧；"文化大革命"期间毁文物、拆古建、伐古柏。1998年，依据乾隆时代《西岳庙图碑》进行大规模修复，重建五凤楼、御书楼、万寿阁、灵宫殿、城墙角楼等建筑，再现当年西岳庙雄伟面貌（图5-2-10）。

2. 总体布局

西岳庙位于华山北麓，坐北面南，中轴线正对华山主峰。庙院整体基本沿南北轴线左右对称布局。主轴线在棂星门与望华桥等建筑节点部分有偏转现象。同时，仿照宫禁制度，设内外重城，将各组建筑群围在城中，属于围庙建城的典型实例[8]（图5-2-11）。外城长525米，宽225米，高约8米，南端设有瓮城。主要建筑有七龙壁、灏灵门（庙门）、钟鼓楼（已毁）、五凤楼、棂星门、石牌坊、金城门等。内城长270米，平均宽120米，高约3米，分为前、后两院。主要建筑有金水桥、泮池、灏灵殿、寝殿、御书楼等。庙后高台之上是万寿阁，原阁1932年毁于大火，1999年复原重建。

庙院中轴线空间层次丰富，可分为三段渐高递进式。第一段是影壁、庙门、五凤楼，五凤楼为高点；第二段是棂星门、金城门、灏灵殿，灏灵殿为高点；第三段是寝殿、御书楼、万寿阁，万寿阁为高点。三段九个节点加上最前端的遥参亭、末端的游岳坊及三座牌楼共十四个节点，在两翼配属建筑的烘托陪衬下，视觉上高低错落，抑扬顿挫。[9]

图5-2-9 华阴西岳庙实景图（图片来源：自摄）

图5-2-10 华阴西岳庙碑刻细节图（图片来源：自摄）

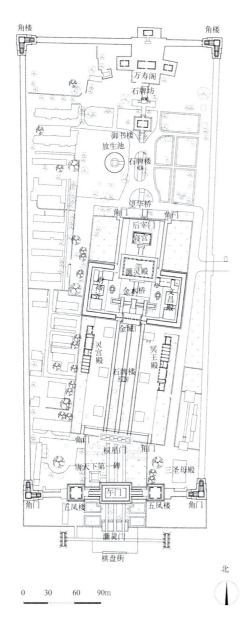

图5-2-11 华阴西岳庙总平面图（图片来源：自绘）

3. 建筑单体

西岳庙庙门外，原有一座亭，称"遥参亭"，今已毁。庙门前又有琉璃照壁一座，长20余米，为明代所建；东西各立一座三间四柱木牌坊和铁幡杆，已毁。庙门名灏灵门，为砖石砌三券洞单檐歇山顶建筑，又称"连三门"。其后原有钟、鼓楼，已毁。再后为五凤楼，为1998年重建。过五凤楼有棂星门为三座木牌楼以夹墙分成"连三门"形式，为清式建筑。棂星门往北进入一开阔院落，由棂星门至金城门南北约130米，东西约100米，院中立一道"天威咫尺"石牌坊，两侧原有三对碑亭，亭已毁，现大碑犹在。两厢有冥王殿、灵官殿等配殿（图5-2-12）。

金城门：金城门为西岳庙大殿前门，又称"重门"。建筑整体坐落在长方形砖砌台明之上，面阔五间，进深三间六架椽，通面阔约22.5米，通进深约12.8米，建筑面积285平方米。单檐歇山顶，黄色琉璃瓦屋面，两山墙收山较深，故山花颇小。柱网布局为"分心槽"，山墙不用中柱。前后檐及两际檐下均有斗栱，布置疏朗，前后檐明间、次间及梢间平身科均用一攒。柱头科斗栱及梢间平身科斗栱为五踩出双抄。明间及次间平身科斗栱做法独特，其整攒斗栱并不安放在一个坐斗上，而是在明间用坐斗三个，次间用坐斗两个，并出45度斜栱。角科斗栱也出双抄，不用头昂、由昂，而是在第二跳栱头（交互斗）上承托枋子，枋的后尾插在屋内角梁下的垂莲柱上，是一种独特的地方手法。金城门虽经清代重修，但仍保留清代以前的建筑特征（图5-2-13～图5-2-16）。[⑩]

灏灵殿：面阔九间，通面阔约37.2米；进深五间十一架，通进深约22.6米，四周回廊，单檐歇山顶，黄色琉璃瓦屋面，是陕西最大的殿堂建筑。殿宇建于"凸"字形大月台上，殿身为双槽平面。柱的排布方式仍沿用早期建筑的用柱方法，不用中柱，仅在前后檐墙以里，老檐柱之阴，各加了一排金柱。七架"抬梁式"做法，梁架上仍保留了驼峰、叉手的做法。前檐明间开门，次、梢、尽间皆

(a)

(b)

(c)

(d)

(e)

(f)

(g)

(h)

图5-2-12 华阴西岳庙实景图

(a) 灏灵门（图片来源：自摄）；(b) 角楼（图片来源：自摄）；(c) 棂星门（图片来源：自摄）；(d) 少昊之都石牌楼（图片来源：自摄）；(e) 金水桥（图片来源：自摄）；(f) 灏灵殿（图片来源：自摄）；(g) 财神殿（图片来源：自摄）；(h) 文昌殿（图片来源：自摄）；(i) 寝宫（图片来源：自摄）；(j) 后宰门（图片来源：自摄）；(k) 天威咫尺石牌楼（图片来源：自摄）；(l) 御书楼（图片来源：自摄）；(m) 万寿阁（图片来源：自摄）；(n) 午门（图片来源：自摄）

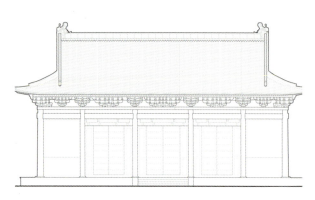

图5-2-13 华阴西岳庙金城门立面图（图片来源：自绘）

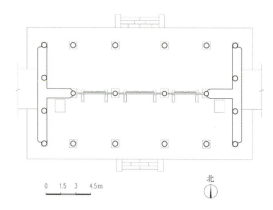

图5-2-14 华阴西岳庙金城门平面图（图片来源：自绘）

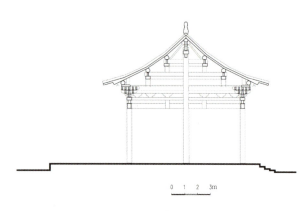

图5-2-15 华阴西岳庙金城门剖面图（图片来源：自绘）

图5-2-16 华阴西岳庙金城门实景图（图片来源：自摄）

为槛窗；后檐明间亦为门，次、梢间均为槛窗，尽间则为砖墙。⑪殿身檐下均置有斗栱，柱头科为七踩三下昂，平身科斗栱做法与金城门做法相似，只是明间用五个斗座，而次、梢、尽间皆为三个斗座。殿内设有平棊天花，直接安放在檐榑之上，绘制有花鸟等图案（图5-2-17、图5-2-18）。⑫

第三节 陕西城隍庙

城隍神是古代城市的保护神，可以"剪恶除凶，护国保邦，监察幽冥，保安黎庶"，是神鬼信仰的一部分，属于民间地方信仰。其建筑类型在我国古代宗教建筑中占据着重要的地位。

城隍庙一般都建在城市中心地带，用来保护城池的安全。《周礼》记载，在周代的腊祭八神就有水（即隍）墉（即城），据说城隍便由此演化而来。宋代，城隍神被正式列为祀典。明代，城隍信仰达到极盛，城隍庙遍及全国，成为中国古代城市的象征性符号之一。

陕西省现存城隍庙数量众多，仅关中地区就有西安都城隍庙、三原城隍庙、韩城城隍庙、扶风城隍庙等建筑群。这些城隍庙保存相对完整，等级体系分明，可分为府城隍庙、州城隍庙、县城隍庙等级别。

陕西城隍庙建筑多修建于明代与清代。一般由山门、牌坊、厢房、戏台、钟鼓楼、献殿、正殿、

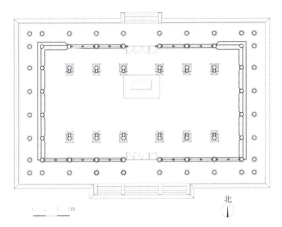

图5-2-17 华阴西岳庙灏灵殿平面图（图片来源：自绘）

图5-2-18 华阴西岳庙灏灵殿实景图（图片来源：自摄）

寝殿等基本建筑单体构成。规模较大的城隍庙还有道院、财神庙、影壁等附属建筑。庙宇建筑群体布局讲究中轴对称，疏密得当。主体建筑大殿和寝殿位于中轴线最北端，形成整个建筑中心，附属建筑如厢房、钟鼓楼等依次对称排列。其中戏楼的位置布局较为灵活，或正对大殿，或正对大门，多根据实际情况安排。

一、西安都城隍庙

1．概况

西安都城隍庙，位于西安城内西大街与北广济街交叉口以西，大学习巷以东，正面为西大街，北侧为庙后街，在清代"理事厅署"和"长安县署"之间。2001年公布为第五批全国重点文物保护单位。

西安都城隍庙由朱元璋二子朱樉于明洪武二十年（1387年）创建，原址在东城门内九耀街，明宣德八年（1433年）移建于今址。清顺治年间（1644~1661年）屡次增饰重修，雍正元年（1723年）毁于火。同年移明秦王府砖瓦木料扩充修建，乾隆、嘉庆、道光年间又屡加修葺，光绪十三年（1887年）二月，戏楼、二门及钟、鼓楼因火灾被毁，同年重建。1942年部分建筑惨遭日寇炸毁。山门、二殿、寝殿、藏经楼、玉皇阁不同程度被炸坏。1985、2005年，先后进行大规模修复，重现了当年城隍庙的宏伟面貌。⑬

西安都城隍庙，"都"字意为不仅能管辖关中地区各府、州、县城隍庙，而且西北地区各府、州、县城隍庙也在其管辖范围之内，因此与北京、南京的城隍庙并称，可见等级之高。

2．总体布局

西安都城隍庙坐北面南，占地约9230平方米，建筑面积约4466平方米，分为庙院和道院（图5-3-1）。

庙宇总体布局采用沿轴线纵深发展与对称布局的方式，即以南端西大街五间牌楼为起点，向北经过青石马道穿文昌阁，阁东、西分立钟楼、鼓楼。从文昌阁向北进仪门，仪门两侧设东西配房，迎面乐舞楼，绕乐舞楼，面三间大牌楼，穿牌楼进大殿，仪门与大殿东西两侧设配殿各一间，配殿两侧设两厢各六间，继续向北为二殿（已毁），东西设皇乾殿、藏经阁（已毁）。过二殿即入主轴线最后一座殿堂寝殿。整条主轴线全长350余米，东西道院大致对称布局于主轴线两侧，现已无存。

3．单体建筑⑭

大殿（图5-3-2）：面阔七间，进深五间，四周回廊，单檐庑殿顶，屋顶蓝色琉璃筒瓦。台明到正脊高13.65米，台基高0.15米。当心间面阔6.36米，次间面阔5.90米，回廊面阔2.22米。殿身进深11.40米，加上周前后廊深15.84米。七架六椽栿，正脊推山不明显；脊瓜柱设有因袭宋制的叉手，又有明清时期用以起支撑作用之角背。外檐斗栱为七踩三下昂，明间平身科用三攒，攒档较为疏朗；平板枋也较额枋为宽，用材比常见清式建筑为大，可能为移用明秦王府材料建造所致（图5-3-3～图5-3-5）。

文昌阁（图5-3-6、图5-3-7）：始建于明洪武二十年（1387年），明宣德八年（1433年）移建于西大街，清乾隆、嘉庆、道光年间屡次重修。建筑坐南向北，居中而设，二层前卷、后殿式建筑，面积248平方米。底层明间设人行通道，前卷部分台明到正脊高7.10米。面阔三间，当心间面阔3.78米，次间面阔3.06米，进深两间，加卷棚抱厦三间，共4.30米。抱厦外檐斗栱，外拽出三跳，里拽出两跳，偷心造。梁架为四架，月梁下设随梁枋，彻上露明造。后殿部分台明到正脊高8.15米。面阔三间，当心间宽度3.78米，次间宽度3.06米，进深三间，共4.88米。梁架为五架前后廊式，金檩之下，脊瓜柱之上有襻间做法。襻间斗栱，形式为一斗二升交麻叶，但与脊瓜柱柱头交接处并无构件尺寸较大的襻间枋，而是用尺寸较小的横枋和木方来代替（图5-3-8～图5-3-10）。

二、三原城隍庙

1. 概况

三原城隍庙，又名威灵昭应祠，位于三原县城内东渠街。2001年公布为第五批全国重点文物保护单位。

三原城隍庙始建于明代洪武八年（1375年），成化十二年（1486年）增建寝殿等建筑，嘉靖二十九年（1550年）修建山门外青石砖雕照壁。清乾隆二十二年（1757年），修建中院大戏楼、前院石牌坊、木牌坊两座。后经多次修葺和增建，遂形成现在的规模（图5-3-11）。

2. 总体布局

三原城隍庙现有建筑百余间，其规模宏大，形制完整。院落坐北朝南，纵长约300米，横宽约70米，占地面积约1.34万平方米，呈基本规则矩形（图5-3-12）。

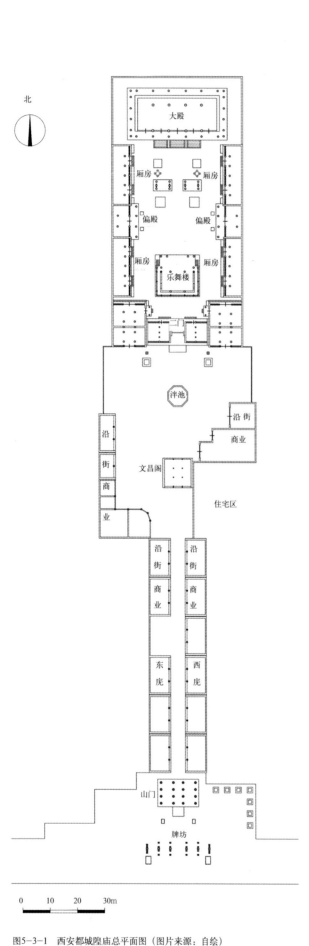

图5-3-1 西安都城隍庙总平面图（图片来源：自绘）

图5-3-2 西安都城隍庙大殿实景图（图片来源：自摄）

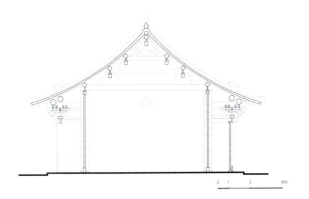

图5-3-3 西安都城隍庙大殿剖面图（图片来源：自绘）

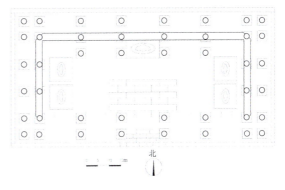

图5-3-4 西安都城隍庙大殿平面图（图片来源：自绘）

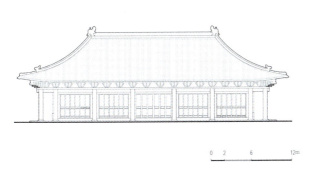

图5-3-5 西安都城隍庙大殿立面图（图片来源：自绘）

图5-3-6 西安都城隍庙文昌阁侧面图（图片来源：自摄）

图5-3-7 西安都城隍庙文昌阁正面图（图片来源：自摄）

图5-3-8 西安都城隍庙文昌阁细部实景图（图片来源：自摄）

图5-3-9 西安都城隍庙戏楼实景图（图片来源：自摄）

图5-3-10 西安都城隍庙实景图（牌楼）（图片来源：自摄）

图5-3-11 三原城隍庙实景图（图片来源：自摄）

三原城隍庙建筑群中轴线从最南端开始，依次布置照壁、牌坊门、山门、前院木牌坊、石牌坊、戏楼、中院大木牌坊、拜殿、寝殿。前院分列东西厢房，中院两侧建有钟鼓楼。其中，钟楼位于中院之西侧，鼓楼位于中院之东侧，与"晨（东）钟暮（西）鼓"的惯常摆设方位有所不同。传说源于城隍神为阴间的行政官，日落而作、日出而息，与阳间相反，因此方向调转。

3. 单体建筑⑮

庙门：重檐歇山顶，高15米，内檐作"斗八藻井"，中为"阴阳太极"图，小木作工艺十分精巧（图5-3-13）。庙门内为狭长的神路，神路中央分别竖立着两座牌坊（图5-3-14）。

大殿：建于明洪武八年（1375年）（图5-3-15），面阔五间，进深四间，为"双槽"平面，单檐歇山顶。梁架为彻上明造，抬梁式构架，五架梁上用瓜柱、角背，而太平梁上仍保留驼峰、叉手。外檐斗栱为五踩双下昂，平身科仅用两攒，攒档较为疏朗。后檐平身科耍头刻作卷草、"三福云"式样，后尾向上托在下金檩下，起挑杆作用；歇山顶转角为抹角梁与顺、扒梁并用，均为明代初期建筑特征的做法（图5-3-16、图5-3-17）。大殿与其前的拜殿呈"勾连搭"形式，拜殿为卷棚歇山顶。

寝殿：建于明成化二十一年（1486年）（图5-3-18），面阔五间，进深四间，屋顶布琉璃筒瓦，为二层通柱式结构楼阁，重檐歇山顶，高17.25米。梁架为彻上明造，构造特征同大殿（图5-3-19）。

钟楼、鼓楼（图5-3-20）：建于明代洪武八年（1375年），面阔一间加周回廊，高二层，内布置木楼梯贯通上下，屋顶为重檐歇山十字脊，一、二层之间加一圈腰檐，琉璃脊饰（图5-3-21）。

戏楼：建于清代康熙二十二年（1757年），上下两层。下层为架空过道，上层为戏台，面阔三间，台口4.9米，两翼为侧台，单檐歇山顶（图5-3-22）。

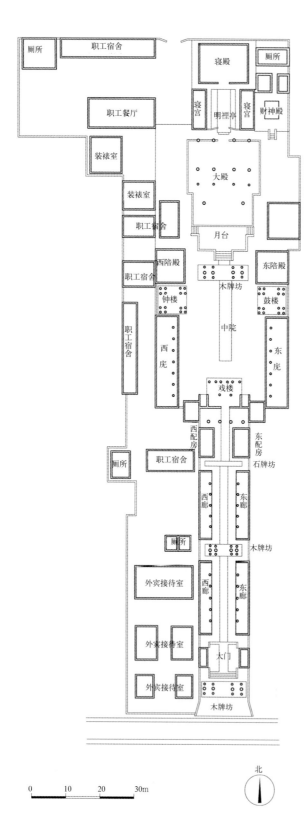

图5-3-12 三原城隍庙总平面图（图片来源：自绘）

图5-3-13　三原城隍庙庙门实景图（图片来源：自摄）

图5-3-14　三原城隍庙牌坊实景图（图片来源：自摄）

图5-3-15 三原城隍庙大殿实景图（图片来源：自摄）

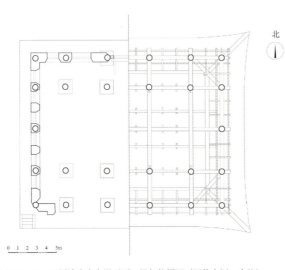

图5-3-16 三原城隍庙大殿平面、梁架仰视图（图片来源：自绘）

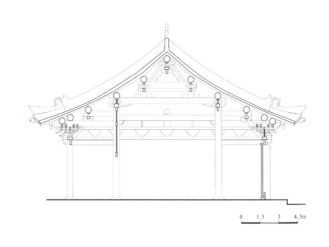

图5-3-17 三原城隍庙大殿剖面图（图片来源：自绘）

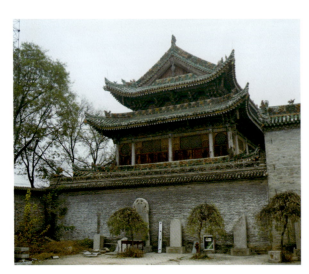

图5-3-18 三原城隍庙寝殿实景图（图片来源：自摄）

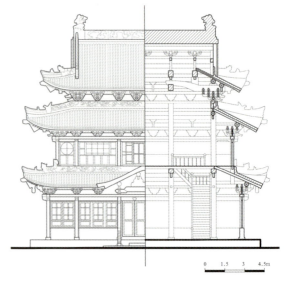

图5-3-19 三原城隍庙寝殿立面、纵剖面图（图片来源：自绘）

图5-3-20 三原城隍庙钟楼鼓楼实景图（图片来源：自摄）

图5-3-21 三原城隍庙钟楼立面图（图片来源：自绘）

图5-3-22 三原城隍庙戏楼实景图（图片来源：自摄）

三、韩城城隍庙

1. 概况

韩城城隍庙位于韩城市古城东北隍庙巷东段。寺庙南北纵长200余米，东西横宽70余米，占地1.55万平方米，平面呈不规则矩形。2001年公布为第五批国家重点文物保护单位。

韩城城隍庙创建年代应为唐宋之间，最晚也在元代。据明万历年间《韩城县志》记载，明隆庆辛未五年至壬申六年（1571~1572年），重建戏楼；明万历五年至六年（1577~1578年）重建大殿。明万历十八年（1590年）《韩城县志·城隍庙记》记载，彼时韩城城隍庙已有壁屏门、山门、政教坊、威明门、化育坊、广荐殿、德馨殿、灵佑殿、含光殿，配列有"监察幽冥"和"保安黎庶"两座牌坊，正

图5-3-23 韩城城隍庙实景图
(a) 牌坊1（图片来源：自摄）；(b) 牌坊2（图片来源：自摄）；(c) 山门（图片来源：自摄）；(d) 政教坊（图片来源：自摄）；(e) 德馨殿室内（图片来源：自摄）；(f) 枝门（图片来源：自摄）；(g) 庭院（图片来源：自摄）；(h) 造像（图片来源：自摄）

殿偏后两侧建有东西道院，四进院落，中轴明显、格局完整。清代在此基础上屡有修葺（图5-3-23）。

2. 总体布局

韩城城隍庙本是模仿衙署建筑而建，采用"前堂后室"的形式，多层次向纵深发展。其南北主轴线长200余米，共布置有五个院落。两侧东西道院建筑大致对称，使得整体建筑布局开阔疏朗，显得尤为宏大。

建筑组群中轴线以最南端的琉璃雕花照壁为起点，向北穿越壁屏门。城隍庙巷东、西各建一木牌坊，东曰"监察幽冥"，西曰"保安黎庶"。再循城隍庙巷北进入山门至政教坊，向北过第二道

(e)

(f)

(g)

(h)

门即为威明门、化育坊（已毁），化育坊东西两侧为钟鼓楼（已毁），北面正面是广荐殿，广荐殿前曾有东西戏楼对峙，现仅存西戏楼，其北沿主轴线为拜殿（德馨殿）、献殿（灵佑殿），德馨殿前两侧有东西庑，最终抵寝殿（含光殿）为结尾（图5-3-24）。

3. 单体建筑[16]

西戏楼（图5-3-25）：主体为重檐十字歇山顶，布筒瓦，琉璃脊。除了西立面下檐中间为如意斗栱外，四面一式。高12.9米，其中台基高1.4米。平面为"单槽"式样，平面横长8.3米，纵长8.95米。

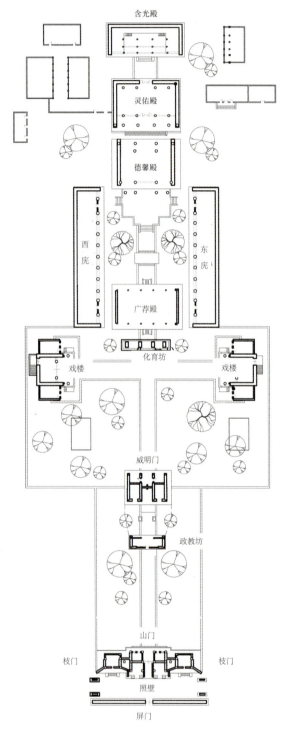

图5-3-25 韩城城隍庙西戏楼实景图（图片来源：自摄）

图5-3-26 韩城城隍庙广荐殿实景图（图片来源：自摄）

广荐殿（图5-3-26）：面阔五间，均为3.55米，进深7.46米，台明长19.26米，宽10.56米。单檐悬山顶，出檐较深，布琉璃筒瓦，脊吻，次间脊上增饰楼阁。屋身与屋面比例约为1∶1，檐口及正脊平直，无升起。山面采用五花山墙的做法，直接暴露山面木构架和角科斗栱（图5-3-27、图5-3-28）。

德馨殿（图5-3-29）：面阔三间，长为15.54米，宽为10.08米，单檐歇山顶，屋顶布琉璃筒瓦，有方胜心，脊以花卉为主，间作龙，脊上间隔饰以亭阁桥梁。屋顶举折颇高，与屋身之比大于1∶1。台基为石砌，长17.67米，宽12.25米，高0.85米。台基上面墁以方砖。德馨殿前有"凸"字形月台，月台长12.60米，宽9.77米。

灵佑殿（图5-3-30）：紧贴于德馨殿之后，与之相隔不到2.5米，原面阔三间，后改为五间，平面为"双槽"形式。单檐歇山顶，屋顶与屋身的

图5-3-24 韩城城隍庙总平面图（图片来源：自绘）

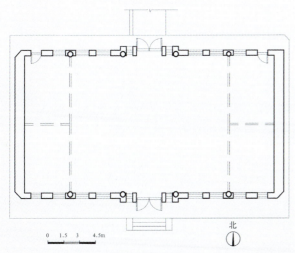

图5-3-27 韩城城隍庙广荐殿平面图（图片来源：自绘）

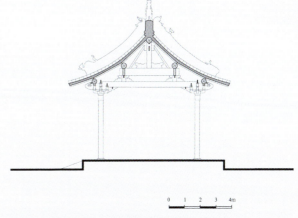

图5-3-28 韩城城隍庙广荐殿剖面图（图片来源：自绘）

图5-3-29 韩城城隍庙德馨殿实景图（图片来源：自摄）

图5-3-30 韩城城隍庙灵佑殿实景图（图片来源：自摄）

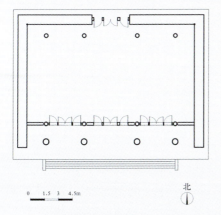

图5-3-31 韩城城隍庙灵佑殿平面图（图片来源：自绘）

图5-3-32 韩城城隍庙含光殿实景图（图片来源：自摄）

比例略大于1∶1。台明长17.48米，宽11.02米。梁架为七架六椽栿，无补间铺作，柱头斗栱五铺作出双抄，斗栱由大小额枋承托，并没有使用平板枋（图5-3-31）。

含光殿（图5-3-32）：位于灵佑殿后第四院中轴正北，为寝殿。面阔五间，单檐悬山顶，梁架为五架四椽栿。高10.40米，其中台基高0.30米。屋顶与屋身的比例略大于0.8∶1，屋面布琉璃筒瓦，琉璃脊吻。

第四节 文庙

文庙是以孔子为祭祀对象的专门祠庙，是儒家行"礼"及宣扬"孝悌"思想的重要场所，也是中国古代城市中最重要的建筑类型之一。文庙从选址、布局、建筑单体到细部装饰都十分讲究，反映了当时社会最高的建筑技术与艺术。

陕西文庙始于唐、宋，元代得以发展，兴盛于明代，终于清代末期。虽然唐、宋、元、明、清各个朝代在陕西实施的政治、经济、文化政策、措施不相同，但在大力推行儒学与广修文庙方面则是相同的，这五个朝代在陕西各府、州、县均设文庙作为祭孔与官学的所在，形制都以曲阜孔庙为蓝本，因而具有极强的延续性。

陕西现存的文庙大多数为明、清时期建筑群，属于文庙较为集中且保存较好的省份之一。其主要包括有西安府文庙、韩城文庙、耀州区文庙、洛南文庙、咸阳文庙、蒲城文庙、合阳文庙、府谷文庙、渭南文庙等25处。这些文庙建筑与全国其他地区的文庙建筑在建筑布局、建筑组成上有相似性，在其大木制作、装饰、用材等方面突出反映了陕西当时的建筑制度和营造技艺。[17]

陕西现存文庙建筑群受环境理论的影响，注重选择城市中的吉地而建，大多位于城市的东南部，也有居城市中部的。形制多为前庙后学，以纵轴线统领整个文庙建筑群，始于万仞宫墙而终于崇圣祠或尊经阁。建筑的柱网布置、斗栱做法都比较严谨，少数建筑有移柱、减柱现象，最主要的建筑大成殿梁架多为彻上明造。

一、西安府文庙

1. 概况

西安府文庙也称孔庙，位于西安城内府学巷。文庙建于宋，经元、明、清扩建，形成宏大规模，占地约3.19公顷。明成化年间（1466～1487年），西安府所辖长安和咸宁二县的县学迁移到孔庙两侧，故有"一庙三学"（一庙指孔庙；三学则指西安府学、长安县学（今西安市长安区）、咸宁县学）之称。现为全国重点文物保护单位[18]（图5-4-1）。

2. 总体布局

《陕西通志》载："文庙在府治东南，建自宋。元至元中（1335～1340年）廉希宪修。明正统间（1436～1449年）知府孙仁益增拓之，正殿七间，两庑各十七间。庑南为厨舍，东西各两间，前为仪门，稍南为碑亭二，两司府县官厅东西相向；又南为宰牲所，前为棂星门，门前为泮池，跨以石桥，万历庚子（1600年）巡按李思孝建；桥前为太和元气坊，左右碑亭二，坊前为屏，东西二坊曰贤关，曰圣域。"

西安府文庙、学宫在空间上采用"一庙三学，翼比鹏翔"的布局。文庙居于中心位置，府学"掖而右"，即在文庙之右，紧挨文庙。长安、咸宁二学，按其邑治所在方位，分别坐落于文庙和府学的东西两侧。西安府文庙与学宫的这种一庙三学的空间布局在全国极其少见[19]（图5-4-2）。

西安府文庙选址遵循环境理论，择址于西安城东南隅的巽位。其选址时巧妙构思，利用高达12米的西安城南城墙为"万仞宫墙"，突出表现了儒学博大精深的内涵。[20]

3. 单体建筑

西安府文庙内现存古建筑可分为文庙和碑林两大部分。文庙部分古建筑大多属于明清时期，主要贯穿于中轴线上，如牌坊、泮池、棂星门、东配殿、戟门、碑亭等；碑林部分古建筑大多属于清代和民国时期，如"石台孝经"亭、展室等。

仪门：坐落在棂星门以北，面阔三间，进深两间四椽，单檐歇山顶，屋面覆黄绿两色琉璃瓦。建立在一个比较低平的台基上，前段踏步三座，后设踏步一座。檐柱比较低矮，柱高仅够三十六个斗口，与清代惯用六十斗口以定柱高的制度不同。屋顶举架平缓，出檐深邃，翼角起翘舒展，有朴素稳健之风。斗栱，用三踩单下昂，明间四朵，次间两

图5-4-1 西安府文庙实景图（图片来源：自摄）

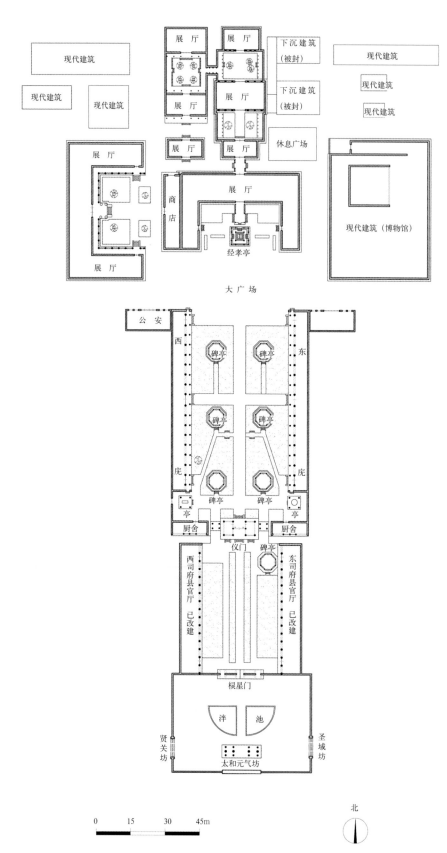

图5-4-2 西安府文庙平面图（图片来源：自绘）

图5-4-3 西安府文庙仪门实景图（图片来源：自摄）

图5-4-4 西安府文庙大成殿实景图（图片来源：塚本靖等.世界建筑集成支那建筑上卷[M].第8页）

朵，攒档相当疏朗。栱嘴扁平，挺秀有劲，大小斗子皆有显著的。柱头科的昂嘴虽较平身科略宽，但座斗并未加宽[21]（图5-4-3）。

大成殿（图5-4-4）：原建筑坐落在崇台之上，前有宽广的大月台，三面环以石栏，正面设石级三道，两侧各有一道。面阔九间，进深五间，四周环廊，明间特宽，次间特窄，异乎惯例，明、次、梢间为槅扇窗，尽间为槛窗。重檐庑殿顶，蓝、绿二色琉璃瓦覆盖。从正面看，正脊较短，四条垂脊较长，似未"推山"。正脊两端龙吻体态庞大，高度约2米。檐下置斗栱，下檐用三踩单昂，上檐用五踩重昂，斗栱用材尺度较大，屋顶出檐较远。可惜于1959年焚于雷火，仅存台座。1980年代，台座也被拆除，现只在地面用刻画青石标志展示出当时柱础的位置。[22]

二、韩城文庙

1. 概况

韩城文庙位于韩城旧城金城学巷内，是全国第三大孔庙，其规模仅次于山东曲阜和北京国子监街的孔庙，现为韩城市博物馆。2001年公布为全国重点文物保护单位（图5-4-5）。

据《韩城县志》（卷一）记载："学宫初，参错民居而迫隘，勘舆家叹之。邑民杨福厚以五十金易院二区而广西南，程爱以地五亩而扩东北，学基用是始成正大，而观者俱颂鸿淑云。"这是现有对韩城文庙修建历史追溯最早的记录史料，由此可知韩城文庙在金代正大以前建筑，初制简朴，与民居交错相建。根据《大明一统志》及清代的《韩城县志》记载，文庙为明代洪武四年（1371年）在元代文庙建筑的旧址上修建而成，其后又经历了明代天顺、成化、万历和清代乾隆年间的多次重修，形成现在的规模。

2. 总体布局

韩城文庙坐北朝南，现存主体和附属建筑共22座，计78间（图5-4-6）。文庙由棂星门、戟门、大成殿、明伦堂、尊经阁等5座主体建筑和4座紧密相连的院落组成。

文庙南北中轴线长达180米，总面积约为14000平方米。建筑群以现存大成殿主体建筑为中心，自南而北，排列有影壁、棂星门、泮池、戟门、大成殿、正谊明道门、明伦堂、尊经阁。整个建筑群由左右对称的附属建筑四进院落组成：琉璃照壁（五龙壁）、棂星门、泮池、石桥、致斋所、碑楼、碑亭、戟门为一进，现院西建有仿古式接待室五间；大成殿和东西庑为二进，现分别作为博物馆、陈列室和展厅使用；明伦堂和东西碑林、掌酒司、典库司为三进，其中除明伦堂外，全部作为博物馆展厅使用；尊经阁和东西厢为四进，其中尊经阁现底层为陈列室，二层为库房；院西为启圣祠东西耳房各三间。

3. 单体建筑

棂星门（图5-4-7）：建于明万历年间（1573～1615年），为四柱三楼木牌坊，冲天柱上安琉璃"乌头"。

大成殿（图5-4-8～图5-4-10）：建于"凸"字形的砖砌台基上，殿身面阔五间，进深三间六架椽，前廊面阔三间，单檐歇山顶，六铺作单昂斗栱。在建筑结构的做法上，前檐柱采用"大额"形式的阑额，梁架采用明栿草架，歇山草架构成的收山较深。后排的两根金柱采用移柱的做法，仍保留元代建筑手法。

明伦堂（图5-4-11）：建于明代洪武四年（1371年），是文庙现存年代较早的建筑，面阔五间，进深三间六架椽，单檐硬山顶，梁架做法古拙粗犷。明间前后排金柱均做移柱。梁架为彻上明造，仍保留驼峰、叉手做法。斗栱为四铺作出单

图5-4-5 韩城文庙实景图（图片来源：自摄）

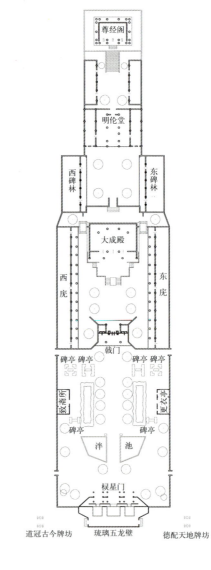

图5-4-6 韩城文庙总平面图（图片来源：自绘）

抄，补间用一朵，但经后世翻建，构件更换较多。

尊经阁（图5-4-12）：建于明代弘治十三年（1550年），阁的基座为砖砌高台，高两层约3米，面阔三间，进深两间，底层回廊，通高两层，重檐歇山顶，单檐歇山二滴水。梁架为彻上明造，沿用早期驼峰、叉手等构件，前檐斗栱：下檐五铺作双下昂，上檐四铺作单昂；后檐斗栱：下檐五铺作出单抄；歇山转角做法为抹角梁和扒梁并用。尊经阁为整个建筑群的焦点，将庭院空间推向高潮。

图5-4-7 韩城文庙棂星门实景图（图片来源：自摄）

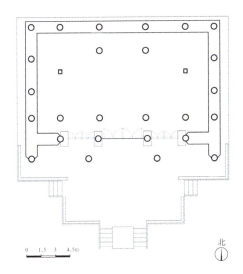

图5-4-8 韩城文庙大成殿平面图（图片来源：自绘）

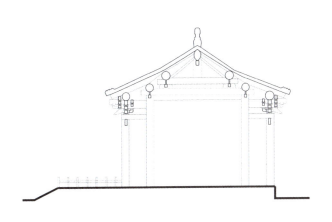

图5-4-9 韩城文庙大成殿剖面图（图片来源：自绘）

图5-4-10 韩城文庙大成殿实景图（图片来源：自摄）

图5-4-11 韩城文庙明伦堂实景图（图片来源：自摄）

图5-4-12 韩城文庙尊经阁实景图（图片来源：自摄）

三、咸阳文庙

1. 概况

咸阳文庙位于咸阳市区中山街中段路北，现为咸阳博物馆，是咸阳城区目前保存较为完整的明清古建筑群。文庙始建于明洪武四年（1371年），由县丞孔文郁主持修建。原有大殿五架、两厢各七架、戟门五架，前有杜星门。戟门里有金水池，上架金水桥，再后有金声、玉振两门分列左右，对称布局。到1949年仅存大殿四架，中厢房十二间。现在戟门是1964年拆迁周四王庙牌楼重建而成，四柱三孔式。1980年以后，国家拨款修葺大殿及庑房等。[23]2006年公布为全国第六批重点文物保护单位（图5-4-13）。

2. 总体布局

咸阳文庙现为咸阳市博物馆所在地，总占地12.78亩，加上偏院共有四组院落，整体坐北朝南。文庙建筑布局由南向北，依次为牌楼、前殿（原戟门处）、东西两庑、大成殿（中殿）、后殿（原明伦堂处），中殿西侧有偏院，建筑有小牌楼、偏院正殿等（图5-4-14）。

3. 单体建筑

前殿，面阔五间，进深三间，歇山顶，现为秦

图5-4-13 咸阳文庙实景图（图片来源：自摄）

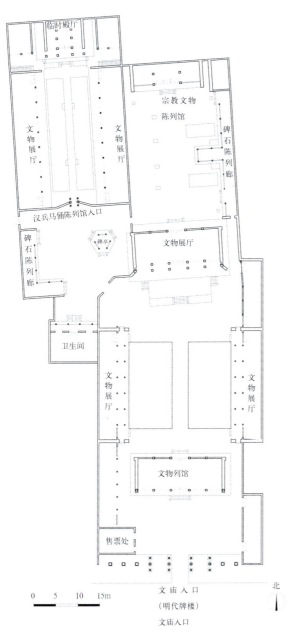

图5-4-14 咸阳文庙总平面图（图片来源：自绘）

图5-4-15 咸阳文庙前殿实景图（图片来源：自摄）

图5-4-16 咸阳文庙中殿实景图（图片来源：自摄）

图5-4-17 咸阳文庙后殿实景图（图片来源：自摄）

咸阳历史文物陈列厅（图5-4-15）。

中殿，即大成殿，面阔五间（21.7米），进深三间（7米），单檐歇山顶，檐下施三踩斗栱。现为精品文物展厅（图5-4-16）。

后殿，面阔五间，进深三间，硬山顶，前、后檐均施三踩斗栱。现为宗教文物陈列厅㉔（图5-4-17）。

四、府谷文庙

1. 概况

府谷文庙位于府谷县旧县城内，始建于明洪武十四年（1381年）。经清乾隆三十四年（1769年）重修，光绪二年（1876年）至八年（1882年）续修，逐渐扩充为以大成殿为中心，坐北面南的轴对

图5-4-18 府谷文庙实景图（图片来源：自摄）

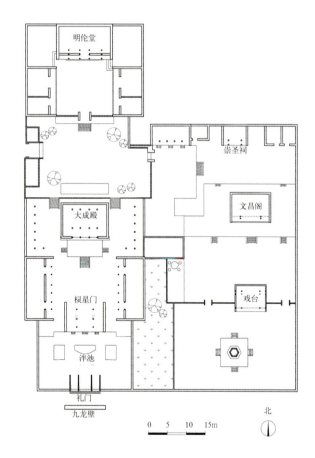

图5-4-19 府谷文庙总平面图（图片来源：自绘）

称群体建筑，占地面积约12000平方米，建筑面积2100平方米，是古县城内一处规模最大、保存最好的名胜古迹。1996年公布为第四批全国重点文物保护单位（图5-4-18）。

2. 总体布局

府谷文庙形制为前庙后学（南庙北学），建筑空间布局以"大成殿"院落即"庙"的祭祀空间为整体建筑群落的核心，与以"明伦堂"院落即"学"的内庭空间为次中心所产生的位置关系，构成两组不同功能的院落空间形式（图5-4-19）。

府谷文庙整体采用中轴对称的布局方式，以现存大成殿主体建筑为中心，自南向北，排列有九龙壁、礼门、泮池、金水桥、棂星门、大成殿、明伦堂。整个建筑群由四进院落组成：第一进院落，前有踏步六级，礼门三间，后有影壁、泮池、金水桥建筑三处，左右各有大型花池各一个。第二进院落，前有踏步五级，棂星门三间，后有大成殿五间，东西配殿各七间，台前正中为神道，浮雕"二龙戏珠"，两侧踏步七级。第三进院落，前有踏步十二级，过厅一间，后有明伦堂正殿五间，两庑各五间。第四进院落，位于整体院落的东侧，前有戏台，中有文昌祠，后有崇圣祠各一座，均为硬山式屋顶，砖木结构建筑。㉕

图5-4-20 府谷文庙大成殿实景图（图片来源：自摄）

3. 单体建筑

大成殿（图5-4-20）：面阔五间，进深三间，单檐歇山顶；殿前月台长13米、宽5米、高1.2米，外檐斗栱为五踩双下昂，里转出双跳，耍头后尾起挑斡，上置散斗替木承下金檩，做法古朴，屋顶琉璃正吻花脊造型生动，为明代所建。

五、蒲城文庙

蒲城文庙始建于唐贞观年间（公元627～649年），宋、元、明、清各代均有修葺。现存大成殿、戟门、东西庑为明正德七年（1512年）重建，棂星门、六龙壁、石牌坊、泮池均建于明万历四十六年（1618年）。1992年公布为陕西省文物保护单位（图5-4-21）。

现存建筑中"六龙壁"（图5-4-22）高5米，长10米。正面塑有六条飞舞游动的龙，而这六条龙两个形成一组，中间以戏珠绾结整幅图，形成了"六龙泳舞图"。这个照壁最大的特点是它的壁身两端各建有一座石牌坊，这种建造制式在全国独此一处。在这两座牌坊上面悬挂有题写着"文章祖"、"帝王师"的两块匾额，这是时任山西巡抚的蒲城人樊东谟所题，意在赞扬孔子是文章的师祖、帝王的老师。在石牌坊下面有两扇石门，每扇门上都刻有方孔九个，俗称"石门九眼"，相传只有中了状元的人才有

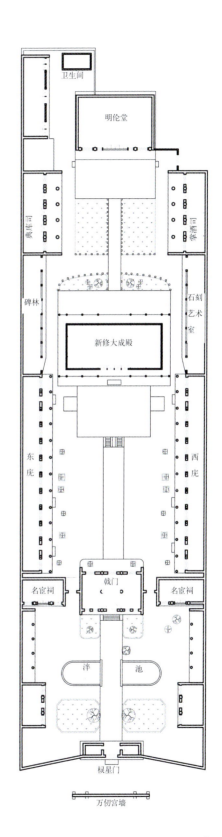

图5-4-21 蒲城文庙总平面图（图片来源：自绘）

图5-4-22 蒲城文庙六龙壁实景图（图片来源：自摄）

图5-4-23 蒲城文庙大殿实景图（图片来源：自摄）

资格从石门经过，其他人只能绕道而行。

大殿面阔五间，进深三间，周回廊，1976年毁于火灾。现在的大成殿是2004年从渭南搬过来的一座真武大殿，建筑占原大成殿遗址的三分之二。大成殿北面为明伦堂，是"明三暗五"的建筑形制。室内墙壁上有朱子《易系辞》和王进德所书"忠、孝、节、义"四个石刻大字，东西各有斋房五间，东为掌酒司，西为典库司（图5-4-23）。

第五节 先贤祠庙

中国历史悠久，历朝历代皆出现过许许多多的先贤名人留垂青史。其中，有在思想文化上卓有贡献的文人学士；有立下赫赫武功、为国捐躯的民族英雄；有不畏强暴、为民除奸的清官等。人们为他们建庙立祠以资纪念。因为陕西在中国历史当中出现了不少能人志士，所以留下了众多的先贤祠庙。此类祠庙，一般建在名人的家乡，如韩城司马迁祠；有的则是建在曾经工作过的地方，如勉县武侯祠；还有的是建在其归隐的地方，如留坝张良庙。就是从他们原来的住宅上发展起来。

先贤祠庙虽然大多由朝廷所兴，具有一定的教化作用，其主要目的是为了巩固和强化他们的统治。但是先贤祠庙所供奉的多是在某一方面对历史、对民族有过杰出贡献或者具有表率作用的人物，他们身上体现着中华民族优秀的传统精神，因而受到广大百姓的敬仰和喜爱，所以这些祠庙多由地方和民间建成。建筑布局多灵活，不拘于一定的格式，较多地具有民间建筑和地方特色。其中不少建筑，由于所处地势险要，或环境优美，往往形成一个地区的名胜景观。

一、韩城司马迁祠

1. 概况

司马迁，字子长，夏阳（今陕西韩城市南）人。生于汉景帝中元五年（公元前145年），卒年不详。他收集编纂了中国第一部纪传体史书——《史记》，对后世史学与文学具有深远的影响。鲁迅先生誉之为："史家之绝唱，无韵之离骚"。

司马迁祠初建年代已不可考。以《水经注》所记，西晋永嘉四年（公元310年）的一次修葺为最早记录。据现存碑记记载，在北宋宣和七年（1125年）曾增修扩建，此后又经金、元、明三代。元代有一次小修（年代不详）。明代虽曾三次修葺（1438、1536、1606年），但规模都不大。清代则记有三次大修：第一次是康熙六十一年（1722年），第二次是乾隆十四年（1749年），相去27年，第三次是光绪十二年（1886年）。[26]以后历经多次修葺，成为今天的规模。1982年公布为第二批全国重点文物保护单位（图5-5-1）。

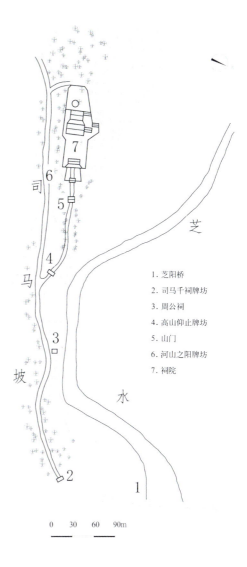

图5-5-1 韩城司马迁祠实景图（图片来源：自摄）

图5-5-2 韩城司马迁祠总平面图（图片来源：自绘）

2．总体布局

司马迁祠建于韩城市南约10公里处的梁山坡岗上。祠庙"东临黄河，西枕高冈，凭高俯下"，选地绝胜。凭借天然的陡峻地势和雄伟的河山景色，意图创造一种引人崇敬的肃穆气氛，"高山仰止，构祠以祀"，借此体现司马迁的高风亮节。[27]（图5-5-2）。

建筑群坐西朝东，顺着山势分四层而建，层层升高。各层之间以石阶相接。第一层位于梁山第一层台地上，有木牌坊一座，上书"高山仰止"四个大字。第二层修于梁山第二层台地上，原有砖砌山门一座，上书"龙门才子故里"六字。现今建筑已毁，仅留遗址。第三层建在梁山第三层台地上，有砖砌牌坊一座，上书"河山之阳"四字。第四层建筑位于全祠最高台地上，也是最主要的建筑组群，有献殿、寝殿和墓冢等。[28]献殿为

图5-5-3 韩城司马迁祠献殿实景图（图片来源：自摄）

敞厅，与寝殿前檐仅隔一线天沟，留出前院，周以垣墙，围成一座完整院落。院内两株苍劲古柏更增添肃穆气氛。墓冢在祠院之后，冢头古柏虬蟠，权枒垂曲（图5-5-3）。㉙

3. 单体建筑㉚

司马迁祠建筑风格简朴，一式灰瓦悬山顶，作博风、悬鱼、惹草。木作不施彩绘，规模、体量也不大。其气势之雄伟，并不在于建筑本身，而在于周围的自然环境和所处的地势，也在于建筑与自然环境和地势的结合。

祠院现存建筑中，以山门和寝殿较为古老，其大木结构仍保留某些宋代的做法特征，为陕西省内一处很有价值的古建筑。

山门（图5-5-4）：面阔一间，进深两椽；构架为前后搭牵，分心用三柱；屋坡举折平缓，约为1：4；前后檐斗栱四铺作出单抄，补间用一朵，于顺脊串上施单材襻间。

寝殿（图5-5-5）：面阔三间，进深四椽，带前廊；构架为搭牵对三椽栿用三柱；三椽栿上用驼峰，平梁上用叉手、蜀柱，安丁华抹颏栱，于柱头缝施单材襻间；角柱做"生起"、"侧脚"；柱为梭柱；前檐柱头斗栱四铺作出单抄，补间用一朵；当

图5-5-4 韩城司马迁祠山门实景图（图片来源：自摄）

图5-5-5 韩城司马迁祠寝殿实景图（图片来源：自摄）

心间、补间四铺作外插昂，昂下刻作华头子；内檐出单抄，耍头后尾起挑斡向上交于平槫下，具有宋《营造法式》的做法特征；又于令栱左右出琴面昂，属于一种地方手法。

二、留坝留侯祠（张良庙）

1. 概况

张良，字子房，汉代城父（今河南郏县）人，生年不详，卒于公元前186年。张良辅佐刘邦建立西汉，曾封为"留城侯"，其祠庙故名"留侯祠"，俗称"张良庙"。祠庙坐落于秦岭南坡的紫柏山麓，南距汉中101公里，北邻凤州76公里，距汉中留坝县城17公里处的庙台子街上。㉛紫柏山为汉水支流褒河的发源地之一，张良庙在褒河支流两条溪涧交汇处，周围群山环抱，松柏密布，现为道教主流全真派十方丛林，成为陕南道教的重要圣地（图5-5-6）。

张良庙始建于西汉，始建年无考。有说汉高祖修留侯庙；又有说东汉末年（约公元210年）张良的十代孙，汉中王张鲁为祀其先祖修建了"汉张留侯祠"。㉜隋、唐、宋、明均曾重建、扩建。庙毁于明末战乱，经清康熙二十二年（1683年）重建及道光年间扩建，遂成今日所见的面貌。㉝留侯祠占地1.42公顷，六进院落曲折相连，156间楼殿亭舍鳞次栉比，摩崖题字50余块，碑刻匾额100余面。㉞2006年公布为第六批国家重点文物保护单位。

2. 总体布局

留侯祠背靠秦岭山脉的柴关岭，而紫柏山又是柴关岭的主峰，层峦叠嶂。另外，经庙西南流往东北的和庙北由西向东流的两股清流在庙东北处交汇，有如两条游龙，环庙东、南、北，而西方是紫柏山主峰的余脉，恰似一只卧虎，整个建筑群可谓是"依山就势，自然天成"，变集中为分散㉟（图5-5-7）。张良庙既有宗教活动功能，又有祭祀功能。建筑总体布局将两种功能巧妙结合，由两条既相独立又相连接的轴线，将两组建筑连接在一起。照壁、大门、进履桥、保安观、灵官殿、三清殿，组成南北向轴线，严谨对称布置道教建筑；二山

图5-5-6 留坝留侯祠实景图（图片来源：自摄）

门、张良拜殿、大殿，形成东西向轴线，依山势安排祭祀建筑（图5-5-8）。㊱

3. 单体建筑

张良庙建筑，为一式青砖、灰陶小瓦，小式大木结构；规模大者三间，小者一间；硬山顶居多，歇山收山大，近于一间，形制简朴。唯屋顶镂空花脊、柱间木雕花板、檐枋彩画，题材多为道教神话典故，鱼禽鸟兽、二龙戏珠、双凤朝阳、仙鹤翔云、野鹿摘菩提果、山虎栖卧梧桐……光怪斑斓，饶有意趣，表现出陕南地方风格和道教建筑特色。

三清殿：面阔三间，共12米。进深九檩六椽，共13米，前出抱厦，单檐歇山顶。和三清殿两头搭接相连的是居东的三官殿与居西的三法殿。面阔各三间，单檐悬山建筑与三清殿排成一字形（图5-5-9～图5-5-11）。

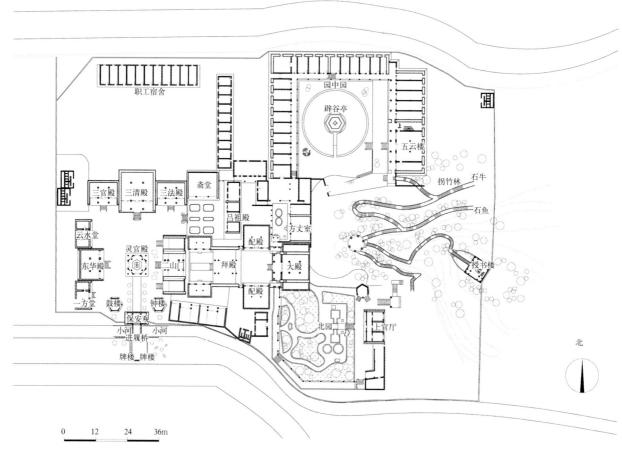

图5-5-7 留坝留侯祠总平面图（图片来源：自绘）

图5-5-8 留坝留侯祠院落纵剖面图（图片来源：自绘）

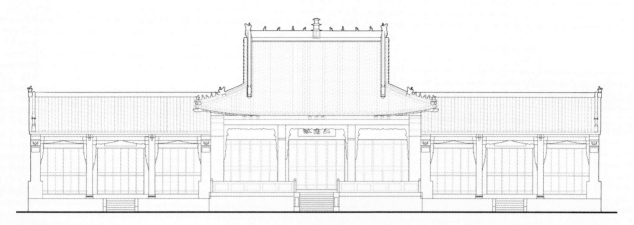

图5-5-9 留坝留侯祠三大殿立面图（图片来源：自绘）

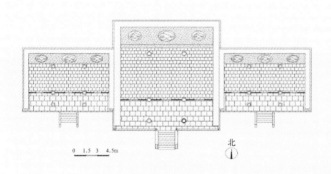

图5-5-10 留坝留侯祠三大殿平面图（图片来源：自绘）

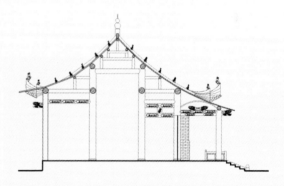

图5-5-11 留坝留侯祠三大殿剖面图（图片来源：自绘）

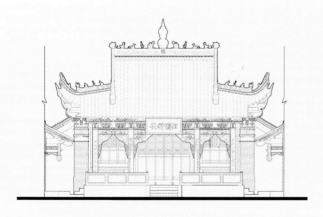

图5-5-12 留坝留侯祠大殿立面图（图片来源：自绘）

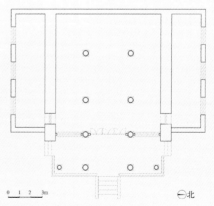

图5-5-13 留坝留侯祠大殿平面图（图片来源：自绘）

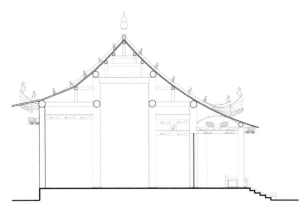

图5-5-14　留坝留侯祠大殿剖面图（图片来源：自绘）

大殿：面阔三间，进深九檩六椽，前出抱厦，单檐歇山顶，规格略小于三清殿（图5-5-12~图5-5-14）。

东华殿：悬山建筑，前出抱厦，其两头跨厢房各三间。南头名曰"云水堂"，北头名曰"十方堂"，西边厢房是张良殿的大门，正门三间两头各跨耳房一间。介于灵官殿和保安观之间轴线两侧的是钟、鼓楼，钟楼在西，鼓楼居东[37]（图5-5-15、图5-5-16）。

(a)

(b)

(c)

三、勉县武侯祠

1. 概况

三国时，诸葛亮辅佐刘备建立蜀汉，生前官至丞相，封"武乡侯"，死后谥"忠武侯"。据《三国志》载："（蜀汉）景耀六年（公元263年）春，诏为亮立庙于沔阳（今勉县）"。祠庙坐南向北，背靠汉江，面向中原，取意于诸葛亮"北定中原、收复汉室"的遗志。据史料记载：蜀汉景耀六年（公元263年）春，后主刘禅"诏为亮立庙于沔阳（今勉县）"，祠庙初建于定军山下的武侯墓附近。当时祠建于定军山下，北魏时已"崩褫难识"，唐代重修。明正德八年（1513年）都御使蓝璋认为，定军山下的武侯祠离城较远，且与勉县老城分距汉江南北两岸，有汉水阻隔，前往祭祀很不方便，遂重立新庙于沔城（勉县旧城）东，距武侯墓5公里，即为今庙。我国许多地方都建有纪念诸葛亮的武侯祠，而勉县武侯祠收藏有唐贞元十一年（公元795年）的"武侯新庙碑"，因此被证明是我国最早的武侯祠。[38] 2013年公布为国家重点文物保护单位（图5-5-17）。

图5-5-15 留坝留侯祠内部实景图
(a) 三大殿（图片来源：自摄）；(b) 拜殿（图片来源：自摄）；(c) 大殿（图片来源：自摄）；(d) 灵官殿（图片来源：自摄）；(e) 阅书楼（图片来源：自摄）；(f) 寺庙园林（图片来源：自摄）；(g) 园林草亭（图片来源：自摄）

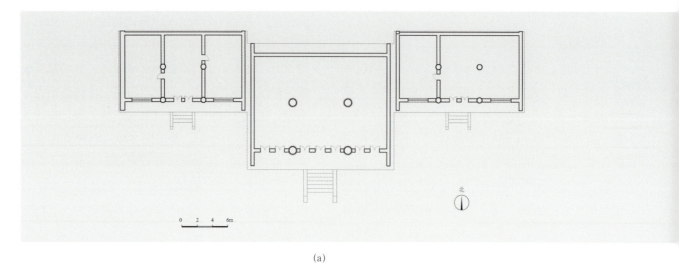

图5-5-16 留坝留侯祠东华殿
(a) 平面图（图片来源：自绘）；(b) 立面图（图片来源：自绘）

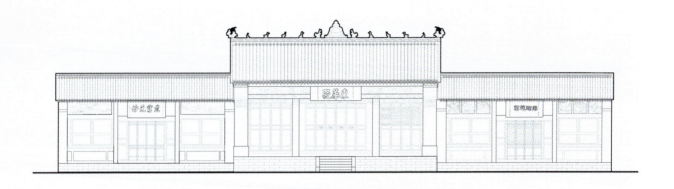

(b)

图5-5-16 留坝留侯祠东华殿（续）

图5-5-17 勉县武侯祠实景图
(a) 牌坊1（图片来源：自摄）；(b) 牌坊2（图片来源：自摄）；(c) 乐楼（图片来源：自摄）；(d) 西辕门（图片来源：自摄）；(e) 鼓楼（图片来源：自摄）；(f) 过殿（图片来源：自摄）；(g) 崇圣祠（图片来源：自摄）；(h) 过门（图片来源：自摄）

2. 总体布局

勉县武侯祠坐南向北，占地30余亩。建筑群南北轴线长200米，东西宽约120米，周筑垣墙，是汉中地区最大的古建筑群之一。[39]整座建筑群可分为前后两大部分，祠庙南北中轴线上按照"前庙后寝"，布置了祠庙主要的祭祀性殿宇，由19座单体建筑组成七进院落。祠内现存明清时期古建筑19座80余间（建筑面积约1785平方米）。主要有山门、乐楼、东西辕门、牌楼、琴楼、戟门、钟鼓楼、东西过门、东西厢房、东西配殿、拜殿、大殿和崇圣祠、琴台等建筑物[40]（图5-5-18）。

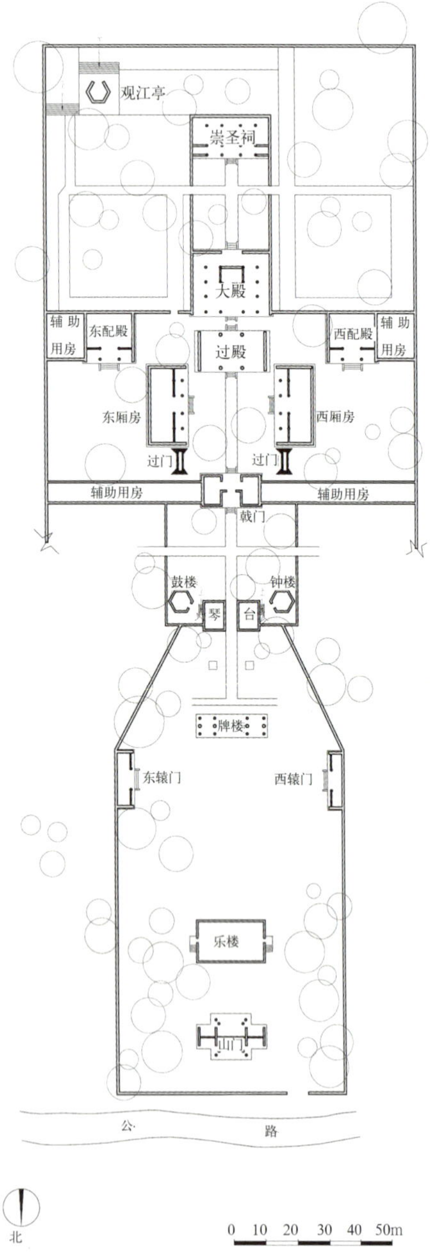

3. 单体建筑[41]

拜殿：又称献殿，是大殿前的附属建筑，厅堂三间，为卷棚式硬山建筑，为拜谒、祭祀诸葛亮的地方。面阔三间，四檩卷棚式硬山建筑。建筑总高6.58米，明间面阔4.7米，施平身科斗栱三攒，次间稍窄，面阔3.95米，施平身科斗栱三攒。檐柱高5.6米，圆柱，柱身收分不明显，柱下用平石作柱础。梁架为彻上露明造。正身部分梁架，用四架梁，梁下有随梁枋。上立两根脊瓜柱，并辅以角背（图5-5-19）。

大殿：单檐歇山顶，面阔五间。明间面阔4.08米，次间稍窄，面阔2.65米，梢间面阔2.46米，明间施平身科斗栱一攒，次间和梢间也各施平身科斗栱一攒。檐柱高4.70米，圆柱，柱身收分不明显，柱下用圆形石作柱础。梁架为抬梁式，彻上露明造。用九架梁，梁下有随梁枋，上立圆形瓜柱，并辅以角背（图5-5-20）。

崇圣祠（寝殿）：单檐悬山顶，总高6.79米，明间面阔3.70米，次间稍窄，面阔3.10米，梢间面阔2.85米，廊深1.62米。檐柱高3.21米，圆柱，柱身收分不明显，柱下用方形石作柱础。梁架结构为小式大木结构，梁架为彻上露明造（图5-5-21）。

图5-5-18　勉县武侯祠总平面图（图片来源：自绘）

图5-5-19　勉县武侯祠拜殿实景图（图片来源：自摄）

图5-5-20 勉县武侯祠大殿实景图（图片来源：自摄）

图5-5-21 勉县武侯祠崇圣祠实景图（图片来源：自摄）

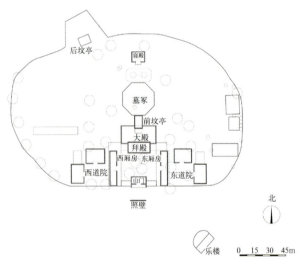

图5-5-22 勉县武侯墓总平面图（图片来源：自绘）

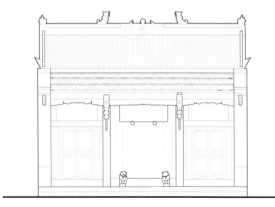

图5-5-23 勉县武侯墓二山门立面图（图片来源：自绘）

四、勉县武侯墓

1．概况

勉县武侯墓位于今陕西省勉县城南5公里处的定军山麓，北枕山梁，南缘汉江，墓区占地320亩（图5-5-22）。

建筑群坐西朝东（北偏东75度），三院并联，有40余间殿宇。占地320亩（21公顷），东西长约120米，南北宽约130米。自中轴线最东端的照壁开始，依次排列着山门、拜殿、大殿、坟亭、墓冢、崇圣祠，中院两侧分别为东西道院。1996年公布为国家重点文物保护单位。

2．总体布局

武侯墓选址注重环境，有天荡山隔汉江与定军山南北对峙，形成了武侯墓的朝山对景，景观意象较为明显。[42]其建筑总体布局按照其功能、祭祀流线的要求，同时为保持传统建筑群的基本布局方式，力求形成中轴对称布局。[43]武侯墓在规划布局上，以山环水抱的均衡格局"藏风聚气"，形成了相对封闭型的景观胜地；在营造墓葬与祭祀的气势之外，武侯墓还通过建筑群体的空间组织等手法来对环境地形进行补充，从而达到了"天人合一"的空间与环境效果，并充分反映了三国时期墓地环境理论的特征及与唐宋之后的区别。[44]

3．单体建筑[45]

山门（图5-5-23）：硬山式建筑，该建筑为抬梁式三架梁，通面阔三间9.2米，通进深为6.3米。前檐加单步梁带垂花柱，前檐梁下皆施有牛腿装饰，柱间施花板，柱上放平板枋，枋上施"如意斗栱"，但是这里所谓的如意斗栱的组成构件已经变成了薄木片，在造型上成蝴蝶状，装饰性很强，颇具特色。后檐下施有截面为曲面的遮檐板，并施彩画。中间两根中柱升高到脊檩下面，净高6.2米，檐柱高为3.6米，柱径均为0.43米，三架梁与中柱相交处不施斗栱，三架梁与随梁枋间以柁墩相联系，屋面筒瓦，镂雕行龙纹脊，雕刻精美（图5-5-24）。

大殿与拜殿（图5-5-25、图5-5-26）：大殿

图5-5-24　勉县武侯墓大山门实景图（图片来源：自摄）

与拜殿采用"勾连搭"的做法而紧密相连，大殿坐西朝东，是硬山"明三暗五"式建筑，通面阔五间20.5米，通进深为9.9米，该建筑为抬梁式五架梁，五架梁下施随梁枋，五架梁与三架梁之间以柁墩相联系，该建筑还采用了增檩的做法，在五架梁与三架梁之上左右各立有两根瓜柱，瓜柱两侧有角背，瓜柱上承檩，檩上直接承望板，这样使得攒架增加至八个。前后带抱头梁，在抱头梁下施穿插枋，在正脊为镂雕花脊，筒瓦勾滴，正面皆有槅扇门。柱与梁枋之上皆施彩画。

拜殿与山门相对，位于祠庙中院的西端。拜殿坐西朝东，是硬山卷棚顶建筑，三间殿，通面阔12.5米，通进深为4.5米。该建筑为抬梁式六架梁，六架五攒栿，屋架为彻上露明造，结构简洁明确。六架梁下施随梁栿，前后带单步梁，前檐带垂花柱，柱间施龙头雀替，梁头下施牛腿，饰以木栅栏，拜殿内施旋子彩画（图5-5-27、图5-5-28）。

坟亭（图5-5-29）：位于墓冢的前面，这是墓祠合一的祠庙中所特有的建筑类型。它起到一个标志的作用。在空间上起到一个承上转下的作用。一

图5-5-25　勉县武侯墓二山门实景图（图片来源：自摄）

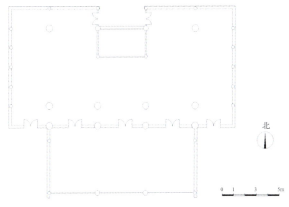

图5-5-26　勉县武侯墓拜殿、大殿平面图（图片来源：自绘）

图5-5-27 拜殿外观实景图（图片来源：自摄）

图5-5-28 拜殿檐下梁架构造与彩画细部图（图片来源：自摄）

图5-5-29 勉县武侯墓坟亭实景图（图片来源：自摄）

图5-5-30 勉县武侯墓崇圣祠（寝殿）实景图（图片来源：自摄）

般在坟亭当中会立有墓主的墓碑。坟亭与大殿的后檐相接，位于墓冢的东面。此亭是四角攒尖式亭子，边长为4.4米。该建筑为井字形梁架结构，四角起翘高峻，屋面筒瓦勾滴。

崇圣祠（寝殿）（图5-5-30）：位于中轴线的末端，面阔三间7.6米，进深为6.3米。柱间施有以凤与莲花为母题的骑马雀替，明间施隔扇门，次间施花槅窗，雕工精细。该建筑为抬梁式五架梁，前后带单步梁，抱头梁与穿插枋出头并作瓦当，是悬山式建筑，但屋顶却是由正脊、垂脊与戗脊组成，戗脊粗壮，坐兽无存。屋面为筒瓦勾滴，脊饰有游龙、象及马等。

五、白水仓颉庙

仓颉，传说为黄帝时史官，发明文字，是中国古代四圣（孔子孔圣、关羽关圣、苍颉苍圣、周公旦元圣）之一。其原籍在今白水县史官村。

仓颉庙位于白水县东北35公里处的黄龙山南麓史官乡，东汉延熹年间庙宇已初具规模，历代有维修和扩建。庙内尚存东汉延熹五年（公元162年）仓颉庙碑，说明至迟在东汉时期即已有此庙，现存建筑多为明清以后所建。白水仓颉庙是国内唯一仅存的纪念文字发明创造的庙宇。2001年被国务院批准为第五批全国重点文物保护单位，是全国同类遗迹中唯一的国保单位（图5-5-31）。

庙后有墓冢，墓冢周长50米左右，总面积17

庙。主体建筑（图5-5-32）有前殿、中殿、后殿、戏楼、钟鼓楼等。庙内保存石碑16通。其中"仓圣鸟迹书碑"、"孔子弟子题字碑"、东汉延熹五年（公元162年）的"仓颉庙碑"等都是金石学上较名贵的碑刻。庙门向南，门前有砖砌照壁一通。入庙门为第一进，门为过街楼式，五间三券洞，现仅存砖券台座，门楼已毁。紧贴庙门东西各有戏楼一座，高于庙门，均为硬山顶，称为东、西戏台。

现存的东台创建于清嘉庆二年（1797年），民国时重修。通面宽三间8.9米，通进深两间8.6米，台基高1.54米。两侧山墙前面向外倾斜，形成八字形墙。八字墙下面各饰以照壁，上面则高出屋面，其墀头和顶部雕刻均非常精致。西台创建于清咸丰元年（1856年）。脊梁上有题记："咸丰元年岁次辛亥桐月上浣十日卯时上梁大吉合社创建"。该戏台的形式和东台形似，通面宽三间8.22米，进深8.31米，台基高1.37米。梁架多用扁方木，结构富有逻辑性。前台两侧设有八字影壁。西台上下场门之上侧的两幅壁画的人物形象质朴憨厚，有较高的艺术价值。这种以高夹低的组合形式，在古建筑中颇为少见，也可能是两次修建所形成。㊻

庙门北为前殿，面阔五间，进深仅一间，无门窗。殿后为第二进院落，左右为钟、鼓楼。往北为中殿，面阔五间，进深三间，殿前有"报厅"及东西厢，再北为寝殿，是庙内保存较好、年代较早的建筑。殿阶较高，面阔五间，带前廊，两梢间为穿堂。前廊檐柱为石柱，"侧脚"、"生起"明显。斗栱用材并不大，做法合于法式规范，显得形制古朴。经穿堂通至后院，紧邻后殿为墓冢，围以八角墙垣（图5-5-33）。

六、城固韩氏祠堂

韩氏祠堂位于城固县原公镇西坝村西北300米处，始建于明代。清嘉庆年间进行了扩修，之后屡有修葺。韩氏祠堂整体气势宏伟，内部结构精妙，集雕、塑、铸、绘于一身，工艺讲究，装饰

图5-5-31　白水仓颉庙山门实景图（图片来源：自摄）

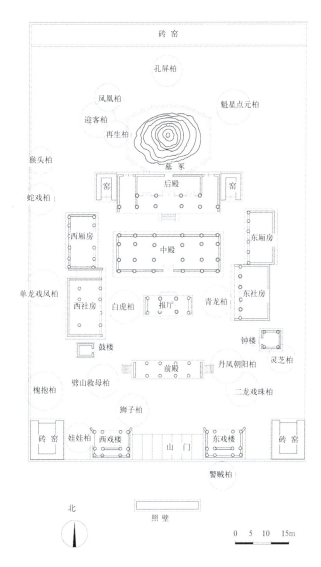

图5-5-32　白水仓颉庙总平面图（图片来源：自绘）

图5-5-33　白水仓颉庙实景图
(a) 前殿（图片来源：自摄）；(b) 中殿（图片来源：自摄）；(c) 后殿（图片来源：自摄）；(d) 庭院（图片来源：自摄）

华丽，堪称陕西民间建筑装饰艺术的典范。2011年公布为城固县人民政府重点文物保护单位（图5-3-34）。

建筑布局为坐北朝南的五进院落，总占地面积1170平方米。从南至北依次为照壁、大门、牌楼、中厅、献殿、过厅、大殿，各个空间功能明确，空间秩序、尊卑等级分明，在视觉和心理上则形成有序的空间序列（图5-3-35）。[47]

韩氏祠堂照壁坐落在韩巷南部，与山门相对，为双耳砖雕，高大雄伟。山门为硬山顶，据传为仿江苏无锡市衙式样建造，门槛下汉白玉质抱鼓石，图案纹样精美，雕刻刀法细腻，形象生动。

二进为牌楼，又称进士楼，重檐歇山顶，楼高三层，面阔三间，前檐牌匾楷书"奉直大夫"，牌匾四周雕刻文房四宝、如意等装饰图案，落款韩叙典、韩法、韩履宠爷孙三人。后檐牌匾楷书"进士"，西侧门楣下挂落，深浮雕"百官朝圣阁"，人物造型生动，栩栩如生。原前檐下曾竖写"诰封"匾额，左右明柱分别挂有"乡举孝廉"、"明经进士"匾，另有透雕云龙门牙等精美饰件，现在都已毁坏。该楼因是标榜政绩地位的纪念性建筑，故而建造得非常气魄，雕梁画栋，做工精细，七踩斗栱，飞檐翘角，构思奇妙，给人以平步青云之感。

三进中厅，硬山顶建筑，起过渡作用。四进献殿，悬山顶建筑，为周期性祭祀、族人议事用。五进大殿为明代所建（图5-5-36），面阔三间，进深一间，硬山瓦顶，供奉韩家历代先祖神位。其中，献殿与大殿之间，间隔较近，巧妙地用过桥的方法连接起来，形成过厅，设计精巧，别具匠心。

图5-5-34 城固韩氏祠堂实景图（图片来源：自摄）

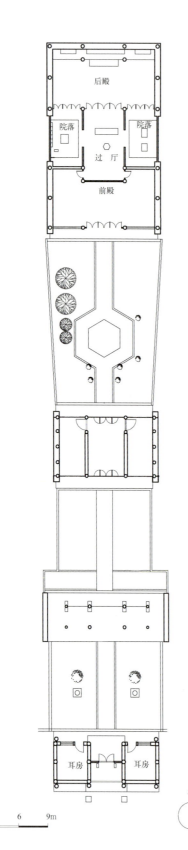

图5-5-35 城固韩家祠堂总平面图（图片来源：自绘）

图5-5-36 城固韩氏祠堂五进大殿实景图（图片来源：自摄）

第六节 其他祠庙

一、神木二郎山庙群

神木二郎山庙群位于榆林市神木县城西1公里处，窟野河与芹河交汇处的二郎山上。神木县志记载了些许关于二郎山的来源，二郎山初次发现是于明正统八年（1443年），山上部分建筑在嘉靖二十四年（1545年）时进行了重新修正。在诸神殿顶梁上有"大明嘉靖二十四年岁次乙卯五月十七日立"字样。现在为陕西省重点文物保护单位。

二郎山由山脚石窟地藏阁起，至北山顶山神庙为止，在前后相距1公里多的山脊上，依山就势，错落有致地建成集儒、道、释三教合一的各类建筑30余处，大小庙宇72座，其中13处是石窟洞庭，塑像320尊，碑文石刻40余块。这100余间（孔）建筑，殿、庙、亭、阁、窟疏密相间，错落有致，其规模颇为宏大，各具特色（图5-6-1）。

二郎山寺庙群由于山脊用地有限，不仅以院落为基本结构，还有很多单体建筑存在，大部分建筑随山势布局，没有明显的中轴线，随山势的变化形成多条与自然遥相呼应的轴线。从山底到山坡、崖壁一直到达山顶，运用大小、形式、种类各异的建筑，形成多样的院落和空间组织，同时在不同的寺庙院落中又有不同的神灵供奉于不同的视线方向。⑱

庙群主体建筑有八仙洞、地藏洞、浩然亭、二郎庙、关帝庙、诸神殿、祖师庙、玉皇阁、娘娘庙等，可分为砖石窑洞带廊檐和单檐硬山式两种类型（图5-6-2）。

庙、殿现存明清壁画18幅，多为工笔重彩，间有国画。还有明清及民国年间碑石60余通，明代及清嘉庆元年（1796年）摩崖题刻7方。其中，明代照壁，正面石刻"虎啸图"，背面石刻"九龙戏水图"，栩栩如生；明代石牌楼，造型古朴；地藏洞里的石窟藻井，雕刻细腻，均有较高的艺术及历史价值。

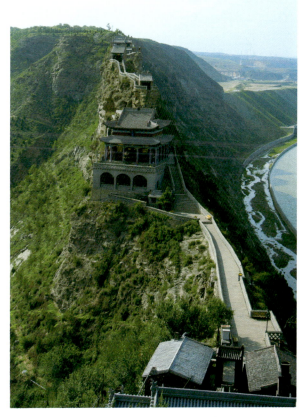

图5-6-1 二郎山庙群实景图（图片来源：张小郁摄）

图5-6-2 二郎山庙宇实景图（图片来源：自摄）

二、略阳江神庙

略阳江神庙位于汉中市略阳县环城西路嘉陵江边，又名"王爷庙"、"龙王庙"。不仅是过去汉中境内独一无二的船帮用以祭祀、聚会的会馆，也是长江流域保存最完整的具有"氐羌"文化建筑风格的古代戏院建筑群。现在为陕西省重点文物保护单位（图5-6-3）。

江神庙始建何时，尚无佐证。据清道光《略阳县志·艺文志》载："王爷庙岁己亥庚子间重加丹垩，金碧辉煌。"又据"重修文昌庙碑"记载，应为道光二十一年（1841年）重修。因此，最晚在明末清初就应有此建筑。新中国成立初，为县公安局驻地，1959年该局搬迁新址后，由居民占住。"文化大革命"中，戏楼翼角斜撑、戏楼台前兽类木雕等，毁坏严重。1992年公布为省级文物保护

图5-6-3 略阳江神庙实景图（图片来源：自摄）

单位。省文化局曾拨款进行抢救性保护。1997年市、县多方筹资，1998~1999年对该庙进行了较大规模维修。

江神庙坐东向西，东西进深约55米，南北面阔约22米，占地面积近2000平方米，建筑面积1210平方米。整体建筑平面布局利用地势高差，采用中国传统院落平面布局，分为上、中、下三进式院落，从西向东依次为戏楼、过厅、前殿、后殿，两侧廊庑，布局合理紧凑（图5-6-4、图5-6-5）。

庙宇建筑体现了"由外见墙不见木，由内见木不见墙"的建筑特色，注重彩绘和木雕板绘。

戏楼面阔三间，进深四间，底层为江神庙入口，二层戏台用木板隔开，栏板、檐枋雕刻精细，过厅前殿、后殿面阔五间，均为穿斗式木构架。过戏楼往东，为一庭院，两侧过厅共分两层，底层墙壁上展为略阳民歌、情歌，二层展有略阳民间人物故事传说，再往东拾级而上，过一小桥，即到江神殿前殿，前殿两侧各有两间小厢房，古时为船帮休息室，过前殿往东，拾级而上，则到了后殿，后殿与前殿之间，有一小小庭院，两侧各有两间厢房，后殿为书画展室（图5-6-6）。

江神庙建筑细部装饰着重于木雕板绘，极富地方性和民族特点，檐口使用博风板，遮盖檐口内部梁架结构。戏楼内装饰题材丰富，翼角斜撑木柱是一只金雕木虎，并和人物造型联成一体，栏板木雕有兽头图案画、氐羌人物和浮雕故事图像，兽头图案画多为熊、猪、猴之类动物，全庙共有近300余幅这样的图画（图5-6-7）。

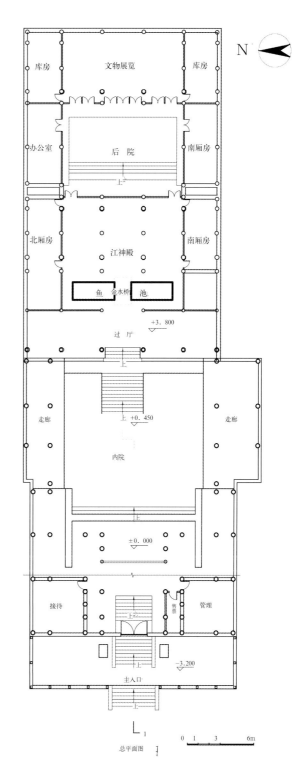

图5-6-4 略阳江神庙总平面图（图片来源：自绘）

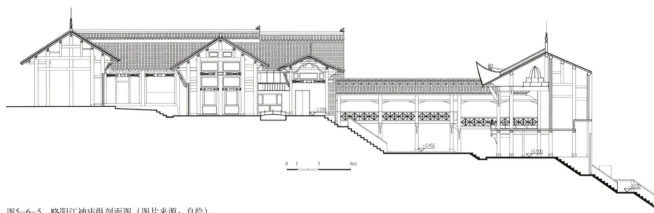

图5-6-5 略阳江神庙纵剖面图（图片来源：自绘）

图5-6-6 略阳江神庙内部实景图
(a) 戏楼（图片来源：自摄）；(b) 江神殿（图片来源：自摄）；(c) 江神殿（图片来源：自摄）

图5-6-7 略阳江神庙木雕(图片来源:自摄)

注释

① 赵新良.中华名祠:先祖崇拜的文化解读[M].沈阳:辽宁人民出版社,2013:4.

② 张传勇.明清陕西城隍考——堡寨与村镇城隍庙的建置[J].中国社会历史评论,2010(11):62-83.

③ 牛敬飞.五岳祭祀演变考论[D].北京:清华大学,2012:2.

④ 五岳是指:东岳泰山(位于山东泰安)、西岳华山(位于陕西华阴)、北岳恒山(位于山西大同)、中岳嵩山(位于河南登封)、南岳衡山(位于湖南衡阳)。

⑤ 刘宇生.西岳庙建筑文化初探[J].文博,2006(1):40-46.

⑥ 孙倩,丁勇,尹逸娴.长安城东岳庙调查研究[J].中外建筑,2011(10):46-49.

⑦ 陈聪.西安东岳庙保护[D].西安:西安建筑科技大学,2007:1-2.

⑧ 张驭寰.中国古建筑源流新探[M].天津:天津大学出版社,2010:103.

⑨ 刘宇生.明清西岳庙修缮记略[J].文博,2005(5):18-23.

⑩ 何修龄.华阴西岳庙的古代建筑[J].文物参考资料,1958(3):54-58.

⑪ 黄光琦,贺林.华阴西岳庙维修工程[J].文博,2005(4):30-31.

⑫ 赵立瀛.陕西古建筑[M].西安:陕西人民出版社,1992:234-235.

⑬ 刘世天,陶汝林.西安都城隍庙的历史沿革[J].中国道教,2013(6):28-30.

⑭ 刘征.西安城隍庙建筑研究[D].西安:西安建筑科技大学,2006:43-44.

⑮ 赵立瀛.陕西古建筑[M].西安:陕西人民出版社,1992:239.

⑯ 王少锐.韩城城隍庙建筑研究[D].西安:西安建筑科技大学,2003:53-61.

⑰ 刘二燕.陕西明、清文庙建筑研究[D].西安:西安建筑科技大学,2009:11.

⑱ 张晓旭.中国历史上有影响的孔庙[J].南方文物,2002(4):10-39.

⑲ 白海峰,李阳.西安府文庙空间布局浅探[J].文博,2011(4):54-57.

⑳ 白海峰,王如冰.西安府文庙的择址及其对周围环境的塑造[J].文博,2010(1):79-83.

㉑ 杜仙洲.西安府文庙[J].文物参考资料,1958(1):60-61.

㉒ 白海峰,王如冰.西安府文庙现存古建筑研究[J].碑林集刊,2011:334-357.

㉓ 咸阳市地方志编纂委员会.咸阳市志(二)[M].西安:三秦出版社,2001:475.

㉔ 张晓旭.中国历史上有影响的孔庙[J].南方文物,2002(4):10-39.

㉕ 师立德.府谷古城与古建筑研究[D].西安:西安建筑科技大学,2005:44.

㉖ 赵立瀛.高山仰止,构祠以祀——记陕西韩城司马迁祠的建筑[J].西安建筑科技大学学报(自然科学版),1982(4):12-34.

㉗ 赵立瀛.高山仰止,构祠以祀——记陕西韩城司马迁祠的建筑[J].西安建筑科技大学学报(自然科学版),1982(4):12-34.

㉘ 罗哲文,刘文渊,刘文英.中国名祠[M].天津:百花文艺出版社,2002:118-119.

㉙ 赵立瀛.高山仰止,构祠以祀——记陕西韩城司马迁祠的建筑[J].西安建筑科技大学学报(自然科学版),1982(4):12-34.

㉚ 赵立瀛.高山仰止,构祠以祀——记陕西韩城司马迁祠的建筑[J].西安建筑科技大学学报(自然科学版),1982(4):12-34.

㉛ 周旭.从张良庙的景观空间格局看陕西汉代园林文化[D].西安:西安建筑科技大学,2006:77.

㉜ 周旭.因借自然——陕西留坝县张良庙景观空间格局的实例分析研究[J].中国建筑装饰装修,2010(6):172-175.

㉝ 周旭.从张良庙的景观空间格局看陕西汉代园林文化[D].西安：西安建筑科技大学，2006（6）：66.

㉞ 傅燕，张勃.千层紫柏映仙踪——张良庙建筑人文内涵赏析[J].四川建筑科学研究，2007（2）：160-163.

㉟ 卢慧杰.张良庙园林建筑艺术[J].文博，2000（1）：67-70.

㊱ 傅燕，张勃.千层紫柏映仙踪——张良庙建筑人文内涵赏析[J].四川建筑科学研究，2007（2）：160-163.

㊲ 卢慧杰.张良庙园林建筑艺术[J].文博，2000（1）：67-70.

㊳ 张璐.勉县武侯祠建筑研究[D].西安：西安建筑科技大学，2004：32-33.

㊴ 张璐.勉县武侯祠建筑研究[D].西安：西安建筑科技大学，2004：1.

㊵ 张璐.勉县武侯祠建筑研究[D].西安：西安建筑科技大学，2004：64.

㊶ 张璐.勉县武侯祠建筑研究[D].西安：西安建筑科技大学，2004：76-79.

㊷ 孟祥武.勉县武侯墓建筑研究[D].西安：西安建筑科技大学，2004：29.

㊸ 孟祥武.勉县武侯墓建筑研究[D].西安：西安建筑科技大学，2004：83.

㊹ 孟祥武,叶明晖.基于景观营造角度的勉县武侯墓规划风水意匠浅析[J].西安：西部人居环境学刊，2013(4)：90-94.

㊺ 孟祥武.勉县武侯墓建筑研究[D].西安：西安建筑科技大学，2004：55-60

㊻ 薛林平.陕西明清戏场建筑研究[J].华中建筑，2008（12）：177-191.

㊼ 张鸽娟，杨豪中.古村落的保护更新与文化传承——以城固县原公镇韩家巷为例[J].安徽农业科学，2012（8）：4679-4684.

㊽ 王娟.陕西省神木县二郎山风景区规划设计研究[D].杨凌：西北农林科技大学，2013：20.

陕西古建筑

第六章 书院、考院与会馆

陕西书院、考院与会馆分布图

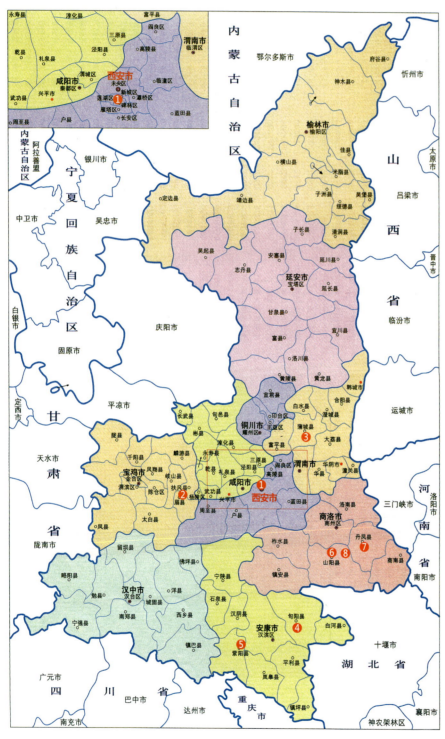

（地图引自：中华人民共和国民政部编.中华人民共和国行政区划简册2014.北京：中国地图出版社，2014.）

❶ 关中书院　　❸ 蒲城考场　　❺ 紫阳北五省会馆　　❼ 丹凤船帮会馆
❷ 眉县横渠书院　❹ 旬阳黄州会馆　❻ 山阳骡帮会馆　　❽ 山阳禹王宫

第一节 概述

书院、考院与会馆虽然皆为中国传统建筑的独立类型，有着非常多的差异，但是都与中国传统的科举制度有着一定的关系。科举制度萌芽于南北朝，创始于隋，确立于唐，完备于宋，延续至元、明、清，前后经历了1300年之久。①三类建筑都随着科举制度的发展演变而不断演进，尤其是书院建筑与考院建筑之间的关系则更加紧密。如明清陕西贡院的选址与书院的选址就需要重点关注。明清陕西贡院却设在与南北院门官署区较近的西门内，远离城东南文教区。对此，有专家解释说文教区如果和考试区长期在一起，当地的考生很容易与周边的衙役等勾结来舞弊，远离文教区就是为了防止舞弊，同时也方便主管官员考试时的监临和供给。清末科举废除后，陕西地方政府改革传统的教育形式，变传统书院为新式学堂，并逐步开设各级各类新型的教育机构，近代地方学校教育体系逐渐建立起来。而新式学堂一般都依托过去的书院或考院设办。②会馆出现于明朝永乐年间，而会馆出现的主要诱因是，明政府决定将三年一次举行的科举考试地点，由南京迁往新都北京。《明太宗实录》载：永乐十三年二月，"行在礼部会试天下举人，奏请考试官。上命翰林院修撰梁潜、王洪考试，赐宴于礼部。"当年，各省举子赴京赶考的人数多达五六千人，来京赶考人员及随行人员近万人。考试结束后，还有部分没有折桂，而归途遥远的人，继续寄宿京城。鉴于这种需要，各地在京为官的人，便邀请同乡的士绅商人集资、购地、修建会馆，为同乡举子来京应试能有方便的食宿。这便是科举会馆出现的原因。③

一、书院、考院

书院是中国古代与官学并存的独特文化教育机构。它萌发于唐末五代，发展于两宋，辉煌于明代，至清代达到鼎盛。书院以自由讲学、研究学问、传授知识为目的，兼具陶冶情操、修养身心、培养品德为宗旨，在中国古代教育史及文化史上占有重要地位。而书院建筑因其优美的环境、悠久的历史、精致的布局、飘逸的书法、雅致的楹联诗词而成为中国建筑文化的一张名片。④

书院名称始见于唐开元六年（公元718年）设立的丽正修书院，开元十三年（725年）改名为集贤殿书院。彼时，它是唐代朝廷设立的从事著述、修撰、校理、刊正、校勘的中央机构，掌校勘经籍、征集遗书、辨明典章，备顾问应对。因此，唐代的书院与其后面的私学书院在功能之上存在较大的差异。⑤宋代伴随儒学兴盛，加之官方鼓励，书院得到很大发展。陕西省书院也是萌芽于唐代。位于陕西延安府城东南的嘉岭书院（建成时间约在1039～1043年之间）就是范仲淹在延安为官时所建。北宋关学大儒张载也在西安、武功等地讲学。明弘治九年（1496年）重建于西安府治西南的正学书院，就是当年张载倡导讲学之所，明弘治八年扩建更名的武功县南郭门外绿野书院也是张载曾经讲学之处。⑥

元代书院在统治者的扶助和支持下有了较大发展，书院分布较宋、金时期更为广泛。在全国十三个行省级行政区中，有书院分布的就有七个，陕西行省即是其中之一。陕西仅关中地区当时共建有书院九所：咸宁县鲁斋书院、长安县（今西安市长安区）正学书院、户县柳塘书院、临潼县（今临潼区）居善书院、高陵县渭上书院、眉县横渠书院、三原县学古书院、乾州紫阳书院、岐山县歧阳书院。⑦

明代陕西书院在元代基础上又有发展，先后有书院61所，但明初洪武至成化近100年间，由于统治者的抑制，陕西书院发展较为沉寂。成化后逐渐兴盛，明孝宗弘治年间（1488～1505年）、世宗嘉靖年间（1522～1566年）、穆宗隆庆年间（1567～1574年）最为兴盛。这一时期，陕西的书院数目及其规模都有了较大的增加和扩大。其教学内容除讲授经史之学外，还以阐明关学为己任，部分书院还实行了讲会制度，定期聚众讲学，阐明各家学术观点。其中影响最大的书院有"宏道书院"、

"关中书院"、"鲁斋书院"等。⑧

清代，特别是雍正、乾隆以后，由于朝廷重视，陕西书院继续有了较大发展。较之明代，增之甚多，书院几乎遍布全省，就连当时城内仅有27户人家的安塞县，也建有一所书院。据统计，陕西在清代共有书院218所，其中新建192所。⑨其中以关中、宏道、味经、崇实等书院最为著名。清代陕西书院大体上可分为四种类型，其一以讲求理学、阐明关学为主；其二以博习经史词章为主；其三以考课为主，是科举的准备场所；其四是清末出现的学习经史兼习自然科学和工商学科的书院。某些书院还兴办实业，逐步向近代学校过渡。

二、会馆

会馆是明清社会政治、经济、文化变迁的特定产物，它不仅是明清时期商品经济蓬勃发展的必然，亦与明清科举制度、人口流动相伴随。明清时期社会生产力的发展、交通的便捷为贩运商业的发展提供了广阔的天地，南来北往的商人推进了国内物资的流通，可是由地域文化而产生的不同语言、文化习俗又构成了商人们谋求发展的障碍，同籍商人的会馆由此有了内驱力，他们模仿官绅会馆并发扬光大之。其次，科举制度的发展助长了地方会馆的盛行，人们为谋求本地人为官数量的增多，不惜由官捐、商捐来建立会馆为本籍应试子弟提供尽量周全的服务，如闽中会馆甚至为试子提供考前辅导和考后打通关节的服务。⑩再者，陕西地区，尤其是陕南地区濒临川蜀地区，为历史上"湖广填四川"陕甘地区的重要区域。因此，在这里出现了很多的移民会馆，如黄州会馆以及禹王宫都是湖广的移民会馆。又由于各自所信仰的神不同，黄州会馆供祀的是"帝主"，而禹王宫供祀的是"大禹"。最后，陕西地区也存在一些因业缘组织而形成的会馆建筑，如骡帮会馆与船帮会馆。

古代书院、考院以及会馆在陕西尚存并不多，其中关中书院为古时陕甘书院之首；蒲城清代考院，为陕西省仅存的古代考场建筑。会馆建筑相对而言主要分布在陕南地区，如黄州会馆、北五省会馆以及骡帮会馆等展示了明清陕西地区的社会、经济与文化的基本风貌。

第二节 书院与考院

一、关中书院

1. 概况

关中书院位于现陕西省西安市城南门内书院门街，为西北四大书院之首，是明、清两代陕西的最高学府，虽历经400年风雨，仍比较完整地保留了空间院落形态及建筑单体的形制，是一座研究我国传统建筑文化不可多得的"活的书院"。1992年公布为陕西省重点文物保护单位。⑪

据《咸宁县志》记载，关中书院始建于明万历三十七年（1609年），盖因陕西著名学者冯从吾讲学的宝庆寺难以容纳，故将其东邻小悉园改建为书院。创建之初，书院坐北面南，延绥抚台涂宗俊捐建讲堂六间，并提名为"允执堂"。三年后，书院又修建"斯道中天阁"，专门祭祀孔子，由此形成了"前学后庙"的书院典型平面布局。明天启六年（1626年）书院遭毁。清康熙、乾隆时重修，至光绪初年，书院初具规模，光绪二十九年（1903年）改为陕西第一师范学堂，宣统元年（1909年）改为陕西师范大学堂。以后又改为陕西省第一师范学校。民国二十三年（1934年），重修关中书院斯道中天阁，并将第一师范改为陕西省立西安师范学校。现已经恢复关中书院的形制，校舍由单层变为双层，基本保持了原有风貌。

2. 总体布局

关中书院平面总体布局严格遵循儒家的礼制思想，采用中轴对称模式，通过轴线上大小不同的各个院落，明显区分出了尊卑、主次的关系。

书院中轴线上共有五重院落：牌坊大门外为第一重；大门至二门为第二重；二门至三门为第三重；

三门至允执堂为第四重；泽园为第五重。其中，前三重院落规模较小，成为整个空间高潮部分的前奏，起到明显的心理诱导作用。第三重院落为书院的核心部分，院落由左右学生斋舍外的长廊围合而成，平面进深约80米，庭院尺寸23米×38米，建筑均为单层，高约10米，空间尺度宜人，氛围宁静、悠远。第四重院落以允执堂为核心的讲学区是关中书院内最大、也是最重要的院落，院落平面尺寸28米×73米，远远望去，位于轴线尽端的允执堂给人以悠远、神圣的感觉。第五重院落为书院的祭祀区，位于书院的末端，院落由精一堂与两侧厢房围合而成，主要功能为祭祀书院先贤。泽园独立为院，满足了祭祀所要求的静穆、安祥的环境要求。这也成为其与书院内其他院落的最大区别[12]（图6-2-1）。

3. 建筑单体[13]

允执堂为关中书院的讲堂，是建筑群整体核心。"允执"出自《中庸》中的"允执厥中"一词，意为遵循儒家的中庸之道，并暗合"关中"的"中"。现存允执堂为1990年代初依照原貌翻建而成，其面阔五间，进深五开间，面积889平方米。建筑为一座硬山和一座卷棚顶勾连搭而成，前檐出一开间歇山抱厦，后檐出三开间歇山抱厦，呈"凸"字形平面。檐口轮廓线变化作幅度较大的处理，翼角的处理较其他建筑更为灵活，建筑风格矜持、庄重（图6-2-2）。

精一堂为关中书院祭殿，书院不可缺少的要素，用以供奉和纪念学派宗师和建院功臣，起"顾书院之建，必崇祀先贤，以正学统"功用。其与左右厢房单独成院，名曰"泽园"，位于书院中轴线的最末端。建筑为后院之中心，尺度高大、形制宏伟。其面阔五开间，南北长10.2米、东西宽17.8米，面积约182平方米，硬山顶。房屋内正中设道统神主，两侧为正学、理学名臣神主（图6-2-3）。

(a)

(b)

图6-2-1　关中书院醒钟亭实景图（图片来源：自摄）

图6-2-2 关中书院允执堂实景图(图片来源:自摄)

图6-2-3 关中书院祭殿实景图(图片来源:自摄)

图6-2-4 横渠书院实景图（图片来源：自摄）
(a) 入口大门；(b) 献殿

二、眉县横渠书院

1. 概况

横渠书院位于陕西省宝鸡市眉县城东23公里处的横渠镇。书院南靠太白山国家森林公园，北临佛教圣地法门寺，东与道教源地楼观台相连，西与名胜诸葛亮庙、钓鱼台、周公庙、金台观遥遥相望。1992年公布为陕西省重点文物保护单位。[14]

横渠书院又称张载祠，其前身为"崇寿院"。张载是北宋著名的哲学家、思想家、教育家，理学的奠基人之一，"关学"的创始人及领袖。其哲学思想对中国近千年的影响极为深远。张载在38岁中进士前一直研读和讲学于崇寿院，晚年辞官隐居在此兴馆设教。他死后，人们为了纪念这位"关学宗师"将崇寿院改为"横渠书院"。元代元贞元年（1295年）在书院的旧址上修建了张载祠，为后祠前书院式格局。[15]泰定四年（1327年）诏建横渠书院，文礼恺有记。明洪武十四年（1381年），眉令林思正修书院，万历三年（1575年）知县姚继先重修书院。清康熙二十三年（1684年），眉令陈石麟重修书院。康熙五十一年（1712年）、光绪十一年（1885年），曾两次重修书院。光绪三十二年（1905年），改书院为眉县第一高等小学堂。宣统元年（1909年），书院改为眉县第二高等小学堂。民国时改为中山街小学，中华人民共和国成立后，名称几变，直至1982年更名为"眉县实验小学"。现为张载纪念馆。[16]

2. 总体布局

横渠书院坐北向南，南北长82米，东西宽37.5米。建筑以轴线为中心对称排列。主要建筑有献殿、东西厢房、山门、后殿、学堂等。[17]建筑风格以宋式为主，兼有明清建筑特色。院内现存清康熙皇帝御匾"学达性天"、院印、族谱、明清版本《张子全书》和印版（木质印版等原物）等文物，以及北宋以来文人墨客留下的碑石50余块，大殿内立有塑像以及长达60米的巨幅壁画。[18]（图6-2-4）

3. 单体建筑

献殿为横渠书院主体建筑之一，坐北向南，东西长16.5米，南北宽7.5米。面阔五间，进深三间。柱径0.36米，柱高4.07米，台基高0.25米，廊柱径0.3米，高3.5米，廊深1.6米，砖包土坯墙，无斗栱。硬山屋顶，施用布板筒瓦，有勾头滴水，蔓草雕花脊，门窗已改造。[19]（图6-2-5）

三、蒲城考场

1. 概况

蒲城考场位于渭南市蒲城县城东槐院巷17号，

图6-2-5 横渠书院祭殿实景图（图片来源：自摄）

图6-2-6 蒲城考场实景图（图片来源：自摄）

是陕西省唯一一座保存完好的清代科举考试场馆。1992年公布为陕西省重点文物保护单位。[20]

考场始建于清光绪二十一年（1895年），光绪三十二年（1906年）废除科举，考院改为蒲城县高等小学，后改为东槐院小学，1999年东槐院小学迁出，遂恢复原貌（图6-2-6）。

2. 总体布局

蒲城考场坐北向南，结构严谨，主体为两进规整的四合院组成，占地约6200平方米。建筑临街大影壁两边各有一道辕门，门内两侧曾建有小型鼓楼、钟楼，今已不存。大门面阔三间，高约4米，两侧"八字"屏墙。屏墙上雕刻有"金鸡报晓"、"凤凰展翅"图案。大门与二门之间有一道可关启的木板影壁，大门以内为考场大院，中间为一条砖铺甬道，两边有对称的24间"号舍"。两侧为狭长庭院，甬道尽头为月亮门，月亮门上方，南北两面各有一砖刻匾额，南额书"腾蛟起凤"、北额书"紫电青霜"，其后为考官阅卷、面阔五间的"伦秀堂"。"伦秀堂"南两侧各有三间房屋，旧称"官厅"，在考试期间作为监考官的临时休息场所。旧时檐下3米处各设有一焚纸楼，作弊考生试卷都在此焚烧。向西是十间全形房屋，西头间内有一口井，称井房，是人们盥洗沐浴的场所，旧时称为"浴室院"。清时称蒲城县为同州府，一州设三县，各县应试的童生都要考前净身，一是作为对孔圣人的崇敬；二是监考官届时可详细查验所有学生的衣物，查验是否藏有夹带。堂后有东西厢房各五间，内室三间，厢房是考院工作人员平日居住之处；内室是省巡视人员来时接待居住之用。[21]

蒲城考场建筑均为青砖灰瓦、硬山顶，小式大木结构。建筑上石、木、砖雕十分精致，使整座建筑表现出一种庄重素雅的风格。

第三节 会馆

一、旬阳黄州会馆

1. 概况

黄州会馆位于安康市旬阳县蜀河古镇西后街，亦称护国宫。会馆具有浓郁的南方建筑特色，是陕南规模最大、工艺最精美的传统建筑之一。2003年公布为陕西省重点文物保护单位。

会馆为清代"黄帮"（黄州籍客商）所建，据现存光绪元年（1875年）碑记推断，其始建年代约为清代中期，其时仅正殿三间，道光二十七年（1847年）建拜殿，同治十二年（1873年）建乐楼和门楼，同年全部建筑竣工。

2. 总体布局

黄州会馆占地约2290平方米。黄州会馆的主体建筑均坐西北朝东南，乐楼、厅堂、正殿沿主轴线依次排开，而两侧则布置一些次要建筑。前区院落由三面建筑：厅堂（拜殿）、单侧厢房、乐楼和围墙围合而成。前区空间与这三座建筑共同属于会馆中的公共空间部分。整体建筑群中主体建筑部分保持中轴对称，而附属建筑部分则较为随意，这反映出符合宗法礼教的中轴对称的四合院组织形式仍然是会馆建筑的内在追求与理想模式，但具体到自然环境、社会文化、经济水平等多方面外在因素的限制与作用，则会因地制宜，产生一些变化。

会馆的第二进院落则是由正厅（拜殿）、正殿、两侧院墙或附属建筑围合而成。黄州会馆侧面宽3.5米，再加上前后建筑的屋檐出挑，使得院落上方更加狭小，整个院落形似一个狭长的天井。这种院落的处理方法显然是受到了湖北民居中小天井式院落的影响。第二进院落与正厅正殿属于会馆中的半公共空间。㉒（图6-3-1）

3. 建筑单体

门楼：为仿木结构三重檐牌楼，四柱五楼。门中两柱悬空，边柱外移做八字墙，正面为砖砌（雕）三间四柱五楼八字屏风牌楼式墙面，通面阔14米。主楼高近10米，庑殿式屋面，额枋为石雕。屋顶青灰筒板瓦覆盖。檐下为砖雕网形牌科斗栱，凤头昂。门口及门槛石作，门口两侧安抱鼓石。门首雕有"护国宫"三字，悬空柱上砖雕18字楹联，次间左刻"玉局"，右刻"金墉"。

乐楼：与门楼连为一体，形成门楼倒座形式。中柱、边柱及次楼均为砖面，模印有楷书"黄州馆"三字。次楼平板枋以上装饰近似于主楼，边楼为次楼边柱外斜出的屏风式楼，其平板枋以上装饰略同次楼，边墙顶端起单脊墀头，由于边楼造型手法的别具一格，避免了五楼同在一个平面而产生的单调呆板、平铺直叙的视觉缺陷㉓（图6-3-2）。乐楼通过门楼墙面、两边的卧龙状屏风墙及屋面的巧妙衔接，构成一座浑然整体的建筑。主楼面阔3间，长14.9米，深4.2米，分上中下三层，歇山式顶，其后背墙亦即门楼墙体的背面。一层为通廊；二层

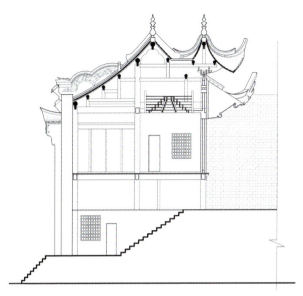

图6-3-1　旬阳黄州会馆纵剖面图（图片来源：自绘）

图6-3-2　旬阳黄州会馆门楼实景图（图片来源：自摄）

前面于高台之上立6柱，中间的4柱上部前伸4梁与前楼（戏台）的4柱连接，顶部沿边的枋下装饰木刻浮雕花鸟、卷草、麒麟、海马、博古图案带，形若倒挂楣子，以遮挡背面的梁枋。三楼明间即戏台后室，屋顶中梁（脊枋）中部画太极八卦图。前楼（戏台），面阔6.8米，进深4.2米，分两层，一层为悬空的内廊及至大门的15级踏步；二层为戏台（后室与主楼的三层相通）；外部正面在额枋正中嵌匾额，阳刻正书"鸣凤楼"，原作黑底金字，现有残缺。屋面为庑殿顶，戏台内中顶装八边八层藻井。[24]（图6-3-3）

门楼、乐楼的屋面结构繁复而精巧。乐楼的主楼为歇山顶，以博脊为界，其后坡无垂脊，而于左右两侧做平出的花脊，且与两山的卧龙状屏风墙中线相交，屏风墙顶中起一重镂空的脊棱；后檐正中门楼的庑殿顶，其两山又平出"万字"形脊；其前坡两垂脊伸至前楼庑殿顶的正面两翼角下，形成重檐[25]。（图6-3-4、图6-3-5）

拜殿：进入乐楼之后的院坝长约19米，院坝与

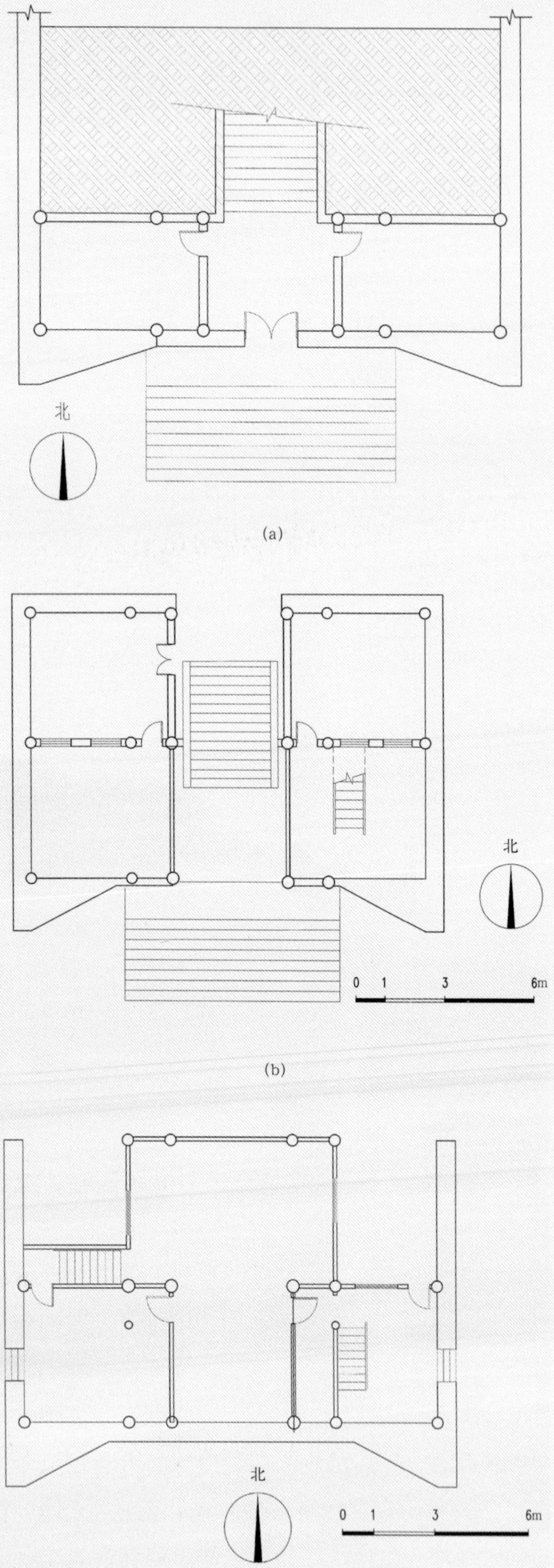

图6-3-3 旬阳黄州会馆戏楼各层平面图（图片来源：改绘）
(a) 首层平面图；(b) 二层平面图；(c) 三层平面图

图6-3-4 旬阳黄州会馆戏楼立面图（图片来源：自绘）

(a)

(b)

图6-3-5　旬阳黄州会馆戏楼实景图（图片来源：自摄）

(a)

(b)

图6-3-6　建筑细部实景图（图片来源：自摄）

拜殿之间高差5.4米，由两组石台阶连接，台阶总高1.90米，第一组台阶筑平台，置有栏杆。拜殿面阔三间，通面阔12.20米，通进深8.25米。前后檐装木格门，梁架明间抬梁式，次间贴山墙做穿斗式。屋顶为硬山，木椽上布小青瓦做坡屋面，山墙为砖墙，山墙墀头之上雕有龙头，龙爪牢锁山墙，遒劲有力，山墙化身为龙身，上刻有密集的龙鳞，龙身下有波浪纹。屋顶正脊两侧各有两个龙饰鸱尾，正脊上浮雕各式卷草纹样。墀头雕刻也十分细致，最上端雕有戏曲故事图案。㉖（图6-3-6）

正殿：与拜殿之间通过九级台阶相连，正殿平面呈长方形，面阔三间，通面阔12.24米，通进深8.95米，梁架结构与拜殿相同，屋顶为硬山，上铺小青瓦。㉗

二、紫阳北五省会馆

1. 概况

北五省会馆位于安康市紫阳县向阳镇，又称"山陕会馆"，是目前陕南保存比较完整的清代古建筑之一。建筑群总体结构保存完整，其石刻、木雕蕴涵深厚的历史文化和极高的艺术价值。2003年公布为陕西省重点文物保护单位。2013年公布为第七批国家重点文物保护单位。

北五省会馆最早由陕西、山西商人于乾隆年间修建。初期仅建有戏楼一座。道光年间对戏楼进行装修，并增加建设北面的观戏楼，直到道光二十七年（1847年）建成。同治年间，相继又修建了钟楼、鼓楼、过殿、正殿等建筑，形成了今日的规

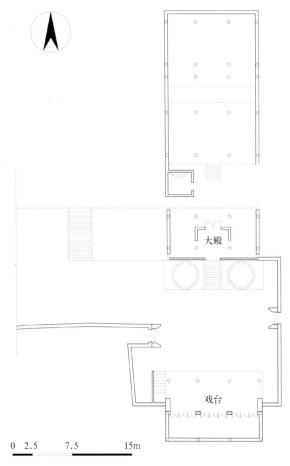

图6-3-7 紫阳北五省会馆总平面图（图片来源：改绘）

模。扩建出资以陕、晋、豫、楚、鲁等商号较多，因此，之后称为"北五省会馆"。㉘

2. 总体布局

北五省会馆建在瓦房店任河与渚河交汇处的山嘴之上。建筑群平面呈长方形，东西宽20米，南北深66米，占地面积约有1300平方米，沿南北中轴线依次建有山门（戏楼）、观戏楼、钟鼓楼、过殿、正殿，形成三进封闭院落。所有建筑均为砖木结构（图6-3-7）。

3. 建筑单体

山门、戏楼为一体式的两层建筑物，面阔三间。一层"明空次实"，明间形成进入会馆通道；二层倒座为戏楼，整体建筑为抬梁结构，三架抬梁，前硬山、后歇山顶。山门正面墙体中部镶砌三间砖雕装饰性门楼，工艺精纯，中部设拱门。

观戏楼与戏楼正对，建于3米高台之上，面阔三间，进深一间，三架梁硬山顶。明间稍窄于次间，中部用砖封堵，设有一门，有石狮分列左右。次间为观戏池。戏池前沿有石栏，中部石质乌头门，方形门柱顶端有圆雕石狮一对，柱正面阴刻楷书联"一双凤眼识破曹氏奸雄，两道蚕眉锁定汉室江山"。枋额浅浮雕二龙戏珠图案。两侧石栏与门相连，高1.15米，方形栏柱顶分别圆雕麒麟、大象、四不像等瑞兽。㉙八块石雕栏板，青石质，分别高浮雕团龙、八仙过海等图案（图6-3-8）。

正殿：面阔三间，五架梁结构，硬山屋顶。柱枋均以彩绘修饰，所有的木构装饰及门窗均为镂空的浮雕，内容多为三国故事和祥兽、瑞草等图案，造型优美而生动。殿内供有关公像。㉚

会馆所有建筑内部墙面均绘富彩壁画，壁画内容以三国、节孝故事为主要题材，现存110多平方米的9幅珍贵壁画，被文物专家评估为目前陕西境内发现的面积最大、保存最为完整的清代建筑壁画。壁画整体构图合理，工笔手法绘制而成，虽然篇幅不多，但故事情节、人物性格、心理及人物关系刻画栩栩如生。对研究商贸会馆文化、建筑史、清代民间绘画艺术、清末民俗文化、移民文化等方面具有重要的参考价值㉛（图6-3-9）。

三、山阳骡帮会馆

1. 概况

山阳骡帮会馆位于商洛市山阳县漫川关镇街道，俗称马王庙，是陕西省现存规模最大、保护价值较高的会馆建筑。1992年公布为陕西省重点文物保护单位，2013年公布为全国第七批重点文物保护单位。

会馆始建于清光绪七年（1880年），至光绪十二年（1885年）增修。会馆面临靳家河，地处湖北通往西北的水陆交通要冲，系当时鄂、陕、湘、晋、豫五省客商云集的物资集散地和水陆交易市场。

图6-3-8 紫阳北五省会馆观戏楼实景图（图片来源：自摄）

图6-3-9 紫阳北五省会馆壁画细部实景图（图片来源：自摄）

2. 总体布局

骡帮会馆坐东向西，由庙院与戏院两部分组成。前者为南、北并列两院，南为马王庙，北为关帝庙，中间以墙相隔，且留有通道（图6-3-10）。现存山门、戏楼、广场、大殿、南北厢房、献殿，按东西轴线依次形成三进院落。但戏楼与前殿之间已改为3330平方米的城市广场。马王庙大殿、献殿与厢房组成四合院，院中四面台阶均用大青石条磨光对缝砌筑，天井中用石子拼砌团花图案。骡帮会馆各院落皆设天井，属典型南方"四水归明堂式"，但其修筑者却多为陕北、晋北人、关中一带的驮队和陕西、山西商人，因此，形成融清代南北建筑风格于一体的建筑群。[32]

3. 单体建筑

大殿与献殿：面阔三间，宽11米，进深两间，廊深2.75米，柱高10米，直径0.35米。屋顶结构为

图6-3-10 马王庙、关帝庙大殿实景图（图片来源：自摄）

十一架梁，屋面为五脊硬山灰瓦顶，马头墙。殿前横额枋深雕双龙戏珠、双凤朝阳纹，横额枋与平板桥之间饰万字花格，柱头饰花纹。屋内梁与驼峰、柱头均浮雕花卉、瑞兽、戏剧人物故事。大殿前装石门坎并浅雕花纹饰，门窗槅扇均通饰各种花格，更显得富丽堂皇（图6-3-11~图6-3-14）。

戏楼：位于中轴线西端，为南、北并列两座，其中北楼较大、南楼略小。二者面向庙院，楼前为空旷场地。南、北戏楼连为一体，仅以墙相隔，故又称双戏楼。[33] 北侧关帝庙戏楼，面阔三间，进深两间，两层建筑面积300平方米。南侧马王庙戏楼，面阔三间，进深两间，两层建筑面积256平方米。建筑室内分上、下两层，木楼板，上层板壁隔断分隔。戏楼结构严谨精巧，梁柱、额枋上遍饰木雕。藻井呈穹隆状。两座戏楼均为歇山式屋顶，灰陶筒板瓦屋面（图6-3-15）。

四、丹凤船帮会馆

1. 概况

船帮会馆位于商洛市丹凤县城西街，又名明王宫、平浪宫，俗称"花庙"。1992年公布为陕西省重点文物保护单位。

船帮会馆由丹江水运船户集资修建，始建于清代嘉庆二十年（1815年），咸丰九年（1859年）、同治十一年（1872年）曾多次修葺，1976、1988年进行了维修并彩绘，是当地民众举行集会和活动的重

图6-3-11 马王庙大殿雕刻细节（图片来源：自摄）

(a)

图6-3-13 马王庙厢房（图片来源：自摄）

(b)

(a)

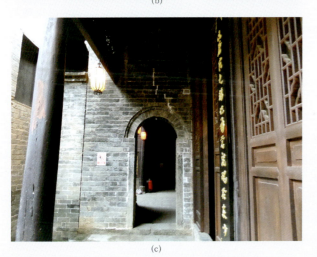

(c)

图6-3-12 马王庙献殿（图片来源：自摄）

(b)

图6-3-14 马王庙天井（图片来源：自摄）

图6-3-15　骡帮会馆双戏楼

要场所。㉞

２．总体布局

会馆建筑群占地约5460平方米，规划布局强调建筑中轴对称，其中轴线长约125m。㉟整组建筑兼有北方雄伟粗犷，又有南方俊丽清秀的建筑风格，是陕南典型会馆建筑之一。会馆内建筑原有上殿、东西厢房和乐楼等共20多间，其中以乐楼最为著名（图6-3-16）。

３．单体建筑

门楼与乐楼：入口为砖砌三间五楼式牌坊门楼，额刻"明王宫"。门楼梁枋匾额遍施砖雕，图案异常繁巧绮丽。门楼背面为木结构戏楼。乐楼南面濒临丹江，为船家供奉明王祈求行船平安之处。乐楼北面为戏台，两侧有楼，可供戏班换装等用（图6-3-17，图6-3-18），建筑面积达264平方米，砖木结构，通面阔五门（长24米），进深三间（长11米），戏台口8米，戏楼高15米。戏楼平面呈凸字形，明间是戏楼主体（戏台），重檐歇山顶，有八卦藻井。戏台正面饰如意斗栱，斗栱中央上方悬"秦镜楼"竖匾一方。斗栱之上重重飞檐，角角翘翼，脊为透空花脊。斗栱下方书有"和声鸣盛"四字，其四周为十数幅精致木雕图，镂空木雕精美、考究，多为历史人物故事。戏楼东西两侧墙体，高达16米，两条石雕彩龙雄踞其上，有腾浪欲飞之势㊱（图6-3-19～图6-3-21）。乐楼屋脊、墙头满布装饰图案。梁柱、门窗雕工精致。其主题涉及高山河谷、野渡江帆、亭台楼阁、车马仪仗、鸟兽虫鱼、树木花草，并尤以人物雕刻而闻名，因此当地人们称之为"花戏楼"㊲（图6-3-22）。

大殿：坐北面南，建在高约12米、长约13米、宽约11米的月台上，建筑面积达143平方米。面阔三间，进深两间，前檐带廊，平面似正方形，砖木结构，硬山顶建筑，房屋上部卷棚顶。左右两根廊柱上各有一个木雕狮子。在廊柱与廊柱额枋上雕有二龙戏珠、人物花鸟等木雕。整座殿堂前檐装饰悬字图案、人物故事，均为彩色绘画。㊳

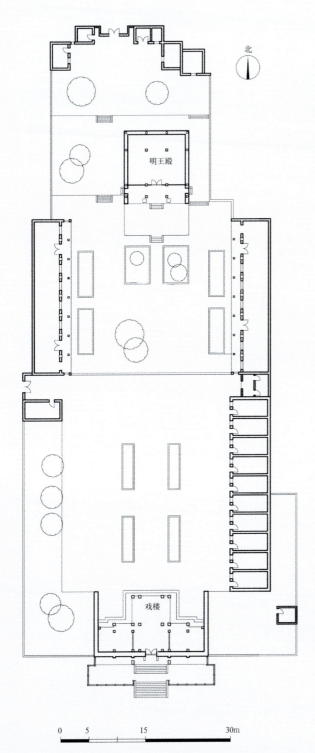

图6-3-16 丹凤船帮会馆总平面图（图片来源：自绘）

图6-3-17 丹凤船帮会馆入口实景图（图片来源：自摄）

图6-3-18 丹凤船帮会馆戏楼实景图（图片来源：自摄）

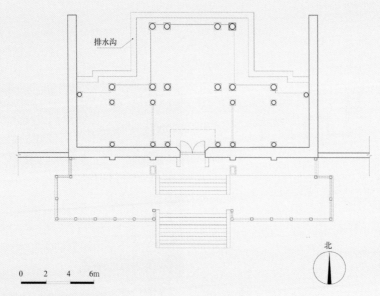

图6-3-19 戏楼平面图（图片来源：自绘）

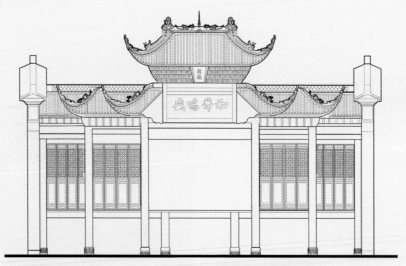

图6-3-20 戏楼立面图（图片来源：自绘）

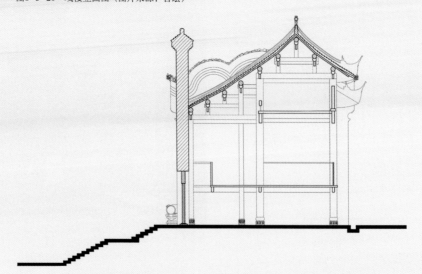

图6-3-21 戏楼剖面图（图片来源：自绘）

图6-3-22 乐楼雕刻细部实景图（图片来源：自摄）

五、山阳禹王宫

1. 概况

禹王宫位于商洛市山阳县城东关，又名湖广会馆。1981年公布为山阳县重点文物保护单位，2003年公布为陕西省重点文物保护单位。

据《建修湖广会馆引》载：明末清初，山阳由于屡遭战乱，人口大减，到清乾隆年间，政府积极推行移民政策，各省移民纷纷来山阳定居谋生，而湖广之人更多，遂于清乾隆五十七年（1792年）修建湖广会馆。因正殿主神塑大禹像，所以后湖广会馆取名禹王宫。

2. 总体布局

禹王宫总建筑面积3000平方米，规模宏伟。其布局沿纵轴线，依次为牌楼门、戏楼、广场、前殿、后殿，前后大殿东西两侧各有两排六间偏殿。

3. 建筑单体

禹王宫建筑为砖砌墙面，屋面均为五脊硬山。檐山生起，瓦当顶纵，檐下由93个鸟拱构成，挑柱之间有麒麟鹏鸟衔接，风格独特。屋面采用虎头兽瓦，脊上雕饰有飞龙戏凤、珍禽异兽、名花异卉等图案。檐下斗栱层层叠出，挑柱间的撑拱均属镂空木雕。梁枋的主要部位均饰木雕，雕刻手法洗练精妙，生动流畅。石柱础造型各异，石雕图案丰富多彩，雕刻手法洗练精妙，生动流畅。主殿宽敞，四周饰以人物故事等壁画，栩栩如生，具有很高的艺术价值[39]（图6-3-23）。

图6-3-23　山阳禹王宫实景图
（图片来源：自摄）

注释

① 张希清.科举制度的定义与起源申论[J]. 河南大学学报（社会科学版），2007（5）：99-106.

② 田建荣.陕西贡院的历史变迁与价值[J]. 长安大学学报（社会科学版），2014（3）：1-6.

③ 袁静.旬阳蜀河镇会馆建筑及其民俗曲艺文化的研究与保护[D].西安建筑科技大学 2007：17

④ 苏鹏.中国古代书院发展之解析[J].渭南师范学院学报，2013（3）：132-135.

⑤ 吴晓明.唐代的书院制度[J].上海师范大学学报（哲学社会科学版），1985（3）：141-142.

⑥ 苏鹏.中国古代书院发展之解析[J].渭南师范学院学报，2013（3）：132-135.

⑦ 杨远征.陕西古代书院研究[D]. 西安：陕西师范大学，2005：12.

⑧ 杨远征.陕西古代书院研究[D]. 西安：陕西师范大学，2005：15.

⑨ 刘晓喆.清代陕西书院研究[D]. 西安：西北大学，2008：1.

⑩ 王日根.明清时代会馆的演进[J].历史研究，1994（4）：47-62.

⑪ 陕西省文物局.陕西省重点文物保护单位名单[EB/OL]，西安：2006-09-13.http://www.wenwu.gov.cn/contents/230/ 4488．Html．

⑫ 吕凯.关中书院建筑文化与空间形态研究[D].西安：西安建筑科技大学，2009：34-40.

⑬ 吕凯.关中书院建筑文化与空间形态研究[D]. 西安：西安建筑科技大学，2009：46-48.

⑭ 陕西省文物局.陕西省重点文物保护单位名单（共415处）（中）[EB/OL]，2006-09-13.http://www.wenwu.gov.cn/contents/ 230 /4488.html．

⑮ 张世敏.张载祠、横渠书院、张载墓的修复与开发[J].陕西史志，2001（5）：58-60.

⑯ 杨志春.眉县志[M]. 西安：陕西人民出版社，2000.

⑰ 王建章，朱宗柱，冯伯瑜，范希忠.宝鸡市志[M]. 西安：三秦出版社，1998：1929.

⑱ 张世敏.张载祠、横渠书院、张载墓的修复与开发[J].陕西史志，2001（5）：58-60.

⑲ 王建章，朱宗柱，冯伯瑜，范希忠.宝鸡市志[M]. 西安：三秦出版社，1998：1929.

⑳ 陕西省文物局.陕西省重点文物保护单位名单（共

㉠ 415处）（下）[EB/OL]，2006-09-13.http://www.wenwu.gov.cn/contents/230/4489.html.

㉑ 曹芸.保护、传承、发展——对陕西蒲城县地域建筑文化的研究[D].西安：建筑科技大学，2009．

㉒ 袁静.旬阳蜀河镇会馆建筑及其民俗曲艺文化的研究与保护[D].西安：西安建筑科技大学，2007：27．

㉓ 袁静.旬阳蜀河镇会馆建筑及其民俗曲艺文化的研究与保护[D].西安：西安建筑科技大学，2007：32-33．

㉔ 浅释旬阳黄州会馆古建筑特征[J/OL]．http://www.docin.com/p-350407078.html.

㉕ 浅释旬阳黄州会馆古建筑特征[J/OL]．http://www.docin.com/p-350407078.html.

㉖ 詹洁.明清"湖广填四川"移民通道上的湖广会馆建筑研究[D].武汉：华中科技大学，2013：95-96．

㉗ 詹洁.明清"湖广填四川"移民通道上的湖广会馆建筑研究[D].武汉：华中科技大学，2013：95．

㉘ 刘美江.地域文化事业下安康民居的建筑特征[D].西安：西安建筑科技大学，2010：33．

㉙ 胡毅.细数瓦房店的珍贵遗存[N]．西安晚报，2013-06-17.

㉚ 梁晓泉.浅析滋养北五省会馆正殿壁画武将造型[D].西安：西安美术学院，2014：5．

㉛ 马琳燕，马涛.陕西紫阳北五省会馆壁画保护修复项目[N].中国文物报，2015-01-02（005）．

㉜ 苏小博.试分析陕西山阳县漫川骡帮会馆的地域特征和文化价值[J].建筑艺术，2014（6）：160．

㉝ 苏小博.试分析陕西山阳县漫川骡帮会馆的地域特征和文化价值[J].建筑艺术，2014（6）：160．

㉞ 赵静.船帮会馆的现状与发展[J].文博，2006（1）：64-67．

㉟ 赵静.船帮会馆的现状与发展[J].文博，2006（1）：64-67．

㊱ 赵静.船帮会馆的现状与发展[J].文博，2006（1）：64-67．

㊲ 郭宏涛．民间古建筑经典之作——陕西丹凤船帮会馆[J].影像材料，2005（1）：40-41．

㊳ 赵静.船帮会馆的现状与发展[J].文博，2006（1）：64．

㊴ 山阳县政协，山阳县旅游开发协调领导小组办公室.山阳政协文史资料（第十三辑）[M]，1989：155-156．

陕西古建筑

第七章 陵墓建筑

陕西陵墓建筑分布图

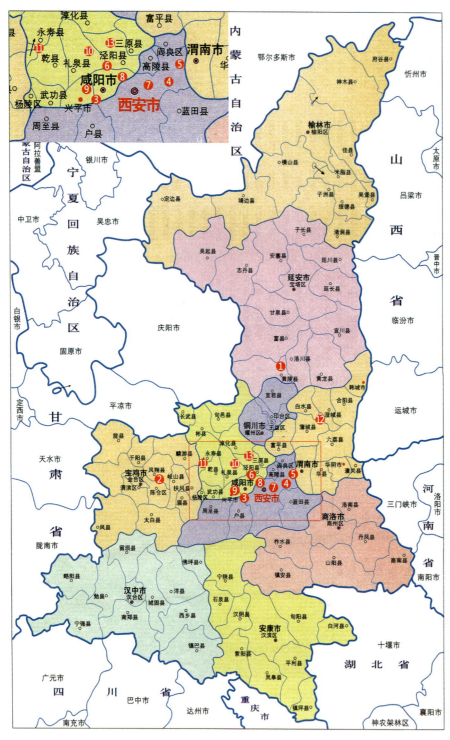

（地图引自：中华人民共和国民政部编.中华人民共和国行政区划简册2014.北京：中国地图出版社，2014.）

- ❶ 黄帝陵
- ❷ 雍城秦公陵园
- ❸ 咸阳秦陵
- ❹ 临潼秦东陵
- ❺ 秦始皇陵
- ❻ 长陵
- ❼ 霸陵
- ❽ 阳陵
- ❾ 茂陵
- ❿ 昭陵
- ⓫ 乾陵
- ⓬ 泰陵
- ⓭ 贞陵

第一节 概述

中华民族自古认为"万物有灵",死去的人"灵魂不灭",将在另外一个世界永存。加之"祖先崇拜"、"孔孟孝道"的重要影响,因此在漫长的历史进程之中,逐渐形成了一种专供安葬和祭祀悼念死者所使用的建筑类型——陵墓建筑,随之诞生了举世罕见的庞大古代帝王墓群,而这一组组占地广阔、规制严整、壮丽宏伟的建筑群,成为中国古代建筑的重要组成部分。并且逐步与绘画、书法、雕刻等艺术门派融为一体,成为反映多种人文艺术成就的综合体。①

历代封建统治者以大量人力物力,修建规模巨大的陵墓以及用来供奉、祭祀、朝拜的工程,即所谓"陵寝"。由于"事死如事生"观念的影响,所以"陵寝"格局与帝王生前所居的宫廷相似,也是按照当时的礼制需要而规划的。从战国时代开始建设"陵寝"起,至明清两代,陵寝的建设方式也随着供奉、祭祀、朝拜的礼制而不断变革。仅地上封土的形制就历经"不封不树"、地面"方上"、"因山为陵"到"宝城宝顶"的嬗变过程。②

从先秦到西汉,陵园中设有"寝",如同活人一般侍奉。有的还有游乐场所,如汉武帝茂陵设有白鹤馆、驰逐走马之馆与西园等。东汉开始每年举行"上陵"的朝拜祭祀仪式,于是扩大"寝"的建筑。魏晋南北朝时期,陵寝制度曾经一度衰落。到唐代又有进一步扩展,既设有举行"上陵"礼用的"上宫",又有供日常侍奉的"下宫"。到明代,取消日常侍奉,废除"下宫",而重视定期"上陵"礼制,扩大享殿建筑。从东汉至明清,陵园神道两旁陈列有石刻群,用来表示黄帝的威严,其中人像和动物像的品种历代也有许多的变化与发展。③

陕西是中国历史上封建社会建都时间最久的地方,也是中国帝王陵墓最为密集的地区之一。其数量之多、规模之大、规格之高、气势之盛、蕴涵之丰,堪称中国之最,被誉为中国陵墓博物馆。据统计,中国共有帝王陵墓386座,分布在10个省份,而陕西省就占了72座,大约是全国帝王陵墓总数的18.6%。其中,又以西汉帝王陵墓(11座)和唐代帝王陵墓(18座)最多。④

陕西帝王陵墓按照建造时间以及墓主身份可分为五类:①华夏始祖陵寝,如宝鸡炎帝陵、黄陵县黄帝陵、合阳帝喾陵等。②西周王陵、战国秦公陵等先秦王公陵墓。③统一封建王朝的皇帝陵,如秦始皇陵、西汉十一帝陵、隋泰陵与渭北唐十八陵等。④分裂割据时期封建政权王陵,如散布在咸阳塬、彬县、富平、高陵、白水诸县区的十六国前赵刘曜之父的永垣陵(白水)、前秦苻坚墓(彬县)、后秦太祖原陵和高祖偶陵(高陵);北朝的西魏文帝永陵和北周文帝成陵(富平)、武帝孝陵(咸阳塬)。⑤墓主生前虽未做过皇帝,但因追封之故,其墓仍以陵称。⑤

陕西帝王陵墓大多集中在关中平原渭河两岸塬地。关中地区位于陕西省中部,自古就有"田肥美,民殷富,沃野千里"的美誉,是我国境内最早有人类生存和繁衍的地区之一,也是历史上周、秦、汉、唐等十三个王朝的定都之地。渭河两岸塬地均依山面水,地势平坦高昂,可俯瞰关中平原与都城景物。陵墓修建于此,既可利用地势较高的自然条件体现帝王之尊严,也有利于排水和防腐,此外距离都城较近,兼具安葬、祭祀便利。

第二节 始祖陵寝:黄帝陵

黄帝陵是中华民族始祖黄帝轩辕氏的陵墓,因其地处陕西省黄陵县城北桥山之巅,故又称"桥陵"。黄帝陵自古即为中国历代帝王和著名人士祭祀黄帝的场所,素有"天下第一陵"之称。1961年公布为全国第一批重点文物保护单位(图7-2-1)。

史载,轩辕黄帝庙初建于汉代,由陵墓和轩辕黄帝庙两部分组成(图7-2-2)。唐代宗大历五年(公元770年)于桥山西麓置黄帝庙,并对轩辕黄帝庙进行历时两年的重修扩建,栽植柏树1140株。宋太祖开宝二年(公元969年),因桥山西麓的黄帝庙

图7-2-1 黄帝陵实景鸟瞰图（图片来源：自摄）

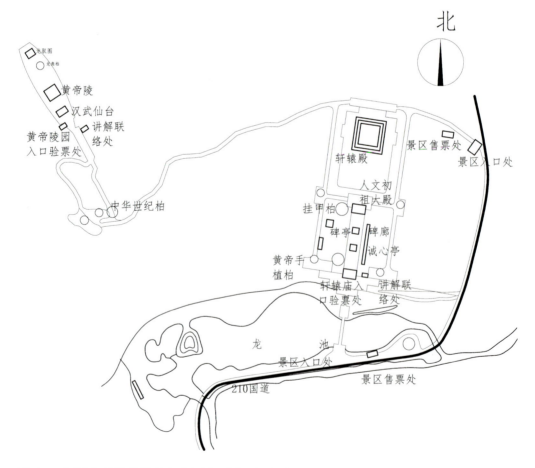

图7-2-2 黄帝陵总平面图（图片来源：黄帝陵景区导览导游示意图）

屡受沮河水侵袭，遂于桥山东麓今址移建黄帝庙。此后，元、明、清各代均对其进行维护、修建。民国二十八年（1939年），陕西省政府设立黄帝陵园管理处。1944年，建陵园祭祀亭，亭内竖蒋中正手书"黄帝陵"石碑。1992年起，国家、陕西省政府不间断地对黄帝陵进行大规模规划整修，通过祭祀大殿、周边环境整治等系列工程，形成了祭祀谒陵的完整建筑体系（图7-2-3）。

黄帝陵墓封土高3.6米，周长48米。陵前有明嘉靖十五年（1536年）碑刻"桥山龙驭"，意为黄帝"驭龙升天"之处。封土前为一祭亭，歇山顶，飞檐起翘，气宇轩昂，亭内立有郭沫若手书"黄帝陵"碑石（图7-2-4、图7-2-5）。陵区周围有红墙围护，东南侧设棂星门。陵前正南围墙外是土筑高台，即"汉武仙台"，传为汉武帝祭祀黄帝所筑。《史记·封禅书》载："汉武帝北巡朔方，勒兵十余万还祭黄帝冢桥山。"此台高20余米，现已用块石砌筑并建有登台石阶、云板及护栏等。

轩辕黄帝庙占地面积约十亩，平面呈方形。其主要建筑有山门（图7-2-6）、过厅和大殿等。山门面阔五间，单檐歇山顶，门上悬一匾，上书"轩辕黄帝庙"五个大字。山门之后为过厅三间，厅内保存有70余块明清石碑，大多为明清两代修建轩辕黄帝庙和祭祀黄帝情况实录。大殿面阔七间，单檐

图7-2-3　黄帝陵祭祀大殿实景图（图片来源：崔文河摄）

图7-2-4　黄帝陵碑石（图片来源：崔文河摄）

图7-2-5　黄帝陵碑石祭亭实景图（图片来源：崔文河摄）

图7-2-6　棂星门实景图（图片来源：崔文河摄）

歇山顶，四周回廊，殿内供奉轩辕黄帝牌位⑥（图7-2-7）。

轩辕黄帝庙内古树遍布，其中尤以黄帝手植柏与汉武帝挂甲柏最为著名。黄帝手植柏高20余米，胸径11米，苍劲挺拔，冠盖蔽空。相传为轩辕黄帝亲手所植，距今5000多年，是世界上最古老的柏树（图7-2-8）。汉武帝挂甲柏又称将军柏，位于大殿前月台的西阶下，其体量比黄帝手植柏略小。据说，汉武帝当年祭祀黄帝陵时，曾将自己身上的铠甲挂于树上。该树周身斑痕密布，纵横成行，柏液中出，似有断钉在内，枝干皆然（图7-2-9）。

第三节　秦代陵墓

秦人是商末战乱西迁的华夏族。在其崛起、昌盛、灭亡的漫长历史进程中，秦人先后营建了西垂、衙、平阳、雍、栎阳、咸阳、芷阳、杜东、韩森寨、骊山共十个陵区（图7-3-1）。这些建造实

图7-2-7　黄帝轩辕庙实景图（图片来源：崔文河摄）

图7-2-8　黄帝手植柏实景图（图片来源：自摄）

图7-2-9　汉武帝挂甲柏实景图（图片来源：自摄）

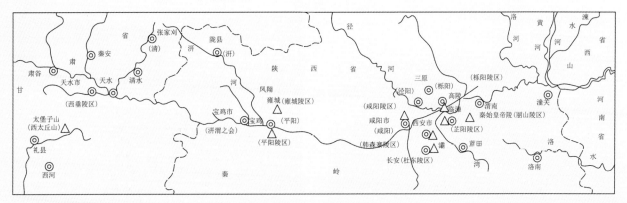

图7-3-1 秦公帝王陵园分布图（图片来源：焦南峰，孙伟刚，杜林渊.秦人的十个陵区[J].文物）

践，使秦代先民逐步积累了陵园、墓葬、封土、礼制建筑、陪葬墓、陪葬坑、门阙等陵墓营造经验，最终推动了从"集中公墓"到"独立陵园"的形制巨变，奠定了中国古代帝王陵墓制度的基础。[7]

一、秦公帝王陵园

秦公帝王陵园包括四大陵区，即天水陵区、雍城陵区、栎阳陵区和咸阳陵区。陵园建立顺序自西而东，即由天水附近的秦、西垂到关中的雍城、栎阳和咸阳，其设立符合"秦公陵园建筑，随国都而转移"的总体规律。个别帝王因新迁都城未竟而归葬于原都城，如襄公、文公等虽已越过陇山，但仍归葬陇山以西的西垂陵区，灵公等虽从雍城迁往泾阳，但仍归葬雍城。[8]

1. 雍城秦公陵园

雍城秦公陵园位于今宝鸡市凤翔县南源，总面积约21平方公里。整个陵区东西长约12公里，南北宽约3公里，总面积约36平方公里。陵区西、南、北三侧均发现有宽2~7米、深2~6米作为其防护屏障的围沟。[9]各陵园背西面东，呈雁翎形排列，规

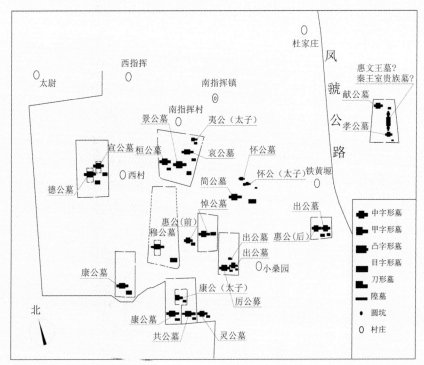

图7-3-2 雍城秦公陵园平面布局图（图片来源：田亚岐，徐卫民.雍城秦陵园诸公墓主考识[J].秦汉研究，2008：262-271）

图7-3-3 秦公1号大墓木碑实景图（图片来源：自摄）

图7-3-4 秦公1号大墓鸟瞰图（图片来源：自摄）

模宏大（图7-3-2）。1988年公布为第三批全国重点文物保护单位。

雍城秦公陵园是目前所知最大的秦国国君陵寝之地。自秦穆公起当有多位秦国国君葬于此。陵园平面呈南北长、东西窄的长方形，具有防护设施。墓葬位于陵园南半部，东面为殉葬坑，这种布局形式也为后来秦始皇陵园所继承。

雍城秦公陵园目前已钻探51座大墓，平面形制可分为丰字形、中字形、甲字形、凸字形、刀把形、目字形、圆形等七个类型。其中，丰字形、中字形和甲字形为大墓，其余形制皆为外藏坑。

秦公陵园的每座陵墓均由若干大墓组成。大墓由土圹和墓道组成。平面呈中字形、甲字形、凸字形、目字形。墓内多发现填泥用炭，有的木炭层厚达3.3~3.8米，外层的青膏泥厚达0.9~2.3米，可见为防潮、防盗而填泥用炭的做法在春秋时期秦国已采用。

秦公1号大墓为春秋晚期的秦景公陵寝。该墓平面呈"中"字形，坐西向东，全长300米，深24米，面积5334平方米，是已发掘的先秦墓葬中最大的一座。椁室中南、北两壁带有柏木榫头的椁木组成长方形框式主椁，是我国古代最早的一套"黄肠题凑"葬具。椁室两壁外侧的墓碑是中国墓葬史上最早的墓碑实物。墓内186具殉人，是中国自西周以来发现殉人最多的墓葬（图7-3-3、图7-3-4）。

2. 咸阳秦陵

咸阳秦陵位于秦都咸阳西北方和东南方。在东西长近10公里、南北宽约7公里的范围内，先后发现战国晚期大型陵园三座，包括惠文王陵、悼武王陵、昭襄王陵、孝文王陵、庄襄王陵、秦始皇陵[10]（图7-3-5）。

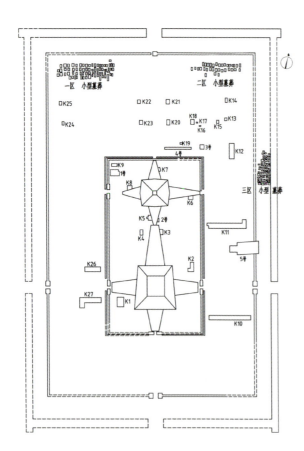

图7-3-5 秦周王陵平面布局图（图片来源：陕西省考古研究院，咸阳市文物考古研究所，周陵文物管理所.咸阳"周陵王"考古调查、勘探简报[J].考古与文物，2011（1））

秦惠文王、秦悼武王陵位于咸阳西北方，今周陵镇中学附近。陵区有内、外两重陵园，且皆由墙垣和围沟两部分组成，园墙四面各有一门阙遗址。内陵园将南、北二陵界围其中。两陵位于一条南北轴线之上，墓道正对处分别设有门阙。一直以来，认为位于渭城区的南北两座墓是"周陵"的周文王与周武王之陵。1973年7月，在南陵旁出土了战国圆瓦当两个。同年11月，在北陵西出土了汉砖以及陶片。考古推断南为秦惠文王之陵，北为秦悼武王之陵。[11] 南陵封土外形为"覆斗状"，现高11.8米，底边长约78米，顶边长48米余，墓葬形制为"亚"字形。北陵南距南陵145.8米，封土外形为截锥体，现存高度12.3米，底边长71米左右，顶边长约41米，墓葬形制为"亚"字形。

陵园内共发现外藏坑27座，其中内陵园9座，外陵园18座。平面呈长条形、曲尺形等，长3.7~117.7米，宽2.4~12米，深约8米（图7-3-6、图7-3-7）内、外陵园各有3处建筑遗址。外陵园遗址分布在北部和东部，内陵园遗址分布在北陵西北部和东南部。小型墓葬共发现168座，按照分布位置不同分为三区，各区的墓葬成行、成列有规律地分布。

3. 临潼秦东陵

秦东陵位于今西安市临潼区韩峪乡东部骊山西麓，南起洪庆沟，北至武家沟。此处先后勘探发现战国秦陵园四座，总面积为24平方公里（图7-3-8）。

一号陵园平面呈长方形，东西长4000米，南北宽1800米，面积72万平方米。陵园内勘探出2座

图7-3-6　周文王陵实景图（图片来源：自摄）

图7-3-7　周武王陵实景图（图片来源：自摄）

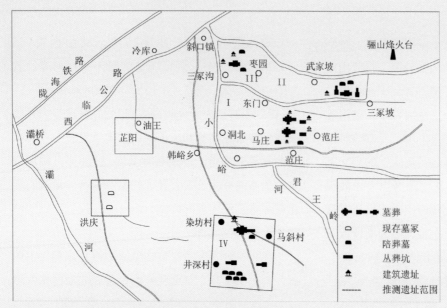

图7-3-8 秦东陵平面布局图（图片来源：焦南峰，孙伟刚，杜林渊.秦人的十个陵区[J].文物，2014（6）：101-107）

"亚"字形大墓、陪葬坑2座、陪葬墓2处、地面建筑基址4处。两座"亚"字形大墓为陵园的主墓，大小相同，主墓道皆为东向；两座陪葬坑分别位于主墓东墓道以东偏南处（图7-3-9）。

二号陵园位于一号陵园东北方向1500米处，韩峪乡范家村北。陵园范围东起北沟村，西到枣园村，南起三家村北无名沟，北达武家沟，东西长500，南北宽300米，总面积为15万平方米。二号陵园内勘探发现有"中"字形大墓1座、"甲"字形大墓3座、陪葬坑1座、葬墓区2处、地面建筑1处。

三号陵园位于武家沟村北100米处，东南距一号陵园1500米，陵园西、北两侧利用天然壕沟作为其兆沟，东、南两面兆沟为人工开凿。东西长280，南北宽180米，总面积为48400平方米。陵园内有"中"字形大墓一座，封土呈覆斗形，东西向，西墓道长于东墓道；还发现有陪葬墓区1处、建筑基址2处。

四号陵园位于小峪河南岸，整个陵区位于山前冲积扇面上。陵区东起马斜村，西至染房村，南抵井深沟，北到小峪河南岸，与一号陵园隔河相望，相距约2500米，总面积达80万平方米。陵园内发现"亚"字形大墓1座、"甲"字形墓葬2座、小型陪葬墓群1处。

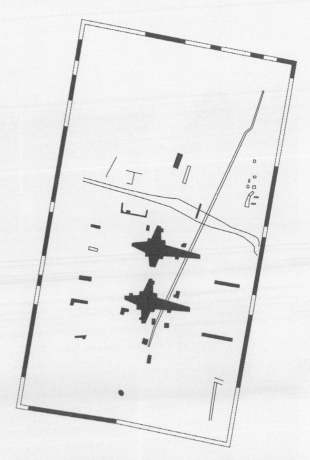

图7-3-9 秦东陵1号陵园平面示意图（图片来源：陕西省考古研究院秦东陵文管所）

二、秦始皇陵

秦始皇陵是中国第一位封建社会皇帝嬴政的陵墓，位于陕西省西安以东31公里处临潼区的骊山，其陵园之制对后世帝王陵园影响极为深远。1961年公布为第一批重点文物保护单位。1987年被联合国教科文组织列入世界文化遗产保护目录（图7-3-10）。

始皇陵墓建于公元前246年至公元前210年，前后费时37年，秦始皇去世时仍尚未竣工。⑫其选址受当时礼制文化的影响，地处以昭襄王为中心的芷阳陵区之东，符合长辈居西、晚辈居东的昭穆秩序⑬（图7-3-11）。

始皇陵园布置仿秦都咸阳，布局严整，形制规范。陵园呈长方形，设内、外两重夯土陵墙，分为内城（周长2.5公里）、外城（周长6.3公里），开创了中国古代帝王陵制之先河。其中，内城垣目前共发现6座城门，东、西、南三面各有一门；北垣有二门，内城东西向隔墙上设一门（图7-3-12）。

始皇陵冢位于内城南半部，坐西面东，内置棺椁和陪葬器物，目前尚未发掘。皇陵封土为覆斗状台体，1962年测量封土的底边南北长350米、东西宽345米、高76米，经过多年的风雨侵蚀，今高仍

图7-3-10 秦始皇陵实景图（图片来源：自摄）

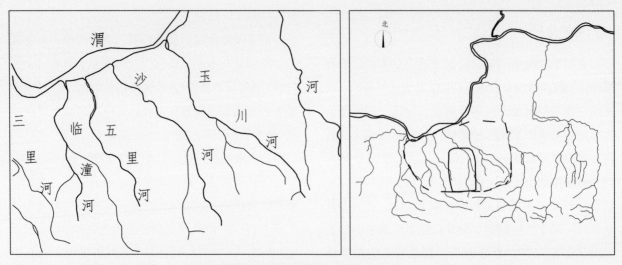

图7-3-11 秦始皇陵选址平面示意图（图片来源：张卫星.秦始皇陵的章程[J].文史知识，2014（6）：101-107）

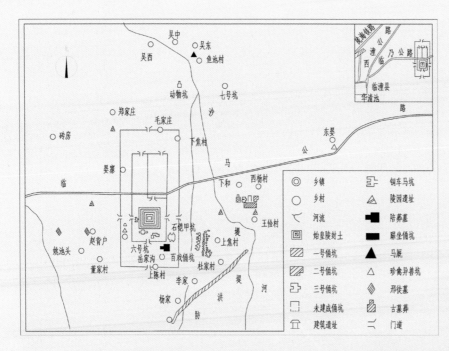

图7-3-12 秦始皇陵总平面图（图片来源：朱学文.试论秦始皇陵园选址的相关问题[J].考古与文物，2010（6）：50-56）

达64米，是中国古代最大的坟丘。

内城中封土北侧发现三组大型宫殿建筑群遗址，南北长约750米，东西宽约250米，占地面积18.75万平方米，其建筑密集，规模宏阔。据分析，可能是陵园中陵寝建筑遗迹，即将寝殿从陵上移到墓侧，符合《后汉书·祭祀志》"秦始出寝，起于墓侧，汉因而弗改"的记载。1981、1995年曾考古分别发掘一处建筑群南端的部分基址，出土饮食器皿上刻有"丽山飤官"等陶文，据此判断该建筑群中应有飤官遗址。⑭

秦始皇陵陪葬坑分布在封土东西两侧。1974年陵东发现规模宏大的三座兵马俑坑，南一北二，呈现倒品字形布局，象征着保卫秦始皇陵的宿卫军。南面的一号坑最大，平面呈矩形，东西长230米，

图7-3-13　秦始皇陵陪葬品实景图（图片来源：张小郁摄）

南北宽62米。二号坑较小，约6000平方米，平面呈曲尺形。三号坑最小，约500平方米，呈凹字形⑮（图7-3-13）。

秦始皇陵园制度对以后的帝王陵园产生了重要的影响。《吕氏春秋·节丧》云："国弥大，家弥富，葬弥厚。含珠鳞施，夫玩好货宝，钟鼎壶滥，舆马衣被戈剑，不可胜其数。诸养生之具，无不从者。"⑯

第四节　汉代陵墓

西汉自高祖刘邦公元前206年称帝到公元8年王莽篡汉，共历高祖、惠帝、文帝、景帝、武帝、昭帝、宣帝、元帝、成帝、哀帝、平帝等11帝214年。汉皇陵皆分布在陕西关中地区，亦即今西安市的东部、东南和北部（图7-4-1）。

其中，汉文帝霸陵在今西安市东郊狄寨，汉宣帝杜陵在今西安市东南曲江乡，二者皆处渭河之南。其余九陵均在渭北咸阳塬上，由西而东为：汉武帝茂陵、汉昭帝平陵、汉成帝延陵、汉平帝康陵、汉元帝渭陵、汉哀帝义陵、汉惠帝安陵、汉高祖长陵、汉景帝阳陵⑰（图7-4-2）。除上述帝陵外，咸阳塬上尚有后妃、贵戚、功臣等陪葬墓冢约1500余座。

西汉盛行厚葬，"汉天子即位一年而为陵"，其陵墓工程浩大，影响极为深远。诸陵均循古制，因陵园布局为坐西朝东,"以西南角为最尊长者居处之",帝陵和后陵分布于陵区南部陵园的西部,而陪葬墓区都在帝陵的东北方或东方。此外,迁移豪富居住者用于供奉陵园的县域也营建在帝陵的北方或东方,称"陵邑"。汉高祖长陵、汉惠帝安陵、汉景帝阳陵、汉武帝茂陵、汉昭帝平陵等五座帝陵均建制陵邑,故咸阳塬又称"五陵塬"。[18] 西汉帝陵形制属于累土至山,即在地面上夯筑高大的坟丘,呈覆斗形。帝、后一般合葬一处,但各有墓冢。除汉文帝霸陵"因山为陵、不复起坟",而无封土外,其他均有封土,封土顶未见建筑遗迹。

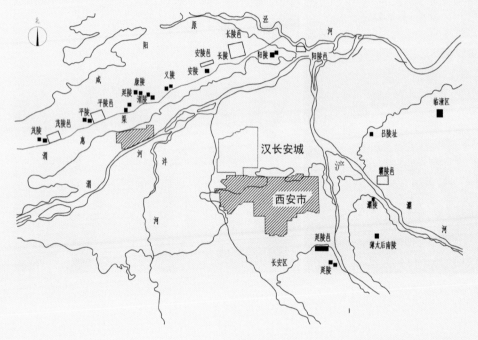

图7-4-1 西汉十一陵分布图（图片来源：焦南峰.西汉帝陵考古发掘研究的历史及收获[J].西部考古,2006:289-303）

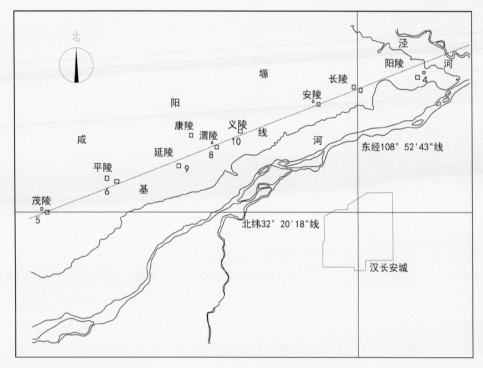

图7-4-2 渭北西汉帝陵的分布与基线示意图（图片来源：杨哲峰.渭北西汉帝陵布局设计之观察[J].文物,2009（4）:61-68）

图7-4-3 汉高祖长陵实景图（图片来源：自摄）

一、长陵

汉高祖长陵位于今咸阳市渭城区窑店乡三义村附近，目前已发现帝陵、后陵、陵邑、陪葬墓园及大量建筑遗址。[19]1988年列为第三批全国重点文物保护单位（图7-4-3）。

帝陵为覆斗形，边长135～153米，高32.8米。后陵平面亦为覆斗形，边长130～150米，高30.7米。帝陵和后陵在一个陵园内，帝陵在西，后陵在东。陵园平面为方形，边长780米，周长3120米。

陵邑在长陵以北，现仅存南、北、西三面部分城墙，南墙长1245米、西墙长2200米、北墙长200米。西墙上有门址一座，宽15米。陵邑内发现瓦窑一座（图7-4-4）。

长陵陪葬墓的数量为西汉陵墓之最。现存封土堆63处，且皆在长陵以东。陪葬墓封土较帝陵而言甚小，形状大略有覆斗形、圆锥形和山形三种。墓冢布局多为南北方阵排列，成组分布。一组内墓冢

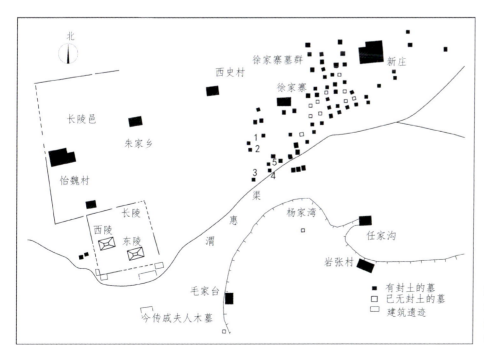

图7-4-4 汉高祖长陵平面分布图（图片来源：焦南峰.西汉帝陵考古发掘研究的历史及收获[J].西部考古，2006：28）

又多成对并列，这可能都是同茔异穴的夫妻合葬墓。1960年代发掘的长陵杨家湾陪葬墓及其18座陪葬坑，展现的曲尺形早期汉墓及三千多件彩绘兵马俑，为研究汉代的生活习俗、军制、战阵及武器装备等提供了非常宝贵的资料[20]（图7-4-5）。

二、霸陵

汉文帝霸陵位于今西安市灞桥区毛西乡窑远村附近，因灞水而名。2001年公布为第五批全国重点文物保护单位（图7-4-6）。

霸陵创"薄葬"之首，是中国历史上第一个依山凿穴为玄宫的帝陵，对六朝及唐代依山为陵的葬制影响极大。《汉书·文帝纪》载汉文帝遗诏："厚葬以破业，重服以伤生，吾甚不取"，"治霸陵瓦器，不得以金、银、铜、锡为饰。因其山不起坟。""霸陵山川因其故，无有所改"。《三辅黄图》云："文帝霸陵……因山为藏，不复起坟。"[21]（图7-4-7）

霸陵陵园史称"盛德园"，内建寝殿、便殿等，但目前未见陵园遗迹。据记载，霸陵在白鹿塬的塬头断崖上凿洞为玄宫，内部以石砌筑，并有排水系统，墓门、墓道、墓室以石片垒砌，工程十分浩大。

霸陵陪葬墓较少。陵园地面陪葬陵冢是文帝之母薄太后，其妻窦皇后的陵寝。薄太后陵寝位于今西安市东郊狄寨公社鲍旗寨村西北，因在霸陵西南，故称南陵。其封土与陵园遗址均有迹可寻。陵冢呈覆斗形，现高29.5米，周长560米。陵冢四周有夯土筑成的陵园垣墙，垣墙正中建有门阙。因南陵西隔渭水遥望汉高祖长陵，故史书有"东望吾子，西望吾夫"的说法，当地人称为"望子冢"。[22] 窦皇后陵位于霸陵东南的白鹿塬。其地处南陵之北、窦陵村西北。窦皇后陵在平地起冢，形如覆斗，现高19米，边长137～143米。[23] 陵园垣墙为夯土筑成，西墙、南墙遗迹尚存。园内已发现有西汉筒瓦、板瓦、云纹瓦当等大量建筑遗存，推测当时应有较大规模的殿堂建筑。

三、阳陵

汉景帝阳陵位于今咸阳市渭城区正阳乡张家湾村北塬上。2001年公布为第三批全国重点文物保护单位[24]（图7-4-8）。

阳陵陵区由帝陵、后陵、南北区从葬坑、刑徒墓地、陵庙等礼制建筑、陪葬墓及阳陵邑等部分组成。陵区平面呈不规则葫芦形，东西长近6公里，南北宽1～3公里，面积约12平方公里。帝陵坐西面东，居于陵园的中部偏西；后陵、南区从葬坑、北区从葬坑、一号建筑基址等距分布于帝陵四角；北区陪葬墓和罗经石遗址位于帝陵南北两侧，左右对

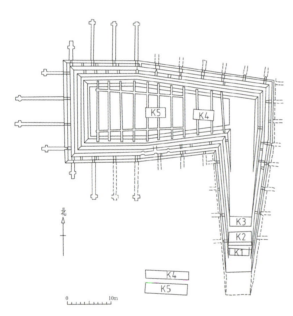

图7-4-5 杨家湾陪葬墓平面图（图片来源：咸阳杨家湾汉墓发掘简报[J]）

图7-4-6 汉文帝霸陵实景图（图片来源：自摄）

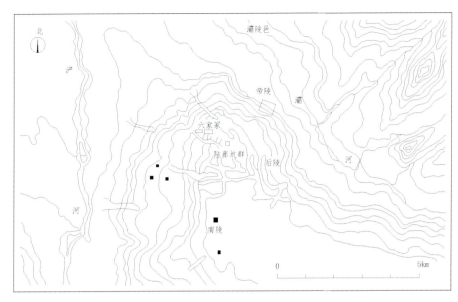

图7-4-7 汉文帝霸陵平面分布图
（图片来源：焦南峰. 西汉帝陵考古发掘研究的历史及收获[J].西部考古，2006：289-303）

称；刑徒墓地及三处建筑遗址在帝陵西侧，南北一字排列；东区陪葬墓园棋盘状分布于帝陵东侧的司马道两侧；阳陵邑则设置在陵园东端（图7-4-9）。

阳陵帝陵陵园平面为正方形，边长约418米。四边有夯土围墙，墙宽3~3.5米，四墙中部均有"三出"阙门。整个陵园以帝陵为中心，四角拱卫，南北对称，东西相连，布局规整，结构严谨。陵园中部为封土堆，呈覆斗形，边长约168米，封土高32.28米。帝陵为"亚"字形，坐西面东。东、南、西、北四侧各有一条墓道，东墓道长69米、南墓道长17米、西墓道长21米、北墓道长23.1米。在帝陵陵园四门以内，封土以外分布从葬坑86座。其中东侧21座，南侧19座，西侧20座，北侧21座，东北角5座。东侧和西侧从葬坑均为东西向分布，南侧和北侧为南北向分布。各坑间距一般在4米左右。坑的宽度3~4米，绝大多数在3.5米左右。最长的坑超过100米，最短的坑只有4米。坑深3米左右，坑底部距现地表8~14米（图7-4-10）。

阳陵帝陵南阙门遗址由一组两座三出阙相连接构成，三出阙的平面由大小依次递减的三个长方形组成。东西面阔131.5米，南北进深分别为25.5、17.4米和11米，阙门的中间为中央门道，门道的两侧为东、西，内、外四塾，塾外侧是主、副阙台。塾、主阙台、副阙台皆以砖铺回廊环绕，回廊之外砌有鹅卵石散水，内高外低，呈鱼脊形。[25]

罗经石遗址位于帝陵东南，据推测是景帝陵庙德阳宫的一部分，是阳陵最重要的礼制性建筑之一，也是中国发掘清理面积最大、等级最高的皇家陵园祭祀建筑基址。遗址地形隆起，外貌呈缓坡状，其正中最高处放置一块方形巨石，故此得名。巨石用整块黑云母花石岩雕凿而成，石板上部加工成圆盘，表面刻有十字凹槽，经测定为正南北方向。遗址平面为"回"字形内外两层，总面积约

图7-4-8 汉景帝阳陵实景图（图片来源：自摄）

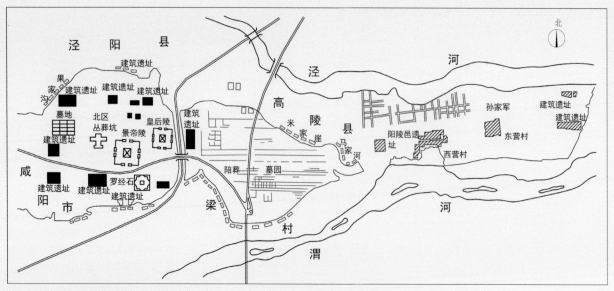

图7-4-9 汉景帝阳陵平面分布图（图片来源：焦南峰. 西汉帝陵考古发掘研究的历史及收获[J].西部考古，2006（1）：289-303）

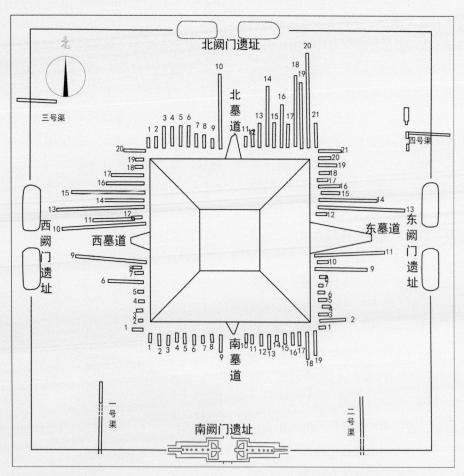

图7-4-10 汉景帝阳陵帝陵平面图（图片来源：焦南峰. 西汉帝陵考古发掘研究的历史及收获[J].西部考古，2006：289-303）

图7-4-11 罗经石遗址实景图（图片来源：自摄）

茂陵陵园雄踞陵区中心偏东南处，是整个陵区的核心区。陵园包括由外围墙、外壕沟组成的外城垣及其以内部分组成的区域，包括：汉武帝陵园、李夫人墓园、多座建筑遗址、多座外藏坑及9座中型墓葬（图7-4-13）。

茂陵封土呈覆斗形，现存高48.5米，顶平处边长，东36米，南41.6米，西39.2米，北41.7米，底部边长，东243米，南238米，西243.2米，北240米，与记载基本相符。陵墙东西425.5～433米，南北433.8～435.5米，墙基宽东4.3～6.3米，南4.9～5.2米，西3.8～5.4米，北3.5～5.1米。东西北三面现存门阙遗址，高3～3.5米，门道宽，西门10.7米，北门7.6～9米，东门12米。㉗陵墙及门阙夯土均为平夯，夯层厚4～8厘米，夯窝径8厘米。

茂陵陵园发现11处建筑遗址，其中汉武帝陵园北墙外司马道两侧发现2处建筑遗址，西侧的8号建筑遗址周围环绕围墙，形成院落，南墙与陵园北墙共用，南北长244～249.8米、东西宽153米。遗址南部偏西处地面上保存有带二层台的夯土台，底部东西长56.2～57.3米、南北宽40～40.8米、残高5.6米。东侧9号遗址也筑有围墙，南墙与陵园北墙共用，南北长137.3、东西宽82.7～84.7米，疑为汉武帝的便殿遗址。㉘

67000平方米。中心建筑为夯土台基，基座呈正方形，基址边长54米，每边3门，共计12门。四周有砖铺地面、卵石散水以及大量砖块、瓦片堆积层等遗迹遗物㉖（图7-4-11）。

四、茂陵

汉武帝茂陵位于今咸阳兴平市东北约9公里处的南位镇策村南塬上，由于陵区属汉代槐里县茂乡，故称"茂陵"。其营建历时53年，是修建时间最长、规模最大的西汉皇陵。1961年公布为第一批全国重点文物保护单位（图7-4-12）。

图7-4-12 汉武帝茂陵实景图（图片来源：自摄）

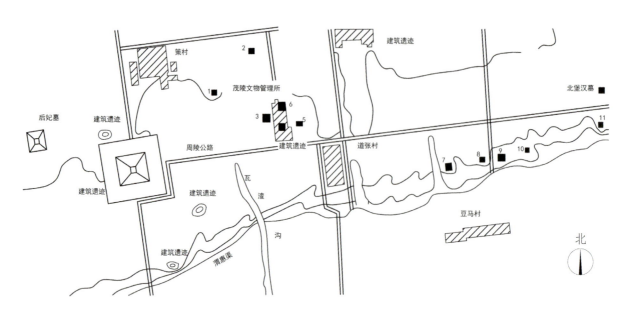

图7-4-13 茂陵陵区平面图（图片来源：焦南峰. 西汉帝陵考古发掘研究的历史及收获[J]. 西部考古，2006：289-303）

图7-4-14 霍去病墓石刻实景图（图片来源：自摄）

茂陵陪葬墓可确定者113座，尚存封土丘者14座，其中5座有独立墓园[29]，地面现存封土共12座。李夫人墓东距茂陵约525米，墓冢外形为两层台，又称为"英陵"。茂陵以东900米处为卫青墓，其东南方为霍去病墓，东北方为金日磾墓，茂陵东约4000米处为霍光墓。其中，霍去病墓前有大型石刻群，是我国现存早期石雕群中体积最大的石刻艺术品，也是现今唯一见到的西汉陵墓石刻[30]。创作手法上以圆雕为主要表现形式，辅以浮雕、线刻等，作品方中见圆，以静带动，拙中见巧，生动自然，气魄深沉雄大（图7-4-14）。

第五节 唐代陵墓

唐朝自高祖李渊公元618年称帝到唐哀帝李柷公元907年禅位，共历高祖、太宗、高宗、玄宗等

21帝289年。因武则天与唐高宗合葬，故唐王陵共计20座。除昭宗和陵、哀帝温陵两座陵墓外，其余18座均位于陕西关中地区，其东起蒲城、富平、三原、泾阳、礼泉，西止乾县，东西横亘150公里，人称"关中十八陵"[31]（图7-5-1）。

唐陵基本形制可分为两类：一种是建于高塬的覆斗形土冢，包括营建于三原县荆塬和徐木塬之上的献、庄、端三陵，以及建于乾县北塬之上的靖陵，其所在地海拔皆在500～800米以上，塬高土厚，便于深埋。另一种是利用渭北"岛伏山丘"地带的自然山势，于山南开凿墓室成陵，其海拔约1200～1600米，因范围宏大、形势壮观，故有"山陵"之称，其余14座唐陵皆属此类。如昭陵南临悬崖峭壁，故"缘山傍岩，架梁为栈道"，通至墓门。其他诸陵则完全由山下凿成阶梯式的墓道，达于墓门。埋葬之后，一无形迹，"欲使易代之后，不知其处"，并定为制度，世代沿袭。[32]

唐陵陵园形制发展演变大致可分为四个阶段：

第一阶段：为初唐时期的昭陵、献陵，属于借鉴汉魏帝陵制度的探索阶段。彼时，陵园布局尚未定制，故而形制截然不同，但其设计对后来者产生深远影响。如昭陵首创"因山为陵"之风，"昭陵六骏"、"十四国蕃君长"石像则成为历代唐陵园石刻中置"蕃酋石像"及"北门石马"的先例。献陵的方形陵园、神道石刻的石柱、陪葬墓分布在陵园东侧，也为其后帝陵所采用。

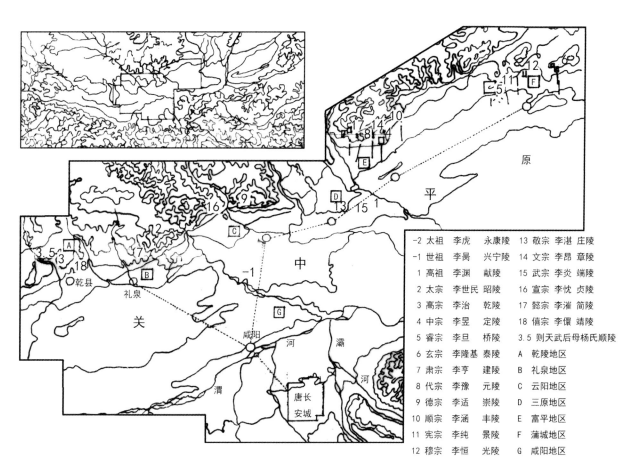

图7-5-1 唐陵帝陵地理位置分布图（图片来源：来村多加史，张建林，姜捷。唐陵选地考[J].乾陵文化研究，2005：50-79）

图7-5-2 唐昭陵祭坛遗址实景图（图片来源：秦岭摄）

第二阶段：为盛唐时期的乾陵、定陵、桥陵，标志唐代帝陵陵园形制的正式形成。陵园平面布局尽量设计成方形，局部因地势稍作调整。神道向南设置三重阙（南门阙、乳台阙、鹊台阙），下宫安排在乳台阙与鹊台阙之间的神道西侧，陪葬墓分布在神道东侧。陵园石刻组合基本形成定制，种类、数量急剧增加，形体高大，排列有序。继承了第一阶段石刻体量较大的特点，南门狮一般高2.7~3米，石人通常高4米左右。

第三阶段：基本沿袭盛唐时期陵园布局——"乾陵模式"，又产生一些新的调整和变化。如从泰陵开始，因山为陵的陵园平面不再追求方形布局，多随地势灵活调整，往往呈不规则形状。神道两侧石人分为左文右武。石刻个体变小，如门外石狮高1.5~1.7米，石人通常高2.5~2.9米。下宫规模减小，陪葬墓数量减少。

第四阶段：唐代帝陵制度走向衰微。除贞陵外，陵园规模逐渐变小，阙台亦不再使用三出阙形式。石刻组合基本稳定，石刻体量更趋变小，至靖陵时，石狮高度不足1米，石人高度不足2米。陪葬制度渐趋消失[33]。

一、昭陵

唐太宗昭陵位于今咸阳市礼泉县城东北22公里处的九嵕山主峰。陵墓营建始于贞观十年（公元636年），至贞观二十三年（公元649年）基本结束，历时13年。1961年公布为第一批全国重点文物保护单位（图7-5-2、图7-5-3）。

昭陵开创了帝王"因山为陵"之制。《唐会要》载："太宗谓侍臣曰：'古者因山为坟，此诚便事。我看九嵕山孤耸回绕，因而傍凿，可置山陵处。'"九嵕山主峰山势突兀，海拔1888米[34]，东西两侧层峦起伏，泾水环绕其后，渭河萦带于前，更显得气势宏伟，"既因山势，虽不起坟，自然高敞。"史载昭陵因山凿石为元宫（墓室），从埏道（墓道）至墓室深75丈，前后置五道门。为使"宫人供养如平常"，还在山上建房舍。又因山势陡峭、往来不便，则"缘山傍岩，架梁为栈道，悬绝百仞，绕山二百三十步，始达元宫门"。

昭陵陵园为唐王朝诸帝陵园中最大者，其南北长12.65公里，东西长15.45公里，纵横昭陵、烟霞、赵镇、北屯4个乡（镇），面积113.15平方公里，约占整个礼泉县的1/5[35]。陵园为内、外二城，内城为方形，四面筑有围墙，并各开城门一座[36]。内城北面有祭坛和玄武门，门内列唐当时少数民族首领石刻像14座，现仅存4座；门内设东西室，"昭陵六骏"石刻即为东西室内遗物[37]。现主要建筑群遗址存留三处：一为九嵕山南侧偏东的南神门及献殿遗址，一为西南侧的寝宫遗址，一为北侧北司马门遗址。此外还有山腰南侧和东侧的石窟、石室遗迹。

北司马门是一组完整的南北向轴对称建筑群，南北纵长86米、东西最宽处61米，分布于九嵕山北侧山梁的三个小台地上，整个遗址所处地势呈南高北低的状态，东西两侧是沟壑。建筑遗迹由南向北逐渐升高，依次为第一台地上的三出阙的台基一对、推测为列戟廊的廊址、北围墙外的小型建筑4座；第二台地的北边缘是庑殿式门址和北围墙、砖砌排水沟等；第二台地以上，仅残存西侧建筑遗迹，从南向北依次为偏殿、方形小建筑、阶梯状长廊等。建筑群外环绕带砖铺散水的夯土墙，也只有西侧保留有部分墙基（图7-5-4）。建筑群的最北端为东西双阙，两阙间距31.5米，仅存阙台下部，形制相同，

图7-5-3 唐昭陵实景图（图片来源：秦岭摄）

内为夯土台基，外围包砌砖壁。阙底部周绕宽85厘米的砖砌散水，与阙体相应成三出状。[38]

九嵕山南侧、东侧的山坡及山下平原地带为昭陵陪葬墓区[39]，据统计共有198座陪葬墓[40]。其陪葬墓数量、规模、形制当属唐朝诸帝陵之冠，反映了封建王朝上升时期的磅礴气势与等级森严的社会制度。[41]陪葬墓有依山凿为墓室，有起冢作覆斗形、圆锥状，以象山形，也有"不封不树"；墓前多有石人、石羊、石虎、石碑。这些墓葬大体按时间先后，由北向南作自然排列，而陵墓高度则按官位品第有所限定（图7-5-5）。

二、乾陵

乾陵为唐高宗与武则天的合葬墓，位于今咸阳市乾县县城西北6公里处的梁山。乾陵营建始于唐高宗去世。弘道元年（公元683年）唐高宗死于洛阳，文明元年（公元684年）葬于乾陵；神龙元年（公元705年）武则天死于洛阳，神龙二年（公元706年）合葬于乾陵[42]。1961年公布为第一批全国重点文物保护单位（图7-5-6）。

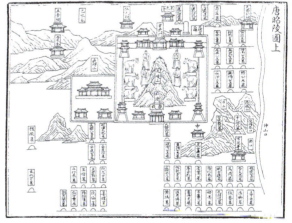

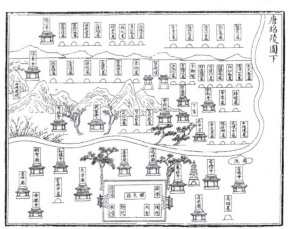

图7-5-4 《长安志》载昭陵图（图片来源：长安志 [M]）

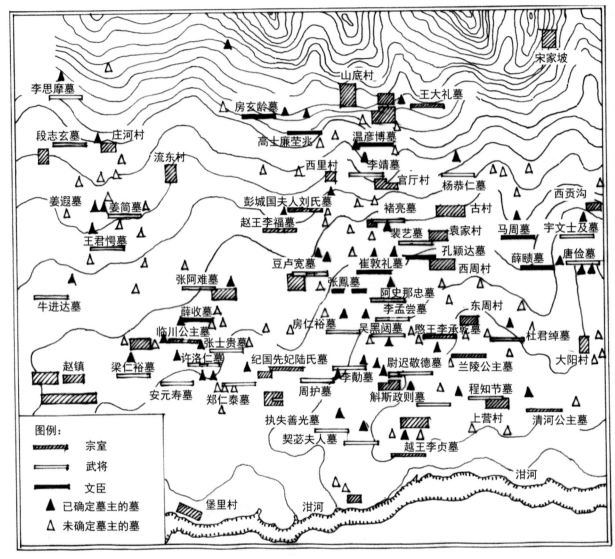

图7-5-5 唐昭陵陪葬墓平面分布图（图片来源：程义. 唐代帝陵陪葬墓的分布及其规律[J]. 乾陵文化研究，2010（9）：80-95）

乾陵选址甚佳。梁山东距长安80公里，九嵕处其东，武水环其西，北连丘陵，南接平原，孤峰特起，挺拔俊秀，是建陵的理想之地。因梁山位于长安西北的"乾"位，故将陵墓定名为"乾陵"[43]（图7-5-7）。

乾陵陵园布局严整。乾县县城西北1.5公里的张家堡处，有两座8米高的土丘，为乾陵第一门道遗迹；北行3公里为南二峰；从二峰向北为神道，两侧石刻有石华表一对（华表在古代为帝王纳谏的象征）、飞马一对、朱雀一对、石马五对（其中有控马人三对）、两手握剑石人十对；石人之北13.5米处有述圣纪碑（在西）与无字碑（在东）；其后有石人61尊（图7-5-8），为当时参加葬礼的外国首领使臣像；朱雀门在梁山南麓，门前有石狮一对，石狮北为献殿遗址所在。[44]乾陵的石刻群制式对后面的其他皇陵都产生了一些影响，如唐肃宗建陵以及唐睿宗桥陵都因袭了乾陵的定制。

乾陵陵园借自然山峰而建。梁山北峰是乾陵地宫所在。围绕北峰修筑高大的城垣称为宫城，四面均辟一门，门外设置石刻和阙楼。朱雀门外利用

图7-5-6 唐乾陵实景图（图片来源：自摄）

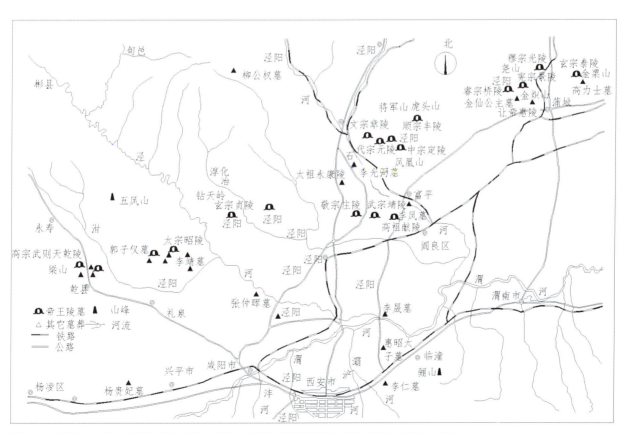

图7-5-7 乾陵在唐十八陵中的位置（图片来源：王双怀，樊英峰.唐乾陵研究[J].乾陵文化研究，2005：1-34）

图7-5-8 唐乾陵神道石像生（图片来源：秦岭摄）

低凹地带修筑宽阔神道，其南端直抵乳峰脚下。两乳峰之间形成陵园天然门户，乳峰之巅建阙楼。它与神道两侧的华表、翼马、朱雀、石人等石雕艺术品，共同营建了陵前建筑环境，与地宫上的天然山峰——北峰，形成强烈的空间对比。[45]

墓道及墓门位于山南面中腰部，系于天然石灰岩山上凿成。墓道呈南北向斜坡，全长约65米，东西宽3.87米。[46]乾陵原有内外二重城，内城城基遗迹尚存。其南城基长1438米，由东向西657米处有高出地面1米、径10米的夯土墩遗迹，为朱雀门遗址。南城墙经过黄巢沟底均修有走水洞，用石条砌筑。北城基长1450米，东城基长1582米，西城基长1450米，城基夯土宽2.1~2.5米。[47]城角遗迹，东南城角高7.5米，东北城角高5.1米，西北城角高5.5米，西南城角高10米，均为夯土筑成。西北、东北城角有石条砌筑的地基存在[48]。

乾陵陵域内分布17座陪葬墓。其中，懿德太子李甫润"号墓为陵"，是已发掘的规模最大、等级最高的唐陵皇室陪葬墓之一。永泰公主李先蕙墓亦"号墓为陵"，是唐212位公主中唯一享受此规格待遇的墓主，也是发掘最早、等级较高的唐代女性皇室墓葬。章怀太子李贤在迁葬时，以"雍王礼"陪葬，等级最低[49]。

三、泰陵

唐玄宗泰陵位于蒲城县城东北15公里处的金粟山。2001年公布为第五批全国重点文物保护单位（图7-5-9）。

金粟山东西4.2公里、南北2公里，分东、西两座较大山峰。泰陵陵园将西峰环绕，东西1.2公里、

图7-5-9　唐泰陵实景图（图片来源：秦岭摄）

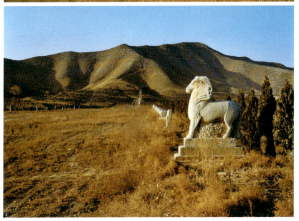

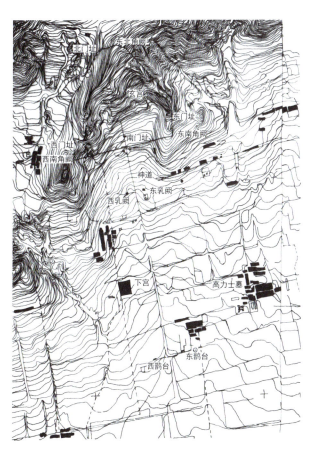

图7-5-10　泰陵平面图（图片来源：陕西省考古研究院，蒲城县文物局. 唐玄宗泰陵陵园遗址发掘简报[J].考古与文物2011（3）：3-11）

南北1.3公里，平面大致呈方形，墓室位于南北门中轴线上，东西两门分别设于西峰自山顶左右延伸的山脊之上。

泰陵因山为陵，凿墓室于山腹中，依山麓绕筑陵墙，分内、外城。内城垣四面原辟四门，受地形限制，四门选址因地而宜，并非对称布局。除南门位于山前缓坡地外，东、西、北三门均筑于山脊或山坡台地上，地域狭小。东、西两门直线间距1168.8米，南、北两门直线间距1133.8米。城垣四角各有角阙，角阙之间距离悬殊，如西南角阙至东南角阙直线距离1176.9米，而西北角阙至东北角阙直线距离仅为765.3米。

受地形影响，城垣平面约略呈不规则的五边形。除南垣墙较直外，其他三面的墙垣都非直线延伸，北垣墙由西北角阙开始折向东北方向与北门相接后，再与距离较近的东北角阙相接；西垣墙修建在山梁西侧的坡地上，大致呈弧形；东墙垣基本是沿着山脊走向蜿蜒起伏，呈蛇行状（图7-5-10）。

泰陵地面建筑有献殿、下宫、陵署等，今已无存。其陪葬墓，据《唐会要》、《长安志》、《文献通考》及《关中陵墓志》记载只有一座，即已经发掘的高力士墓。[50]

泰陵石刻整体保存数量较多，但保存状况较差。泰陵石刻不包括蕃酋像原应有50件组（仗马、底座与牵马人按一组算），地面现存41件组。新清理出土石刻9件组，包括南门神道西侧第四仗马底座、蕃酋像残块4件、蕃酋像底座1件，北门神道东侧第三仗马（包括仗马和底座、牵马人）和西侧第一仗马（包括仗马和底座），北门还出土石虎1件以及石人毛坯1件[51]（图7-5-11）。

图7-5-11 唐泰陵石刻（图片来源：自摄）

四、贞陵

唐宣宗贞陵位于泾阳县白王乡崔黄村北的北仲山。2001年公布为第五批全国重点文物保护单位[52]（图7-5-12）。

贞陵陵园南北跨泾阳、淳化两县。园内地貌复杂，山势陡峭，地表仅存鹊台遗址、角阙遗址和各门前土阙及地面石刻。

陵园城垣环北仲山，依自然山势而筑。其布局呈南窄北宽的不规则形状，除南门位于较平缓的北仲山南麓外，其余三门均筑于山脊上。城基属夯筑，南墙垣地处山下较为平缓的地带，呈直线延伸；西墙垣从西南角阙向北沿山脊蜿蜒通向西门，然后向西北方向沿山脊与西北角阙相接；东墙垣从东南角阙向北坡度较缓，取直线通向东门，东门以北则沿山脊蜿蜒至东北角阙；北墙垣地形最为复杂，西部明显向西南的山脊延伸，与东北、西北角阙连接均需经陡坡和沟壑，起伏较大[53]（图7-5-13）。

贞陵下宫遗址位于泾阳县白王镇庙背后村北部的台地上，东南距西鹊台遗址299.24米，地势北高南低。宫城整体平面呈长方形，方向北偏西8度，南北248.39米、东西172.11米，仅在南面正中设门，建筑遗迹破坏较为严重。较大的夯土基址有两处，一处位于宫城南门内，一处位于宫城中部，两处建筑基址与南门均在宫城的中轴线上。

贞陵神道石刻群自南向北依次为，石柱1对、翼马1对、鸵鸟1对（现存东侧1件）、仗马及牵马人各5对（原应各10件，现存仗马6件，新发现牵马人2件）、石人10对（原应20件，地表现存11件，新发现4件），在南门阙以南的蕃酋殿建筑遗址出土蕃酋石人像6件。贞陵北门石刻除石狮1对，应有3对仗马及牵马人（地表现存仗马4件，新发现牵马人1件）。相比较乾陵的石刻群而言，其石刻群雕凿较为粗糙。

(a)

(b)

(c)

图7-5-12 唐贞陵实景图（图片来源：自摄）

图7-5-13 唐贞陵遗址平面图（图片来源：泾阳县文教局调查组．唐贞陵调查记[J]．文博1986（6）：16-21）

注释

① 中国建筑工业出版社.陵墓建筑：建筑艺术篇（袖珍本）——中国美术全集[M].北京：中国建筑工业出版社，2004：12.

② 中国建筑工业出版社.帝王陵寝建筑：地下宫殿[M].北京：中国建筑工业出版社，2010：4.

③ 杨宽.中国古代陵寝制度史研究[M].上海：上海古籍出版社，1985：1-2.

④ 和西芳.陕西帝王陵墓旅游资源评价研究[D].长沙：中南林业科技大学，2008：37.

⑤ 杜忠潮.陕西关中地区帝陵遗产资源保护与旅游开发研究[J].咸阳师范学院学报，2011（6）：54-62.

⑥ 罗哲文，刘文渊，刘文英.中国名祠[M].天津：百花文艺出版社，2002：22.

⑦ 焦南峰，孙伟刚，杜林渊.秦人的十个陵区[J].文物，2014（6）：64-76.

⑧ 徐卫民.秦帝王陵墓制度研究[J].唐都学刊，2010（1）：43-52.

⑨ 田有钱.秦"公墓"制度研究[D].西安：西北大学，2005：11.

⑩ 徐卫民.秦公帝王陵园考论[J].文博，1999（2）：45-55.

⑪ 咸阳市地方志编纂委员会.咸阳市志（二）[M].西安：三秦出版社，2001：474.

⑫ 中国建筑工业出版社.帝王陵寝建筑：地下宫殿[M].北京：中国建筑工业出版社，2010：45.

⑬ 张占民.秦始皇陵园渊源试探[J].文博，1990（5）：167-168.

⑭ 张卫星.试论秦始皇陵葬制的突破[J].考古与文物，2009（5）：68-74.

⑮ 中国建筑工业出版社社.帝王陵寝建筑：地下宫殿[M].北京：中国建筑工业出版社，2010：46.

⑯ 朱学文.试论秦始皇陵园选址的相关问题[J].考古与文物，2010（6）：50-56.

⑰ 陕西省考古研究院秦汉考古研究部.陕西秦汉考古五十年综述[J].考古与文物，2008（6）：96-160.

⑱ 徐卫民.秦公帝王陵园考论[J].文博，1999（2）：45-55.

⑲ 陕西省考古研究院秦汉考古研究部.陕西秦汉考古五十年综述[J].考古与文物，2008（6）：96-160.

⑳ 陕西省考古研究院秦汉考古研究部.陕西秦汉考古五十年综述[J].考古与文物，2008（6）：96-160.

㉑ 周学鹰."因山为陵"葬制探源[J].中原文物，2005（1）：62-68.

㉒ 薄太后原为汉高祖刘邦之妃，因其子汉文帝登基，后被尊为太后，故此汉高祖刘邦与太后吕雉合葬在一起，而薄太后不能与刘邦合葬。

㉓ 陕西省考古研究院秦汉考古研究部.陕西秦汉考古五十年综述[J].考古与文物，2008（6）：96-160.

㉔ 陕西省文物局.陕西省全国重点文物保护单位名单[EB/OL]，2006-09-13.http://www.wenwu.gov.cn/contents/230/ 4486.html.

㉕ 焦南峰.西汉帝陵考古发掘研究的历史及收获[J].西部考古，2006（1）：289-303.

㉖ 陕西省考古研究院秦汉考古研究部.陕西秦汉考古五十年综述[J].考古与文物，2008（6）：96-160.

㉗ 张明惠，杨武站，葛西军，刘君幸，岳起，马永赢，赵旭阳，王东，曹龙.汉武帝茂陵考古调查、勘探简报[J].考古与文物，2011（2）：3-14.

㉘ 马永赢.汉武帝茂陵陵园布局的几点认识[J].考古与文物，2011（2）：70-75.

㉙ 张明惠，杨武站，葛西军，刘君幸，岳起，马永赢，赵旭阳，王东，曹龙.汉武帝茂陵考古调查、勘探简报[J].考古与文物，2011（2）：3-14.

㉚ 梁佐.汉武帝茂陵与霍去病墓[J].文博，1985（3）：84.

㉛ 阎卫平.陕西关中十八唐陵[J].丝绸之路，1998（3）：37-38.

㉜ 周明.陕西关中唐十八陵陵寝建筑形制初探[J].文博，1994（1）：64-78.

㉝ 张建林.唐代帝陵陵园形制的发展与演变[J].考古与文物，2013（5）：82-90.

㉞ 礼泉县文物旅游局.唐太宗昭陵[EB/OL].西安：http://www.lqwwly.com/Newsview.asp?id=132.

㉟ 兰英姿.帝王陵墓建筑制度研究[D]，西安：2012-08-24.西安建筑科技大学，2006：35.
㊱ 罗哲文，刘文渊，黄彬，韩桂艳.中国名陵[M].天津百花文艺出版社，2003：114.
㊲ 陕西省考古研究所，昭陵博物馆.2002年度唐昭陵北司马门遗址发掘简报[J].考古与文物，2006（6）：3-16.
㊳ 张建林.唐昭陵考古的重要收获及几点认识[J].乾陵文化研究，2005：224-229.
㊴ 张建林，王小蒙.对唐昭陵北司马门遗址考古新发现的几点认识[J].考古与文物，2006（6）：17-22.
㊵ 礼泉县文物旅游局.唐太宗昭陵[EB/OL]，2012-08-24.http://www.lqwwly.com/Newsview.asp?id=132.
㊶ 兰英姿.帝王陵墓建筑制度研究[D].西安：西安建筑科技大学，2006：35.
㊷ 刘响.旧唐书卷五：高宗本纪[M].北京：中华书局，1997：48.
㊸ 王双怀，樊英峰.唐乾陵研究[J].乾陵文化研究，2005：1-34.
㊹ 杨宽.中国古代陵寝制度史研究[M].上海：上海古籍出版社，1985：78.
㊺ 樊英峰.乾陵历史地理初探[J].中国历史地理论丛，2000（3）：183-196.
㊻ 陕西省文物管理委员会.唐乾陵勘察记[J].文物，1960（4）：53-60.
㊼ 穆兴平.唐乾陵陵园城垣考[J].文博，2013（6）：54-58.
㊽ 王双怀，樊英峰.唐乾陵研究[J].乾陵文化研究，2005（5）：1-34.
㊾ 刘向阳.唐乾陵文化景观的内涵与特性研究[J].文博，2011（5）：45-51.
㊿ 陕西省考古研究所.唐高力士墓发掘简报[J].考古与文物，2002（6）：21-32.
(51) 陕西省考古研究所，蒲城县文物局．唐玄宗泰陵陵园遗址考古勘探、发掘简报[J].考古与文物，2011（3）：3-11.
(52) 陕西省文物局，陕西省全国重点文物保护单位名单[EB/OL]，2006-09-13.http://www.wenwu.gov.cn/contents/230/ 4486.html.
(53) 泾阳县文教局调查组.唐贞陵调查记[J].文博，1986（6）：16-21.

陕西古建筑

第八章 佛塔、石窟

陕西佛塔、石窟分布图

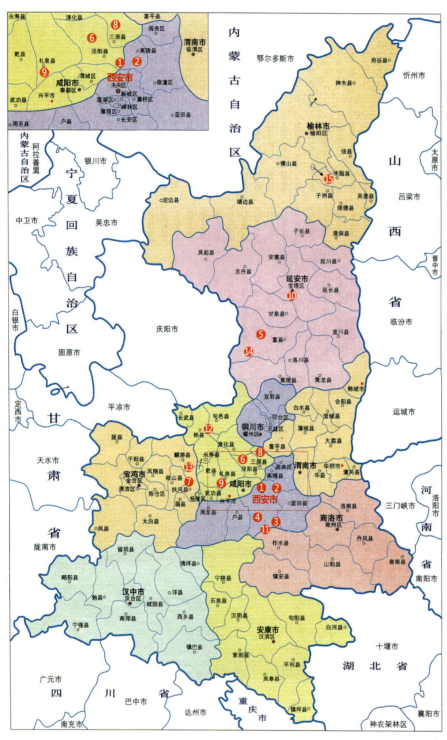

（地图引自：中华人民共和国民政部编.中华人民共和国行政区划简册2014.北京：中国地图出版社，2014.）

- ❶ 大慈恩寺大雁塔
- ❷ 荐福寺小雁塔
- ❸ 兴教寺玄奘塔
- ❹ 香积寺善导塔
- ❺ 富县柏山寺塔
- ❻ 泾阳崇文宝塔
- ❼ 扶风法门寺塔
- ❽ 中王堡木塔
- ❾ 千佛铁塔
- ❿ 千佛琉璃塔
- ⓫ 草堂寺鸠摩罗什舍利塔
- ⓬ 彬县大佛寺石窟
- ⓭ 慈善寺石窟
- ⓮ 富县石泓寺石窟
- ⓯ 米脂万佛洞

第一节 概述

陕西在历史上是佛教与丝路文化西来东渐的重要通道。隋唐时期，其更是全国政治、经济、文化与宗教的中心地带，因此，陕西隋唐时期出现了按丝绸之路呈线性分布的佛教建筑，这其中包括了佛寺、石窟寺、佛塔。石窟寺与普通佛寺有很大的区别，它并不以轴线为主的建筑组群为主体，而是顺着山势开凿的寺庙建筑，里面有众多的佛像或佛教故事的壁画。在陕西地区，佛塔作为佛寺建筑之中不可或缺的一个重要元素，具有了中国早期佛教建筑领域具有核心与发展导向的地位。宋、明时期，陕西是边关要地，战争时期人们特有的心理需求，使陕西重要交通道路沿线、边关重镇等地区出现了大批精美的佛教建筑。清代随着佛教的进一步平民化，以及佛教文化与中国文化的进一步融合，陕西境内又出现了为数众多的普通僧侣舍利塔、风水塔、道教塔，形成了一种可以单独存在而有其价值与意义的独特建筑类型。这些内涵各异，形态纷呈的古塔，虽然绝大多数十分简陋，但其中所囊括的文化意义值得重点研究。

一、佛塔

陕西是全国保留古塔较多的省份之一。截至2006年年底，陕西境内现存不同时期的古塔共287座。

从时间与空间分布来看，陕西唐代古塔主要集中在京城长安附近；宋塔则主要集中在通往北部、西北部的军事要道上；明代佛塔主要集中于陕西北部；清代分布地区稍显平均。从建筑材料来看，砖塔最多，为164座，占全部古塔的57.1%；其余类型分别有：石塔102座、砖石塔4座、铁塔5座、土塔10座、木塔1座、琉璃塔1座。[①]

陕西古塔种类齐全，造型多样，有楼阁式、密檐式、喇嘛式、单层式。唐宋古塔中，楼阁式塔是主体。西安大雁塔、玄奘塔皆属此类。楼阁式塔从结构上又可细分为空心楼阁式和实心楼阁式两种。陕西密檐式塔除一层高大外，其上各层的高度逐步递减，下面几层都还有门窗等装饰，只是越往上随着层间距离的不断缩短，才出现密集的塔檐。如：陕西富县的福严院塔（图8-1-1），最后几层突然加大收分，缩短层间距离，使整体塔形犹如曲线柔和的纺锤。陕西造像塔以明代为主，现存最早的造像塔是保存在耀州区药王山上的三座北魏时的小型造像塔（图8-1-2）。明代造像塔种类繁多，如咸阳千佛铁塔、延安琉璃塔、志丹县盘龙禅院石塔、赵石畔石塔等造像塔。陕西经幢式塔主要分布在陕北和陕南两个地区，前者如明代前期的绥德县的宝台寺塔（图8-1-3）和兴善寺普同塔（图8-1-4），后者如旬阳县圆通寺的两座明代舍利塔，两塔均为须弥座，单层六边形塔身，八边形宝盖式塔顶（图8-1-5）。现存陕西喇嘛式塔多为明代所修。横山县的清凉寺喇嘛塔（图8-1-6）和位于武功县的释迦文佛舍利宝塔（图8-1-7），其特征是高大的须弥座、覆钵式塔身、粗壮的十三相轮、华盖、塔刹。[②]

图8-1-1 富县福严院塔（图片来源：马建岗.陕西古塔[M].西安：三秦出版社，2014：204）

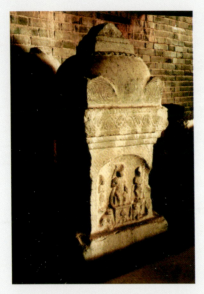

图8-1-2 药王山北魏小型造像塔（图片来源：马建岗.陕西古塔[M].西安：三秦出版社，2014：438）

图8-1-3 绥德县宝台寺塔（图片来源：马建岗.陕西古塔[M].西安：三秦出版社，2014：400）

图8-1-4 兴善寺普同塔（图片来源：自摄）

图8-1-5 旬阳县圆通寺明代舍利塔实景图（图片来源：自摄）

图8-1-6 榆林横山县清凉寺喇嘛塔（图片来源：马建岗.陕西古塔[M].西安：三秦出版社，2014：389）

图8-1-7 咸阳武功县释迦文佛舍利宝塔（图片来源：自摄）

二、石窟

陕西是我国石窟发展比较发达的地区之一，以晚期石窟为主。目前共发现北魏至明、清时期石窟350余处，其中比较重要的石窟：北朝9处；隋、唐、五代32处；宋、金、元73处。陕西石窟中大型窟少，小型窟多；群体窟少，单体窟多；大体量造像少，小体量造像多；北朝、隋、唐石窟少，宋代石窟较多；长期连续造凿的窟少，时代单一的窟多；关中及陕南的窟少，陕北的窟多；题材组合复杂的少，题材简单的多。

北朝石窟有宜君县的秦家河、花石崖、福地、苜蓿沟、彭村，安塞县的剑化寺、云山品寺，黄陵县的双龙香坊，甘泉县的老君寺，彬县的大佛寺等处，北魏时代占多数。这个时期石窟的龛、窟难分，规模较小，佛龛进深很浅，面宽与高度多在1米左右。佛龛多为拱形或尖拱形，有的龛侧饰莲结柱。造像主要为一佛二菩萨，或有飞天和胡服供养人。③开凿于西魏大统元年（公元535年）的宜君福地石窟，除刻有佛教造像外，还雕有道教天尊像，发愿文中的供养者称"道士"、"道民"，是迄今发现最早有纪年的佛、道合龛造像。

隋、唐石窟众多，有蓝田佛爷腰，彬县大佛寺、禄长、鸭河湾、麟游的慈善寺，凤翔的金马山，铜川的金锁关，宜君的焦寨，安塞的大佛寺、黑泉驿，富县的石泓寺、川庄，甘泉的孟家坝、方家河、刘老庄，吴旗的石空寺，洛川的史家河，韩城的七佛洞、开化寺、朝阳洞，佳县的玉皇寺，靖边的千佛寺等处。

宋、金、元各代石窟主要分布在陕北延安市，这与宋王朝大力倡导佛教以及宋与西夏之间的战事有着密切关系。宋太祖建隆元年（公元960年），太祖继位数月，即解除后周毁佛之令，佛寺重兴。尤其以安塞、甘泉、子长、富县、延安等处最为密集，不仅石窟数量多，而且技法纯熟，题材也更趋世俗化，尤以子长县钟山石窟、富县阁子头石窟、黄陵县双龙石窟以及延安市万佛洞石窟最具代表性。

第二节　佛塔

一、大慈恩寺大雁塔

大雁塔又名大慈恩寺塔，位于今西安城南大慈恩寺内。塔体造型简洁，气势雄伟，是我国佛教建筑艺术中不可多得的杰作，也是唐长安城保留至今的重要标志之一。1961年公布为第一批全国重点文物保护单位（图8-2-1）。

大雁塔建于唐永徽三年（公元652年），是唐高宗李治为安置玄奘由印度带回的佛教经籍而专门建造。大雁塔初建时方形五层，砖表土心。玄奘法师亲自参加建塔，搬运砖石，历时两年才建成。但因该塔为砖表土心，50多年后逐渐崩坏。唐长安年间（公元701~704年），用青砖改建为七层方形楼阁式空心砖塔。唐大历年间（公元778~779年），又改建成十层。后经战火破坏，剩下七层。④五代常兴年间（公元930~933年）、明成化二年（1466年）、明万历三十二年（公元1604年）皆以武则天时重建的式样为本进行维修。特别是明万历年间的维修，对残破的塔身加砌砖面，将唐塔整体包住，塔内部重修塔梯，形成了今日大雁塔的基本形态。

现存大雁塔为砖仿木结构的四方形楼阁式塔，由塔基、塔身、塔刹三部分组成（图8-2-2）。全塔通高64.5米，塔基高4.2米，南北长约48.7米，东西长约45.7米；塔身底层边长25.5米，呈方锥形；塔刹高4.87米。塔内平面亦呈方形，各层均有木楼板，设置木扶梯，可盘旋而上至塔顶，各楼层厚度为：首层10.36米，二层7.37米，三层7.15米，四层6.65米，五层6.7米，六层6.4米，七层5.2米（顶部厚度不计）。

大雁塔塔身作仿木结构。明代包砖后，立面用倚柱分隔成仿木构楼阁式样，首层和二层每面为九间，三、四层为七间，五、六、七层为五间。首层正面当心间开券门，以上每层、每面的当心间有券窗。塔身各层壁面都用砖砌扁柱和阑额。柱的上部施有大斗，柱间砌砖隐出阑额、柱头栌斗。每层以叠涩出檐划分，檐下砌出菱角牙子。塔顶叠置宝瓶、葫芦作为全塔的结束。⑤

塔体南侧券门内两侧砖龛嵌有《大唐三藏圣教序》和《大唐三藏圣教序记》两通石碑，皆由唐代著名书法家褚遂良所书写。西侧券门门楣石镌刻有唐刻建筑图案和佛像等线刻画，画面布局严谨，线条遒劲流畅，内容细致入微，传说出自唐代著名画家阎立本和尉迟乙僧之手，是研究中国唐代建筑形制的重要资料（图8-2-3）。

二、荐福寺小雁塔

小雁塔又名荐福寺塔，位于今西安城南荐福寺内。塔造型挺秀柔和，风格简洁古朴，为唐代密檐式塔的代表作品。1961年公布为第一批全国重点文物保护单位（图8-2-4）。

荐福寺原名大献福寺，始建于唐睿宗文明元年（公元684年），天授元年（公元690年）改名"荐

图8-2-1 大雁塔实景图（图片来源：自摄）

图8-2-2 大雁塔立面图（图片来源：改绘）

图8-2-3 大雁塔西侧券门门楣线刻图（图片来源：赵立瀛. 陕西古建筑[M]. 西安：陕西人民出版社，1992：127）

图8-2-4 小雁塔实景图（图片来源：自摄）

福寺"。唐中宗景龙年间（公元707～709年），于荐福寺南面的安仁坊内另辟塔院，建造了一座砖塔，作为荐福寺塔。此塔在唐时称"雁塔"，明时也有称"荐福塔"，清时才出现"小雁塔"之称。⑥唐末战乱，荐福寺屡遭破坏，寺院毁废，只有小雁塔得以保存。据宋元祐年间（1086～1094年）文献记载，彼时荐福寺已从最初的开化坊迁入安仁坊的塔院内，与小雁塔成为整体。宋徽宗政和六年（1116年），将风化严重的塔檐、塔角修好，以白土粉饰，至今塔身可见白土粉刷的痕迹。明、清两朝对荐福寺和小雁塔进行过多次修缮。明代曾有五次大规模的整修，基本上保留先有的格局。

小雁塔原为方形十五层密檐楼阁式空心青砖塔。明宪宗成化二十三年（1487年）地震，塔自顶而下中裂；明嘉靖三十四年（1556年）地震，塔顶震塌两层，现残存13层。1989年测定，总塔高43.395米，底边长为11.38米，高与底边的比例约为100：26⑦（图8-2-5）。

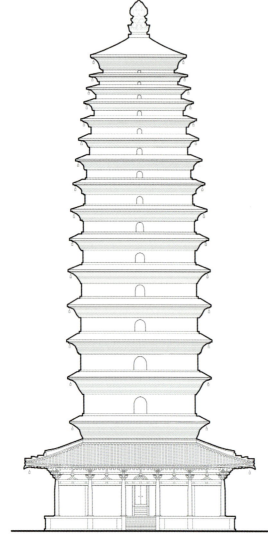

图8-2-5 小雁塔立面图（图片来源：改绘）

小雁塔由基座和塔身两部分构成，现存基座是砖砌的方形台基，基座下有竖穴式的地宫。基座为砖方台，塔基座南北各开有一券门，青石门相，券门下为青石踏步。石门框上布满精美的唐代线刻，尤其门楣上的天人供养图像，艺术价值很高。底层北券门外紧靠塔体的砖砌门楼，系清代增建。塔基座南侧有清代石门坊，南额刻有"万汇沾恩"，北额刻有"不二法门"。

基座之上为塔身，塔身首层较高，二层以上高度逐层递减，塔体自下而上略呈弧线形，庄严中不乏秀丽（图8-2-6）。小雁塔第一层塔身南北开辟门洞，以供出入，南北门框均以青石做成，石质门楣上线刻供养天人和蔓草、祥云、迦陵频伽等具典型佛教寓意的装饰图案，反映了初唐时期的艺术风格。

图8-2-6 小雁塔细节图（图片来源：自摄）

塔身结构为单壁中空，内设有木构式的楼层，有木梯盘旋而上可达塔顶。塔壁不设柱额，每层砖砌出檐，檐部叠涩砖，间以二层菱角牙子，以加强檐口线，塔的第一层外墙明代做过包砌。檐上塔窗左右用叠涩砖砌成低矮的平座，与一般密檐式塔形制不同。塔身宽度由下至上逐层递减，愈上愈促，形成自然的收分，呈现出秀丽舒畅的卷杀轮廓。塔各层南北有半圆形拱门。

三、兴教寺玄奘塔

兴教寺玄奘塔（图8-2-7）位于西安市长安区杜曲镇西韦村兴教寺内的西慈恩塔院内，是我国现存最早的楼阁型方形砖塔，亦是现存最早的一座唐代仿木结构楼阁式砖塔。1961年公布为第一批全国重点文物保护单位。

唐高宗麟德元年（公元664年）玄奘法师圆寂后，初葬于白鹿塬。唐总章二年（公元669年）迁葬于此，并修寺建塔，以资纪念。寺建成以后，屡遭兵火，各代也屡有修葺，19世纪后期、清同治年间，寺内殿舍皆为兵火所焚，唯三座灵塔幸存。

塔体为方形五层楼阁式实心砖塔，通高约21米，底层边长5.2米。底层南面辟龛室，供奉泥塑玄奘法师像。北壁嵌唐开成四年（公元839年）"大唐三藏大遍觉法师塔铭"碣一方，因此亦称大遍觉塔。因是墓塔，所以除底层外，其上四层概不能登临。

第一层塔身经过后代修缮，已是平素的砖墙，仿木构件无存。二层以上塔壁作仿木结构，每面三间，以砖隐出倚柱、阑额及普拍枋，斗栱为"一斗三升"出耍头，无补间铺作。塔顶平砖攒尖，置宝瓶式塔刹（1920、1930年代维修时所加）。

塔身层间以十一层平砖叠涩出檐，其中一、三层为菱角牙子，挑出的檐砖逐层加大，使叠涩呈现出向内曲的弧形曲线，为唐代叠涩塔檐的艺术风格，檐角缀风铃。⑧

此塔在结构上除仿木构式样外，还在塔内转角处的柱头上采用半朵铺作（门拱），这种做法在同期的作品中，仅有日本奈良时代的法隆寺西院步廊铺作一例。自唐之后建塔则多数运用宋、辽砖筑墓室，故塔上用此种门拱制度的实在不多，是我国建筑史上这种做法现存最早的一例⑨（图8-2-8）。

玄奘塔立于兴教寺塔院正中，坐北朝南。其左右两侧各有一座三层塔，为其弟子慈恩大师窥基和西明大师圆测舍利塔。

窥基塔（图8-2-9）于永淳元年（公元682年）始建，大和三年（公元829年）重建。此塔为三级方形楼阁式砖塔，高约7米，底边长2米。圆测塔（图8-2-10）于北宋政和五年（1115年）由终南山

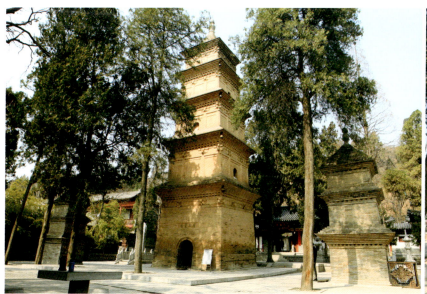

图8-2-7　兴教寺玄奘塔实景图（图片来源：自摄）

图8-2-8 兴教寺玄奘塔细节（图片来源：自摄）

图8-2-9 兴教寺窥基塔实景图（图片来源：马建岗.陕西古塔[M].西安：三秦出版社，2014：35）

图8-2-10 兴教寺圆测塔实景图（图片来源：李志萍摄）

丰德迁来灵骨时修建，此塔形制与窥基塔基本相同。两塔皆于1961年公布为第一批全国重点文物保护单位。⑩

四、香积寺善导塔

香积寺塔位于西安市长安区终南山麓神禾塬上的香积寺内，系净土宗门徒为纪念善导和尚所建，故又名善导塔。2001年公布为第五批全国重点文物保护单位（图8-2-11）。

香积寺、塔建于唐神龙二年（公元706年）。宋兴国三年（公元978年）改名为开和寺，不久又复原名。清乾隆年间对寺、塔进行了局部维修。

善导塔位于香积寺内西北角，是寺内现存最古老的塔。佛塔原为十三级密檐式仿木结构空心砖塔，因唐末地震，塔顶坠落，现仅存11层。该塔平面呈正方形，砖砌单壁结构，内置木梯通至顶层，

图8-2-11 香积寺塔实景图（图片来源：李志萍摄）

塔刹为宝瓶葫芦顶。底层较高，二层骤然变低矮，并逐层收减高宽，塔壁略有收分，至第十层每边长5.1米。经实测塔身至塔顶残高28.95米，包括基座总高31.00米。底层四面有门，南门楣上有乾隆年间所刻"涅槃盛事"的题字。塔身内四面镌刻楷书《金刚经》，字体秀雅，笔力遒劲。

香积寺塔的基本形制为密檐式塔，但又具有楼阁式的特征，塔身各层界面均有叠涩砖檐，且沿高度分布密集，显示了密檐式砖塔的特点。塔身底层平素无饰，以上各层墙面均有突出墙面的仿木构造。每面有4根方形倚柱，将墙面划分为面阔三间，柱上施阑额一道，柱头有栌斗，斗上有间有二道棱角牙子的叠涩出檐，各层当心间设券形龛，梢间有砖砌柱，中为朱绘直棂窗。这些装饰处理又显示了模拟木建筑楼阁的某些特征[11]（图8-2-12）。

五、富县柏山寺塔

富县柏山寺塔位于延安市南部富县直罗镇柏山半山之际，虽然从史料未能清晰知道该塔始建年代为唐代还是宋代，但是从塔的造型及塔上造像艺术风格看，该塔应为宋代建筑。1992年公布为陕西省重点文物保护单位（图8-2-13）。

明弘治本《延安府志》卷五载："柏山禅寺，在（鄜州）城西一百二十里。"柏山寺塔即为该寺的标志塔。现寺院已无存。

柏山寺塔也名"直罗塔"，为八边十一层密檐楼阁式砖塔，通高43.3米。塔正南辟有拱形塔门，内有塔室，为四方形，边长2.3米。至第二层底部以砖叠涩收分。塔身二层以上每层辟四券门、四方龛，上下层门、龛不相错。第二层至券门两侧有

图8-2-12　香积寺塔细节（图片来源：自摄）

图8-2-13　富县柏山寺塔实景图（图片来源：自摄）

直条棂格窗。有的塔门又作小拱形龛，内置佛教造像，如天王、罗汉等。富县文管办已从塔身取下9尊造像收藏，现塔院内仍存少数造像。从造像风格看，为宋代艺术的珍品，弥足珍贵。[12]

柏山寺塔为砖仿木结构的典型建筑。塔身各层均以砖叠涩出檐，有檐椽、飞子。檐下饰砖雕斗栱，斗栱为宋式五铺作制式，柱头铺作为五铺作出双抄，补间铺作由于攒档较为密集，因此采用五铺作偷心造的做法。整体感觉比例、尺度十分和谐。二层以上每层皆有平座与栏杆，单边三开间，方形壁柱、额枋雕刻清晰（图8-2-14）。

六、泾阳崇文宝塔

崇文宝塔位于咸阳市泾阳县崇文乡东太平村，是明代砖塔建筑中现存规模最大，保存最完整的仿木楼阁式砖塔，为明塔的典型代表，同时是全国现存最高的砖塔。2001年公布为第五批全国重点文物

(a)

(b)

图8-2-14 富县柏山寺塔细节（图片来源：自摄）
(a) 叠涩；(b) 砖挑斗栱

保护单位（图8-2-15）。

崇文宝塔，世称"泾阳塔"，始建于唐，1556年毁于地震。明万历十九年（1591年）重建，至万历三十六年（1608年）竣工，由明刑部尚书、本县人李世达主持，南京镇江工匠施工所建。[13]塔前尚存明万历甲寅年（1614年）"泾阳县壬子科崇文宝塔题名记"、万历丙口季春"泾阳县崇文宝塔题名记"、"泾阳县崇文宝塔乙酉科题名记"、清顺治十六年（1659年）"铁佛崇文宝塔寺常住田供众记"等明清石碑四通。据"铁佛崇文宝塔寺常住田供众记"记载，该塔为倡导泾阳、三原、高陵三县学童努力向学而建。[14]清同治元年（1862年）崇文寺院被焚，仅存塔与五间山门。

泾阳崇文宝塔是八边十三层楼阁式空心砖塔，通高87.218米。塔基为须弥座，底层每边长9米。塔身一层作重檐，南向辟拱券门，额题"崇文宝塔"四字，左右两侧有竖书，塔身其余各面设佛龛。二层以上每层辟四券门、四佛龛，上下层门、龛逐层依次相错，龛内均置明代石雕佛像一尊，或立或坐。塔身层间叠涩出檐，施仿木形式椽头、斗栱、额枋、菱角牙子与平座。额枋上饰砖雕荷花、瑞兽、飞天、寿星等图案。塔壁角倚圆柱，檐角缀风铃。二、四、六层增设垂莲柱，将每面分为三间（图8-2-16）。塔顶安置4.19米高钢质宝瓶式塔刹，

图8-2-15 泾阳崇文宝塔实景图（图片来源：自摄）

图8-2-16 泾阳崇文宝塔细节（图片来源：自摄）
(a) 叠涩；(b) 水平环廊；(c) 塔顶楼梯；(d) 内部楼梯1；(e) 内部楼梯2

图8-2-17 泾阳崇文宝塔内部拱形佛龛（图片来源：自摄）

周围圈以城垛式护墙。⑮1979年在塔顶部发现8尊鎏金铜佛像、菩萨像和天王像等，造型逼真生动，为明代珍品。

塔内为穿心式结构，塔壁内为券顶式环廊，形成类似于现代高层建筑"筒中筒"的建筑结构形式。砖阶梯在中心柱中盘旋而上，进入上一层环形拱廊，再由塔心柱中穿插而上（图8-2-17）。砖石发券的拱廊做法十分考究，反映了当时高超的施工技术。这种层与层间，外壁与中心柱结为一体的结构建造方法，增强了整体的抗裂性能。塔心柱每面除楼梯口外，均辟券龛。

七、扶风法门寺塔

法门寺塔（图8-2-18）位于陕西省宝鸡市扶风县城以北10公里处的法门镇上，是我国最著名的佛教古刹真身宝塔之一。法门寺因舍利而置塔，因塔而建寺，原名阿育王寺。释迦牟尼佛灭度后，遗体火化结成舍利。公元前3世纪，阿育王统一印度后，为弘扬佛法，将佛的舍利分成84000份，使诸鬼神于南阎浮提，分送世界各国建塔供奉。中国有19处，法门寺为第五处。

法门寺塔，"闻创始于东汉桓、灵年间"，原为四层木结构塔，高约27米。1569年关中大地震，法门寺塔被震塌，明万历七年（1579年）神宗赐银数万两建塔，历时30年在明万历三十七年（1609年）建成，仍仿木塔形式重修为60余米高的八棱十三级砖塔，雕檐金顶，做工细致。

该塔在1976年8月16日的四川松潘、平武地震后，在塔底的西南一侧出现了自下而上的，长约8米的裂缝，缝最宽处约2厘米。由于没有及时采取措施，进行维修和抗震加固处理，致使该塔在1981年8月的一场大雨中溜倒了一半，造成了不可弥补的损失。仅剩下的一半，突兀孤立，岌岌可危，当地有关部门于1985年8月将残塔拆除。⑯

现在的新塔仍然是按明塔进行原样重建，2014年建成。新建的塔为砖砌楼阁式，平面八角十三层，高60余米。第一层塔身八面，南面塔门，上有"真身宝塔"四字的石匾。其余四面为八卦：乾、艮、巽、坤等字样，以记方位。塔身的第一层檐下，用砖刻制出垂爪柱、帐幔和斗栱、椽子等构件。从第二到第八层，檐下均刻出额枋、斗栱，以叠涩出檐。八层以上各层仅作叠涩出檐，而无斗栱和其他构件。第十三层做成了八角形圆盖。塔刹为铜覆钵、宝珠。塔的第二层至第十二层共有佛像龛88个，每龛置铜佛或菩萨造像1~3尊，共计104尊，大者形同真人，小者只有0.2米左右。塔上的造像庄重肃穆，铸造技术精湛。

在20世纪中国现代考古记载中，法门寺地宫是最重大的发现之一。1987年4月，2000多件大唐皇室重宝簇拥着举世无双的佛指舍利横空出世，法门寺在一夜之间成为世界关注的焦点。而从建筑学的

图8-2-18 法门寺实景图（图片来源：李志萍摄）
(a) 鸟瞰；(b) 近景；(c) 地宫

角度来看，法门寺塔的地宫形制有着突出的特点。法门寺塔地宫的形制与迄今所知中外各国的佛塔地宫有很大的差异。地宫前、中、后三室不是同时构筑的，唐高宗时期重建的法门寺塔地宫只有位于塔基中心方座正中的后室一室，中室和前室分别是在唐中宗和唐懿宗时期改造地宫甬道和隧道形成的，因此地宫既不是事先按照皇帝陵墓的规制设计和建造的，也不是咸通十五年封闭时按照密教仪轨统一布置的"唐密曼荼罗"。⑰

八、中王堡木塔

中王堡木塔原名文峰木塔，因位于咸阳市三原县安乐镇中王堡村，也称作中王堡木塔。该塔结构简明，造型秀丽，为陕西仅存的一座木塔。1957年公布为陕西省第二批重点文物保护单位（图8-2-19）。

该塔始建于明万历二十二年（1594年）。清康熙十九年（1680年）曾进行过大规模整修。民国二十九年（1940年）再次修缮。

中王堡木塔为六边三层四檐楼阁式木塔，通高约20米。塔基为砖石砌六边形，底边长13米，高4米。木塔塔身木质，自地至顶用6根通柱，底层柱包砌在墙内，施周回廊构成下檐。二、三层出檐由平座"永定柱"并挑枋吊柱支承挑檐，不施斗栱；挑檐逐层收进，上层柱脚落在下层柱脚枋（抱头梁）上。塔身每面辟格子窗，塔顶构架由额枋及数层抹角梁叠架而成，雷公柱落在太平梁上，如亭阁式做法。⑱六角攒尖顶，置宝珠式塔刹，每层每面檐角翘起，有正脊和戗脊、脊兽，檐角下有套兽，兽头下缀风铃。塔台与前大殿之间以拱桥相连，为登塔通道，底层西北方向有门，塔内设扶梯，可拾级而上到二、三层。因应木质结构特点，木塔腰身显得有些粗壮，不似砖塔比例修长（图8-2-20）。

九、千佛铁塔

千佛铁塔，本名"千佛塔"，因位于离咸阳市区约10公里处的北杜镇福昌寺内，又名"北杜铁

图8-2-19 中王堡木塔实景图（图片来源：李志萍摄）

塔"、"福昌寺塔"。它是我国古建遗存中保护完整且最高的一座铁塔。因其塔身遍布有数以千计的大小佛像，故称"千佛铁塔"。⑲2013年公布为全国第七批重点文物保护单位（图8-2-21）。

塔始建于明万历十八年（1590年），塔为八边九层密檐楼阁式铁塔，通高约21米，底边长2.42米。塔基为砖砌八边形，高3.08米，檐下饰砖雕额枋、角饰圆形倚柱，上有转角垂莲柱。塔基南北均辟券门，内设砖阶梯，两门均可到达铁塔一层之

图8-2-20　中王堡木塔细节（图片来源：李志萍摄）

图8-2-21　咸阳千佛铁塔实景图（图片来源：自摄）

外。塔基南券门上方嵌楷书"千佛塔"三字铁匾，长1.02米，宽0.51米。匾额上方横书"延安府清涧县训导聘室人王氏杨氏"，落款"大明万历三世十八岁庚戌吉日立"，铸塔人为"南书房行走太监杜茂"。[20]

塔身材料为外铁内砖，底层南、东、西三面辟圆拱门，有门框、楣、槛（原装铁门已毁），塔身一层东南、东北、西北、西南各面铸四大天王像，神态各异，栩栩如生。塔身二层多处铸有铭文。层间做六铺作双下昂斗栱、并出斜栱以及仿砖木出檐（图8-2-22）。一层至九层外部全部铁铸，塔内砖砌"壁内折上"塔梯，可至塔顶。各层外壁铸铁佛多尊及荷花、芭蕉等花草和凤凰、仙鹤、麒麟、奔马、老虎、犀牛望月、猴子摘桃等动物图案；各层依据需要和层高等实际情况，辟不同数量的券门或望孔，故当地有民谚："铁塔寺，九层子，八棱子，

图8-2-22 咸阳千佛铁塔细节（图片来源：自摄）

二十四个窗门子"；华盖式八角攒尖顶，宝瓶式塔刹。㉑

十、千佛琉璃塔

千佛琉璃塔为陕西省仅见的一座琉璃塔。该塔原位于延安市宝塔区甘谷驿镇唐家坪村南山坡，1985年迁至清凉山仙石洞西侧。2013年公布为全国第七批重点文物保护单位（图8-2-23）

千佛琉璃塔建于明崇祯二年（1629年），塔为八角形，七层仿木楼阁式实心琉璃塔。残高6.25米，底层直径1.15米。塔刹原为铜质圆形，后被盗。塔通体以孔雀蓝琉璃为主，间以黑、黄、褐、赭、绿等色琉璃砖砌筑。内部以土坯填实，以柏木桩固定。塔身外部每层隐出倚柱、额枋、屋檐、斗栱及浮雕各式造像。

塔身底层每面饰一佛二天王，间以小佛像41个；二层每面饰一佛二菩萨、二飞天，间以小佛像56个；三层饰形态各异的飞龙，其中一面为二龙盘

图8-2-23 清凉山琉璃塔实景图（图片来源：自摄）

图8-2-24 清凉山琉璃塔细节（图片来源：自摄）

旋，间以小佛像32个；四层饰凤凰、朱雀、麒麟、鹿、马等瑞兽灵物，四周间以小佛像11或者15个，下为海水；五层以上每面均饰一座佛，佛的头部和两侧有五排46个小佛像；第六层每面上部中间有黄琉璃坐佛，下部和左右两侧有五排39个小佛像；第七层每面的中间上部有一黄琉璃坐佛，下部和左右两侧有五排29个小佛像。[22]

千佛琉璃塔每层均装有出檐，檐下有额枋、柱头、斗栱，檐脊上饰有牡丹、忍冬、如意云纹等。檐基两端饰有鸱吻与蛟龙。[23]塔身第五层有铭文"崇祯二年八月十一日造成，山西汾州府匠人侯大阳"21字。塔身七层正中保存有长33厘米、宽13厘米、高14厘米的柏木舍利子函盒。盒内有红绸小袋，内装5小卷经卷，以及用珍珠、玛瑙制成的12粒舍利子。盒内还有"天启通宝"铜钱一枚，重圈铭文铜镜一块。盒底部压有线装《太上诸仙经典训诫》一册[24]（图8-2-24）

十一、草堂寺鸠摩罗什舍利塔

鸠摩罗什舍利塔位于西安市户县草堂镇草堂营村草堂寺内，是后秦高僧鸠摩罗什的舍利塔。2001年公布为第五批全国重点文物保护单位（图8-2-25）。

鸠摩罗什为天竺僧人，后秦弘始三年（公元401年）入住草堂寺，主持译经工作，并与真谛、玄奘、不空并称中国佛教四大译家。公元413年，鸠摩罗什于草堂寺涅槃火化，舍利保存在该寺。

鸠摩罗什舍利塔建于唐代，为单层亭阁式仿木八角舍利石塔。塔高2.44米，底座呈方形，边长1.69米。因全塔用玉白、砖青、墨黑、乳黄、淡红、浅蓝、赭紫、深灰等八种颜色的玉石雕刻镶嵌

图8-2-25 鸠摩罗什舍利塔（图片来源：李志萍摄）

而成，所以俗称"八宝玉石塔"。

舍利塔由塔座、塔身、塔顶、塔刹四部分组成，"上下共十二层次"，也有简单地称其为"八面十二层"的。《中国文物地图集·陕西分册》记载："一层圆盘状，沿盘面浮雕须弥山及佛、兽等；以上几个层次均呈圆形，依次雕水波、二重流云、水波、流云；上托八角塔身"。

塔座是由山、海浪以及海浪升腾出的祥云组成的须弥座；塔身是仿木建筑的八面形塔体，以浮雕的手法，雕出倚柱、板门、直棂窗及阑额等；塔顶为四角攒尖式，出椽头、屋脊和瓦垄；塔刹由刹座、仰覆莲及扁圆宝珠构成，形制也具独特风格，在简洁的刹座上，刻出巨大的似莲瓣形花叶，承托巨大的扁圆宝珠。

第三节 石窟

一、彬县大佛寺石窟

彬县大佛寺石窟，位于彬县城西10公里处的泾河南岸的水帘洞乡大佛寺村附近的清凉山上，是陕西省境内规模最大的石窟群，也是中国现存初唐时期和盛唐时期规模最大、最为精美的石窟群之一。1988年公布为全国第三批重点文物保护单位（图8-3-1）。

大佛寺石窟始凿于南北朝时期，大规模开凿于唐初，贞观二年（公元628年）基本建成，原名应福寺，乃唐太宗为了给对抗薛举、薛仁杲大战中阵亡将士应福而建。北宋仁宗皇帝为其养母刘太后举国庆寿时，改名"庆寿寺"。人们因其佛像高大雄伟，从明景泰年间俗称大佛寺并沿用。

大佛寺石窟群坐南面北，依山凿窟，雕石成像，沿东西方向排列在陡峭垂直的崖面上。现存大小窟龛361个，其中洞窟107个，佛龛254个，内有造像的洞窟共19个，造像1498躯。错落有致地分布于约400米长的立体崖面上。分为大佛窟、千佛洞、罗汉洞（佛洞）、丈八佛窟、僧房窟五部分。

石窟群以大佛洞为全寺的中心，可以分为三大部分：中部、西部、东部。中部为整个石窟群的主体部分，包括大佛洞及紧邻两侧的千佛洞和罗汉洞，共12窟，称之为"中崖"，即"明镜台"；西部窟室有些还保留了部分造像，共8窟，称之为"西崖"；东部的窟室均无造像，也无任何石刻碑文，平面多为方形，有少数圆形和椭圆形的窟室，共87窟，称之为"东崖"。东部的窟室有单一窟室、一窟双室以及一窟四室等不同类型。有些窟室的入口上方还有采光用的窗口，这些窟室的规模都不大，且各窟室外在崖壁上还可以看到为了互相联系而架设木栈道所留在崖壁上的孔洞痕迹。[25]其中，东崖和中崖洞窟比较密集。开凿较早、规模最大和保存最为完整的是"大佛窟"。其次是"千佛洞"和"罗汉洞"，其大约开凿于唐高宗执政时期。

大佛窟完工于贞观二年（公元628年），是我国现存唐太宗时期规模最大、最为精美的一处洞窟。洞窟南北长18米，东西宽34.5米，高31（24）米，方向为北偏东15度。洞窟内平面近似半圆形，洞窟上部的总体构造为穹隆形。洞窟前有砖木结构的五层楼阁屹立，可以登临眺望。洞内共有70龛，1001躯造像。洞正中有石雕佛像三尊，阿弥陀佛居中，观音菩萨侍左，大势至菩萨侍右，均为石胎泥塑。阿弥陀佛高27米，宽10米，佛指长2米。依岩跌坐，肩宽厚，披衣袒胸，腰系佩带，造型自然丰满，神情端庄，颇显唐代风格，大佛寺亦因此佛而得名。大佛背光边沿浮雕飞舞在碧空的22躯飞天伎乐，花纹装饰精美，充分表现了初唐的艺术风格。观音菩萨高21.5米，大势至菩萨高21米。大佛洞内四壁布满佛龛，雕刻大小佛像、菩萨像400余尊，列置最小的仅2厘米。大佛窟规模宏大，造像雄伟，雕刻精致，是古代造像艺术中的一大宝库。

从形制来看，大佛寺主窟大佛洞继承了公元4、5世纪佛教自印度传入中国早期时，新疆克孜尔石窟马蹄形平面并主像身后两下侧凿出礼拜隧道的做法。从结构来看，大佛窟顶部采用了敦煌莫高窟中最为流行的仿木构房屋的横向人字披形式。从雕刻手法来看，大佛身后的背光雕刻，显示出北朝的佛

图8-3-1 彬县大佛寺石窟全景图（图片来源：宋艳刚摄）

教艺术传统。

罗汉洞位于大佛窟西侧，大约开凿于唐高宗时期，共有4个石窟，规模较小。第三窟内壁有浮雕经变故事60余幅，并保存有唐宋以来游人题刻甚多。其余三窟内，均有石佛和菩萨造像，数量不等，造型与大佛窟相似，雕工细致。

千佛洞位于罗汉洞东侧10号窟，大约开凿于唐高宗时期，由三个石窟组成。外观是一明两暗的厅堂，内为石窟。窟内均有佛和菩萨造像，四周墙壁遍布浮雕，共计300余幅，刻画的题材为人物和经变故事，惟妙惟肖。千佛洞有十几处佛龛均包含着明确的铭文发愿题记，大部分是在武则天执政时期雕造出来的。这个时期的造像都具有健美的身材、婀娜多姿的体态，体现了大唐帝国中最为纯正的佛教造像艺术。特别是在千佛洞中还保存了一处与真人等高的一佛二菩萨造像龛（图8-3-2），这处等身像龛的佛与菩萨像，是集人体的写实美、夸张美于一体的雕刻艺术，也是千佛洞武则天时期雕刻的代表作品，是最为典型的初唐长安风格的造像艺术。

丈八佛窟又称"应福寺"，是大佛寺年代最早的佛窟，位于大佛窟以西200米处，沿山开凿的9孔小石窟散布在崖面上。窟内有依山雕刻的一佛二菩萨站立像，系典型的"石胎泥塑"造像，肃穆庄重，俊美优雅，具有明显的北周佛教造像艺术特征，显示该窟开凿于南北朝时期。

二、慈善寺石窟

慈善寺石窟位于宝鸡市麟游县城东6公里处漆水河西南岸的崖面之上。石窟开凿于隋仁寿年间（公元601~604年），唐高宗永徽四年（公元654年）又进行大规模续建。石窟内佛像丰满圆润，刀法洗练，代表了隋唐时期佛造像的最高艺术水平。它的建筑和雕刻样式曾是当时建造石窟的范本，因而保存下来的洞窟建筑也十分珍贵。2001年公布为第五批全国重点文物保护单位（图8-3-3）。

陕西宝鸡麟游是隋唐帝王避暑的行宫九成宫所在地，慈善寺是当时皇帝后妃及大臣在麟游避暑时礼佛的宫廷寺院。唐文宗开成元年（公元836年）慈善寺佛舍遭大水毁坏，后多次修复。现存石窟分布于高28米的崖壁上，西崖有三大窟，南崖有窟龛多座。两处共有12个洞窟，6座佛龛，47尊造像。西崖第一、二窟平面呈马蹄形，窟内佛像体量较大。从北向南依次编号1~3号窟，第一窟主佛高5.5米，即为隋代开凿镌造。隋代存在时间短促，所遗佛教文物较少，像慈善寺第一窟主佛这样高大完整、保存到今天的隋皇宫石窟造像，极为珍贵。南崖上有9个摩崖造像龛，内凿佛像，体量较小。不规则地呈东西向排列，尺寸大小不一，且无统一的布局规划。[26]此外，慈善寺石窟窟壁内外还保留有唐代至明代的题记、刻经5处。

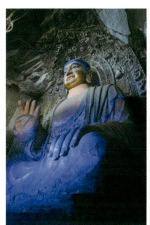

图8-3-2　千佛洞造像龛（图片来源：宋艳刚摄）

图8-3-3 慈善寺石窟窟外建筑实景（图片来源：自摄）

慈善寺石窟属于前殿后佛的平面布局，与彬县大佛寺的形制相同，但规模不如前者。这种窟的形制，佛像较大，常占据窟内主要空间，而礼佛活动主要在窟外大殿中进行。

1号窟（图8-3-4）位于西崖的最北面，平面为马蹄形，窟顶近于穹隆，中部平整。窟室内部空间较大，而在窟口处收缩。窟门上部呈圆拱状，已经崩塌，仅南部顶上拐角处保存一小部分弧度，推测窟门原应是拱形。窟门高6.72米，宽4.45米，进深5.90米。窟内依西（后）、北、南壁下部凿有倒凹字形坛，西坛高1.5、侧坛高0.9米，西坛向外伸出构成主佛下座。坛上依三壁各雕一结跏趺坐佛像。[27]

2号窟（图8-3-5）位于慈善寺西崖北部1号窟南侧，北距1号窟9.5米。平面呈马蹄形，两侧壁外弧，窟口内收。窟口残损，原应为圆拱形。窟高5.38米、窟门宽3.20米、后壁宽3.76米、窟中部最宽5.30米、进深2米。倚着西壁雕一立佛，左右壁下部各开一大龛，上部各开一小龛，左壁大龛内雕凿一佛二菩萨像，右壁大龛内雕凿一佛二弟子像，两龛内造像方向相对。2号窟主佛南侧下距地面0.96米处，刻有佛经一部，高1.30米、宽0.65米许，楷书，字1.5~2厘米见方，共31行。经中有许多字已漫漶不清，仅可辨识的字就有一千余言，无疑可大大地弥补敦煌残卷之缺。"敬福经"可以堪称为迄今为止发现的全国现存刻写时间最早，保存字数最多，内容最完整的世俗佛经。[28]

3号窟位于北崖2号窟南侧1.5米处，仅仅开凿了窟口，便废弃了。从现存遗迹上看，窟口略成弧顶横长方形，窟内平面呈长方形。窟高4.9米、窟门宽6.17米、进深1.8米，窟口下沿距地面1.9米。窟室后壁中部有后代补凿的佛龛造像，虽承唐风，但造型较为呆板，手法拙劣。[29]

慈善寺石窟总面积不大，只有两座庙，但特别可贵的是，这尊大佛因未经后代装修，仍保持了初盛唐时代的雕刻特点，反映了初盛唐雕刻造像的雄浑而又精美细致的高超手法，其所雕佛像，头部稍大，肌肤丰满，神态完美，裙带衣纹流畅，刀法简练有力，时代风格鲜明，是隋唐皇家寺院佛教艺术的精品之作。

图8-3-4 一号窟石窟造像（图片来源：自摄）
(a) 第一窟主尊释迦牟尼；(b) 第一窟下部南龛坐佛

图8-3-5 二号窟石窟造像（图片来源：自摄）
(a) 第二窟主尊阿弥陀佛；(b) 第二窟南龛坐佛；(c) 第二窟北龛坐佛

三、富县石泓寺石窟

石泓寺石窟，又名川子河石窟，位于延安市富县城西65公里处的直罗镇川子河北岸。石窟依崖凿石而成，2006年公布为第六批全国重点文物保护单位（图8-3-6）。

从窟内题记看，此窟始凿于隋大业年间（公元605~618年），唐、宋、金、明、清各代都有雕凿。其大多数开凿于唐、宋时期。"鄜县石泓寺……开凿时代在唐初或更早一些，最突出的是金代开凿的窟，大小雕像三千多尊。"[30]窟前有清代修建民国修复的"皇经楼"，上刻"石泓寺"三个大字，寺前现有三开间寺楼1座及12间配房。

石泓寺坐东北面西南，选址优越。石窟南面与石山对峙，中间形成200米宽的东西峡谷，川子河从西向东由窟前流过，这里环境优美，风景宜人，是佛教徒修行的好地方。石窟依崖而凿，在东西长约70米的山崖上共分布10个洞窟，其中7个有石刻造像，共计小龛65个，石造像3371尊。[31]

石窟平面布置上均采用中央佛坛背屏式，窟室与窟口之间不设甬道。平面呈方形，窟口仿木结构做法，雕出檐柱及阑额。7座石窟中年代较早的是中间的5号窟，其余依次为3号窟、2号窟和4号窟，最外侧的石窟开凿年代较晚，说明各代凿窟均在已有洞窟的两侧进行，属于分布集中、时代连续的石窟群。

5号窟为隋大业年间（公元605~618年）题记。窟口为长方形，窟内面宽2.5米、深3米、高2.1米。中央佛坛起背屏，供一佛二菩萨，东西壁共有造像34尊（图8-3-7）。

2号窟、3号窟和4号窟的形制相似。窟门呈长方形，两间雕成门楣抱框。窟内平面为长方形，进深大于面宽，窟顶微微凸起。室中央起佛帐，佛像后部均做背屏直通窟顶。背屏和窟内侧壁上有各种造像。以上三窟的最早题记分别为2号窟北宋开宝二年（公元969年）、3号窟唐咸通五年（公元860年）、4号窟后周显德元年（公元954年）。

6号窟规模最大，造像众多。窟内有甬道，对

图8-3-6　石泓寺石窟全景图（图片来源：宋艳刚摄）

图8-3-7 石泓寺5号窟石窟造像（图片来源：宋艳刚摄）

进深较大的窟室来讲，甬道起到了稳定结构的作用。窟室平面近方形，面阔10.3米、进深10.65米、高5.35米。中央布置佛坛，有一佛二菩萨二弟子，佛与菩萨均结跏趺坐于莲花座上，二弟子分立两旁。佛坛背屏演变成了四根通顶连地的造像柱，加强了视觉的纵深感。石柱上雕刻造像1131尊，窟室两壁有造像1947尊，窟顶刻有几何图案花纹。㉜造像铭刻最早的年代是金皇统元年（1141年）。在造像内容和雕刻技法上比唐宋时期更广泛、更活泼。

1号窟和7号窟均凿于明代。窟中表现的是（佛、道、儒）"三教合一"的内容，在技法上均逊于其他的几个窟，可以看出至明代，造窟之风衰颓。窟内中央不再设佛坛，而将佛坛放到窟室的后壁。人物造像神形刻板，内容芜杂。

四、米脂万佛洞

万佛洞，原名万福洞。位于米脂县城北8公里处的无定河右岸悬崖之上，是陕北地区洞窟最多，规模最大的石窟群。1982年列为县级文物保护单位。

万佛洞建造年代尚不可考，一般认为建于宋至明初（图8-3-8）。

洞窟选址险要。悬崖顺无定河为南北向，横长约500米许，崖顶平坦，崖层距地面约20米，至崖顶约20～30米。悬崖峭壁，怪石嶙峋，顶层向外突出，其状险峻。㉝

万佛洞倚崖而建，主要有"伽蓝护法殿"、"观音洞"、"灵宫殿"、"白衣洞"、"关王洞"、"九天圣

图8-3-8 万佛洞石窟实景图（图片来源：宋艳刚摄）

母洞"，现存窟内大部造像被毁。

主窟伽蓝护法殿，平面呈方形，宽8米，进深11.6米，高4.7米，窟顶前部有平棋15格，内有浮雕花草、瑞兽等图案，后半部中心为穹隆顶，中为八卦，外围浮雕一周小佛造像等。窟正面下凿成长方形石坛基，上有3个须弥座，两侧各有一长方形石坛基（图8-3-9）。窟中有两根长方形石柱，直达窟顶，南北两面宽约1.30米，东西两面宽约1米，上凿刻小佛及题记，在柱中部岩石断层不宜雕像处，改用彩绘，窟两壁凿刻形态各异、造型多样的小佛，间以题记。正面与南北两面有浮雕像，里面无佛像。南柱正面，有横向排列的浮雕佛像15排，计有佛像130尊。其中上部有大肚佛一尊，下部佛像为盘坐，高约0.2米、底座宽0.1米，小佛像高0.5米、底座宽0.1米。南柱北面，上部有佛像9排，每排有横向排列的浮雕佛像17尊，计有佛像153尊。下部有佛像7排，每排有横向排列的浮雕佛像11尊，计有佛像77尊。南柱南面，计有佛像18排，每排有横向排列的浮雕佛像16尊，计有佛像288尊。北柱正面，有横向排列的浮雕佛像17排，上部1～9排每排13尊，下部10～17排，每排8尊，计有佛像181尊。北柱南面与南柱北面佛像的排数与尊数基本相同，计有佛像230尊。北柱北面，有横向排列的浮雕佛像16排，每排有佛像11尊、13尊、17尊、12尊不等，计有佛像217尊。

洞窟内的正壁，有横向排列的浮雕佛像12排，每排120尊，每排每尊位置上下交错，计有佛像1440尊。洞窟内的北壁，有横向排列的浮雕佛像18排，每排有佛像147尊，计有佛像2646尊。洞窟内的南壁，有横向排列的浮雕佛像19排，每排有佛像150尊，计有佛像2850尊。㉞

图8-3-9 伽蓝护法殿造像（图片来源：自摄）

注释

① 赵克礼.陕西古塔研究[M].北京：科学出版社，2007：7.
② 赵克礼.陕西古塔的类型特征与发展历程（上）[J].文博，2007（1）：68-76.
③ 韩伟.陕西石窟概论[J].文物，1998（3）：67-74.
④ 顾延培，吴熙堂.中国古塔鉴赏[M].上海：同济大学出版社，1996：493.
⑤ 杨鸿勋.唐长安慈恩寺大雁塔原状探讨[J].文物建筑，2007：52-58.
⑥ 小雁塔保管所资料室.小雁塔[J].文博，1985（2）：92-93.
⑦ 王毛真.荐福寺小雁塔整体环境的保护与发展研究[D].西安：西安建筑科技大学，2010：5.
⑧ 赵克礼.陕西古塔的类型特征与发展历程（上）[J].文博，2007（1）：66-76.
⑨ 张驭寰.传世浮屠：中国古塔集萃（卷三）[M].天津：天津大学出版社，2010：161-162.
⑩ 马建岗.陕西古塔[M].西安：三秦出版社，2014：34-35.
⑪ 张文明，高大峰，王华，苏军.西安香积寺塔的修复与加固工程[J].工程抗震与加固改造，2007（5）：93-97.
⑫ 延安地区文物普查队.延安地区古塔调查记[J].文博，1991（2）：3-15.
⑬ 顾延培，吴熙堂.中国古塔鉴赏[M].上海：同济大学出版社，1996：508.
⑭ 赵克礼.陕西古塔的类型特征与发展历程（上）[J].文博，2007（1）：66-76.
⑮ 赵克礼.陕西古塔的类型特征与发展历程（上）[J].文博，2007（1）：66-76.
⑯ 郑灿阳，雷俊才，任俊英，鱼海深.浅论法门寺塔的

倒毁[J].工程抗震,1990(3):43-45.

⑰ 罗炤.法门寺塔地宫及其藏品的几个问题[J].石窟寺研究,2014(12):121-153.

⑱ 赵立瀛.陕西古建筑[M].西安:陕西人民出版社,1992:180-181.

⑲ 马先登.咸阳千佛铁塔[J].历史教学,1991(6):52.

⑳ 马建岗.陕西古塔[M].西安:三秦出版社,2014:114.

㉑ 赵克礼.陕西古塔的类型特征与发展历程(上)[J].文博,2007(1):201.

㉒ 马建岗.陕西古塔[M].西安:三秦出版社,2014:192.

㉓ 延安地区文物普查队.延安地区古塔调查记[J].文博,1991(2):3-15.

㉔ 赵克礼.陕西古塔的类型特征与发展历程(上)[J].文博,2007(1):266.

㉕ 张璐.陕西唐宋石窟寺建筑研究[D].西安:西安建筑科技大学,2006:18.

㉖ 常青.陕西麟游县慈善寺南崖佛龛与《敬福经》的调查[J].考古,1997(1):53-61.

㉗ 常青.陕西麟游慈善寺石窟的初步调查[J].考古,1992(10):909-914.

㉘ 常青.陕西麟游县慈善寺南崖佛龛与《敬福经》的调查[J].考古,1997(1):53-61.

㉙ 张璐.陕西唐宋石窟寺建筑研究[D].西安:西安建筑科技大学,2006:33-36.

㉚ 员安志.论富县石泓寺、松树沟金元石刻造像的年代及其特征[J].文博,1986(6):65-68.

㉛ 员安志.陕西富县石窟寺勘察报告[J].文博,1986(6):1-15.

㉜ 杭德州.鄜县石泓寺、阁子头寺石窟调查简报[J].文物,1959(12):19-22.

㉝ 李圣庭.米脂万佛洞石窟[J].文博,1992(5):37-44.

㉞ 李圣庭.米脂万佛洞石窟[J].文博,1992(5):37-44.

陕西古建筑地点及年代索引

名称	类型	地点	始建时期（建成年代）	材料结构	规模特征	文保等级
花石浪遗址	古遗址	商洛市洛南县	旧石器时代	—	遗址面积约20平方米	全国重点文物保护单位
半坡遗址	古遗址	西安市灞桥区	新石器时代	—	遗址面积3.0公顷	全国重点文物保护单位
姜寨遗址	古遗址	西安市临潼区	新石器时代	—	遗址面积5.5公顷	全国重点文物保护单位
石摞摞山遗址	古遗址	榆林市佳县	新石器时代晚期	—	占地面积约3.0公顷	全国重点文物保护单位
石峁遗址	古遗址	榆林市神木县	新石器时代晚期至夏代早期	—	占地面积425公顷	全国重点文物保护单位
东龙山遗址	古遗址	商洛市	新石器时代至汉时期	—	占地面积约30.0公顷	全国重点文物保护单位
寨峁遗址	古遗址	榆林市神木县	新石器时代至汉时期	—	占地面积约17.0公顷	省级重点文物保护单位
丰镐遗址	古遗址	西安市长安区	西周	—	占地面积约15平方公里	全国重点文物保护单位
周原遗址	古遗址	宝鸡市扶风县	西周	—	占地面积约33平方公里	全国重点文物保护单位
秦雍城遗址	古城址	宝鸡市凤翔县	春秋至战国中期	—	占地面积约10.56平方公里	全国重点文物保护单位
秦咸阳遗址	古城址	咸阳市	战国后期	—	占地面积约18平方公里	全国重点文物保护单位
商邑遗址	古城址	商洛市丹凤县	战国	—	占地面积约8.1公顷	省级重点文物保护单位
武关城遗址	古城址	商洛市丹凤县	战国	—	占地面积约50公顷	省级重点文物保护单位
统万城遗址	古城址	榆林市靖边县	魏晋南北朝	—	占地面积约32公顷	全国重点文物保护单位
府州城	古城址	榆林市府谷县	五代、宋	—	占地面积约2.3公顷	全国重点文物保护单位
汉长安城遗址	古城址	西安市未央区	西汉	—	占地面积34.39平方公里	全国重点文物保护单位
古城界城址	古城址	榆林市	汉	—	占地面积约20公顷	省级重点文物保护单位
大保当城址	古城址	榆林市神木县	汉	—	占地面积约38.6公顷	省级重点文物保护单位
隋大兴、唐长安城遗址	古城址	西安市	隋唐	—	占地面积约84平方公里	全国重点文物保护单位
府谷府州城	古城镇	榆林市府谷县	唐	—	占地面积约23200平方米	全国重点文物保护单位
麟州故城	古城址	榆林市神木县	唐	—	占地面积约1.12平方公里	全国重点文物保护单位
易马城遗址	古城址	榆林市榆阳区	明嘉靖	—	占地面积约3.75公顷	省级重点文物保护单位
榆林卫城	古城镇	榆林市	明	—	占地面积2.53平方公里	全国重点文物保护单位
吴堡古城	古城址	榆林市吴堡县	明清	—	占地面积约10公顷	市级重点文物保护单位
佛坪厅故城	古城址	西安市周至县	清道光	—	占地面积约30公顷	省级重点文物保护单位
洋县华阳古镇	古城镇	汉中市洋县	秦汉	—	不详	全国重点文物保护单位
山阳县漫川关镇	古城镇	商洛市山阳县	春秋	—	不详	全国重点文物保护单位
旬阳蜀河古镇	古城镇	安康市旬阳县	汉	—	占地面积约0.8平方公里	省级重点文物保护单位

续表

名称	类型	地点	始建时期（建成年代）	材料结构	规模特征	文保等级
柞水凤凰古镇	古城镇	商洛市柞水县	唐武德七年（公元624年）	—	不详	省级重点文物保护单位
铜川陈炉古镇	古城镇	铜川市印台区	唐	—	占地面积约2.5平方公里	全国重点文物保护单位
宁强青木川古镇	古城镇	汉中市宁强县	明清	—	占地面积约4公顷	全国重点文物保护单位
石泉县熨斗古镇	古城镇	安康市石泉县	明清	—	不详	省级重点文物保护单位
神木高家堡古镇	古城镇	榆林市神木县	明清	—	不详	市级重点文物保护单位
韩城党家村	古村落	渭南市韩城市	元	—	占地面积16.5公顷	全国重点文物保护单位
三原柏社村	古村落	咸阳市三原县	晋	生土结构	占地面积约92.97公顷	全国重点文物保护单位
西安古城墙	古城墙	西安市	明清	砖木结构	周长13.74公里	全国重点文物保护单位
西安市钟楼	钟楼	西安市	明洪武十七年（1384年）	砖木结构	建筑面积1377.64平方米	全国重点文物保护单位
神木钟楼	钟楼	榆林市神木县	明隆庆元年（1567年）	砖木结构	占地面积400平方米	省级重点文物保护单位
户县钟楼	钟楼	西安市户县	明崇祯八年（1635年）	砖木结构	占地面积576平方米	省级重点文物保护单位
城固钟楼	钟楼	汉中市城固县	清光绪二十四年（1898年）	砖木结构	占地面积144平方米	省级重点文物保护单位
西安市鼓楼	鼓楼	西安市	明洪武十三年（1380年）	砖木结构	建筑面积1998.8平方米	全国重点文物保护单位
定边鼓楼	鼓楼	榆林市定边县	明万历三十四年（1606年）	砖木结构	占地面积约271平方米	省级重点文物保护单位
高家大院	古民居	西安市	明崇祯	砖木结构	占地面积约4.2亩，总建筑面积2517平方米	省级重点文物保护单位
旬邑唐家宅院	古民居	咸阳市旬邑县	明	砖木结构	建筑面积1483平方米	省级重点文物保护单位
韩城党家村民居群落	古民居	渭南市韩城市	明清	砖木结构	—	全国重点文物保护单位
宁强青木川魏宅	古民居	汉中市宁强县	明清	砖木结构	不详	省级重点文物保护单位
白氏民居	古民居	榆林市神木县	明清	砖木结构	不详	省级重点文物保护单位
凤翔周氏民居	古民居	宝鸡市凤翔县	明清	砖木结构	—	省级重点文物保护单位
恒口老街民居	古民居	安康市汉滨区	明清	砖木结构	—	省级重点文物保护单位

续表

名称	类型	地点	始建时期（建成年代）	材料结构	规模特征	文保等级
路翰林故居	古民居	西安市周至县	清乾隆四十四年（1779年）	砖木结构	不详	省级重点文物保护单位
三原孟店周宅	古民居	咸阳市三原县	清嘉庆	砖木结构	建筑面积3206平方米	省级重点文物保护单位
佛坪何氏民居	古民居	汉中市佛坪县	清嘉庆	砖木结构	不详	省级重点文物保护单位
绥德党氏庄园	古民居	榆林市绥德县	清嘉庆十九年（1814年）	砖木结构	占地面积约2.66公顷	全国重点文物保护单位
杨家沟扶风古寨	古民居	榆林市米脂县	清同治六年（1867年）	土木结构	不详	全国重点文物保护单位
刘家峁姜氏庄园	古民居	榆林市米脂县	清同治十三年（1874年）	土木结构	占地面积约2.66公顷	全国重点文物保护单位
常氏庄园	古民居	榆林市米脂县	清光绪三十四年（1908年）	砖木结构	不详	省级重点文物保护单位
汉阴书院及三沈故居	古民居	安康市汉阴县	清	砖木结构	不详	省级重点文物保护单位
石泉汪氏民居	古民居	安康市石泉县	清	砖木结构	不详	省级重点文物保护单位
安倪氏民居	古民居	商洛市镇安县	清	砖木结构	不详	省级重点文物保护单位
镇安刘氏民居	古民居	商洛市镇安县	清	砖木结构	不详	省级重点文物保护单位
卧龙寺	佛教建筑	西安市碑林区柏树林	汉	砖木结构	占地面积约1公顷	省级重点文物保护单位
法门寺	佛教建筑	宝鸡市扶风县法门镇	东汉	砖木结构	占地面积3092亩	全国重点文物保护单位
青龙寺	佛教建筑	西安市乐游原	隋开皇二年（公元582年）	砖木结构	占地面积约20.0公顷（现1.3公顷）	全国重点文物保护单位
大兴善寺	佛教建筑	西安市城南小寨	晋太康二年（公元281年）	砖木结构	占地面积约8公顷	省级重点文物保护单位
慧照寺	佛教建筑	渭南市下吉镇	晋	砖木结构	不详	省级重点文物保护单位
万佛寺	佛教建筑	黄陵县双龙镇峪村	隋唐	砖木结构	不详	省级重点文物保护单位
殿市镇五龙山庙群	佛教建筑	榆林市横山县殿市镇	唐	砖木结构	建筑面积30多亩	市级文物保护单位
大慈恩寺	佛教建筑	西安市雁塔区	唐贞观二十二年（公元648年）	砖木结构	占地面积约4.5公顷	全国重点文物保护单位

续表

名称	类型	地点	始建时期（建成年代）	材料结构	规模特征	文保等级
昭仁寺	佛教建筑	咸阳市长武县东街	唐贞观	砖木结构	占地面积4869平方米	全国重点文物保护单位
安康白云寺	佛教建筑	安康市天柱山	唐麟德二年（公元665年）	砖木结构	不详	省级重点文物保护单位
香积寺	佛教建筑	西安市长安区郭杜乡香积寺村	唐永隆二年（公元681年）	砖木结构	不详	全国重点文物保护单位
罔极寺	佛教建筑	西安市炮坊街	唐神龙	砖木结构	不详	市重点文物保护单位
法云寺	佛教建筑	横山县五龙山	唐开元二年（公元714年）	砖木结构	占地面积达9600平方米	市重点文物保护单位
牛头寺	佛教建筑	长安区韦曲镇	唐贞元十一年（公元795年）	砖木结构	占地面积约1.3公顷	市重点文物保护单位
商洛大云寺	佛教建筑	商洛市商州区金凤山	唐	砖木结构	占地面积8000平方米	省级重点文物保护单位
洋县智果寺	佛教建筑	汉中市洋县谢村镇	唐	砖木结构	占地面积约3.5公顷	省级重点文物保护单位
兴教寺	佛教建筑	西安市城南长安区樊川北原	唐	砖木结构	不详	全国重点文物保护单位
化羊庙	佛教建筑	西安市户县	宋	砖木结构	占地面积约30公顷	省级重点文物保护单位
大兴寺	佛教建筑	子洲县	宋	砖木结构	不详	陕西省文物保护单位
石宫寺	佛教建筑	子长县北钟山	北宋治平四年（1067年）	砖木结构	不详	陕西省文物保护单位
普照寺	佛教建筑	韩城市昝村镇吴村	元延祐三年（1316年）	砖木结构	占地面积4453平方米	全国重点文物保护单位
大禹庙	佛教建筑	韩城市周原村	元大德五年（1301年）	砖木结构	占地面积425平方米	市级重点文物保护单位
香严寺	佛教建筑	榆阳区刘千河乡	明成化九年（1473年）	砖木结构	占地面积600多平方米	市重点文物保护单位
戴兴寺	佛教建筑	榆林市驼峰山	明正德十年（1515年）	砖木结构	总占地面积2846平方米	省级重点文物保护单位
梅花楼	佛教建筑	榆林市	明万历十年（1582年）	砖木结构	不详	陕西省文物保护单位
香炉寺	佛教建筑	佳县香炉峰	明万历四十二年（1583年）	砖木结构	占地面积约600多平方米	陕西省文物保护单位
密严寺	佛教建筑	南郑县王家营村	明	砖木结构	占地面积7435平方米，建筑面积900平方米	市级重点文物保护单位

续表

名称	类型	地点	始建时期（建成年代）	材料结构	规模特征	文保等级
青云寺	佛教建筑	榆林市青云乡青云山	明	砖木结构	不详	陕西省文物保护单位
万佛楼	佛教建筑	榆林市	清康熙二十七年（1688年）	砖木结构	占地面积534平方米	陕西省文物保护单位
丹凤花庙	佛教建筑	丹凤县龙驹寨	清光绪十七年（1891年）	砖木结构	占地面积约3600平方米，建筑面积为1000平方米	省级重点文物保护单位
楼观台	道教建筑	西安市周至县楼观镇	西周	砖木结构	占地面积约9432.5平方米	陕西省文物保护单位
烧香台望仙宫	道教建筑	武功县	春秋	砖木结构	占地面积7.5亩	省级重点文物保护单位
龙门洞	道教建筑	宝鸡市陇县	春秋	砖木结构	不详	陕西省文物保护单位
洞阳宫	道教建筑	汉中市城固县	北魏	砖木结构	占地面积约700～800亩	市级文物保护单位
水陆庵	道教建筑	西安市蓝田县普化镇	隋开皇（公元581～591年）	砖木结构	占地6800平方米，建筑面积2100平方米	全国重点文物保护单位
老母宫	道教建筑	西安市临潼区	唐	砖木结构	不详	市级文物保护单位
朝元阁	道教建筑	西安市临潼区	唐	砖木结构	不详	市级文物保护单位
钓鱼台	道教建筑	宝鸡市天王镇	唐上元元年（公元760年）	砖木结构	不详	省级重点文物保护单位
玉泉院	道教建筑	华阴市	北宋	砖木结构	占地面积约0.9公顷	省级重点文物保护单位
法王庙	道教建筑	韩城市	宋	砖木结构	不详	陕西省重点保护文物
八仙庵	道教建筑	西安市东关长乐坊	宋	砖木结构	占地面积7.3万多平方米，总建筑面积8200多平方米	陕西省文物保护单位
重阳宫	道教建筑	西安市户县	金大定七年（1167年）	砖木结构	占地面积约53亩	全国重点文物保护单位
大禹庙	道教建筑	韩城市	元大德五年（1301年）	砖木结构	占地425平方米	全国重点文物保护单位
柳枝关帝庙	道教建筑	韩城市	元	砖木结构	不详	省级重点文物保护单位
北营庙	道教建筑	韩城市	元	砖木结构	占地面积约2460平方米	全国重点文物保护单位
宝鸡金台观	道教建筑	宝鸡市金台区	元末明初	砖木结构	占地面积约5.9公顷	全国重点文物保护单位

续表

名称	类型	地点	始建时期（建成年代）	材料结构	规模特征	文保等级
盘龙山古建筑群（李自成行宫）	道教建筑	榆林市米脂县盘龙山	明成化	砖木结构	总占地面积3333平方米，建筑面积1760平方米	全国重点文物保护单位
佳县白云观	道教建筑	榆林市佳县白云山	明万历三十三年（1606年）	砖木结构	占地面积80多亩，建筑面积8.1万多平方米	全国重点文物保护单位
药王山庙	道教建筑	铜川市耀县城东	明	砖木结构	占地面积1137平方米，建筑面积2846平方米	全国重点文物保护单位
九郎庙	道教建筑	韩城市	无考	砖木结构	不详	省级重点文物保护单位
仓颉庙	道教建筑	白水县	无考	砖木结构	占地面积17亩	全国重点文物保护单位
玉皇阁	道教建筑	安康市汉滨区	无考	砖木结构	不详	陕西省文物保护单位
大学习巷清真寺	伊斯兰建筑	西安市	唐乙巳（公元705年）	砖木结构	占地面积7000平方米，总建筑面积2700平方米	陕西省文物保护单位
化觉巷清真寺	伊斯兰建筑	西安市	唐天宝元年（公元742年）	砖木结构	占地面积约1.3万平方米，建筑面积6000多平方米	全国重点文物保护单位
小皮院清真寺	伊斯兰建筑	西安市	宋大观元年（1107年）	砖木结构	占地面积5986平方米，总建筑面积2032平方米	省级重点文物保护单位
大皮院清真寺	伊斯兰建筑	西安市	明永乐九年（1411年）	砖木结构	占地面积4900平方米，建筑总面积1610平方米	全国重点文物保护单位
鹿龄寺	伊斯兰建筑	汉中市西乡县	清康熙	砖木结构	占地面积约6.6公顷	陕西省文物保护单位
西岳庙	祠庙建筑	华阴市华山北麓	西汉元光元年（公元前134年）	砖木结构	占地面积约12.4公顷	全国重点文物保护单位
司马迁祠	祠庙建筑	韩城市	西晋	砖木结构	占地面积约104亩	全国重点文物保护单位
武侯祠	祠庙建筑	勉县	蜀汉景耀六年（公元263年）	砖木结构	占地面积约30余亩	全国重点文物保护单位
武功城隍庙	祠庙建筑	武功县	北周	砖木结构	占地面积约5000平方米，建筑面积1656平方米	省级重点文物保护单位
西安文庙	祠庙建筑	西安市	唐	砖木结构	占地面积约3.19公顷	全国重点文物保护单位
蒲城文庙	祠庙建筑	蒲城县	唐贞观	砖木结构	占地面积1700平方米	省级重点文物保护单位
耀州区文庙	祠庙建筑	铜川市耀州区	北宋嘉祐三年（1058年）	砖木结构	建筑面积503平方米	省级重点文物保护单位
东岳庙	祠庙建筑	西安市	北宋政和六年（1116年）	砖木结构	不详	省级重点文物保护单位

续表

名称	类型	地点	始建时期（建成年代）	材料结构	规模特征	文保等级
铜川文庙大成殿	祠庙建筑	铜川市印台区	宋	砖木结构	40平方米	省级重点文物保护单位
孙思邈故里	祠庙建筑	铜川市耀州区	宋	砖木结构	不详	全国重点文物保护单位
二郎庙	祠庙建筑	丹凤县	金大安三年（1211年）	砖木结构	不详	省级重点文物保护单位
五丈原诸葛亮庙	祠庙建筑	岐山县	元至元初年（1246年）	砖木结构	不详	省级重点文物保护单位
张载祠	祠庙建筑	眉县	元代元贞元年（1295年）	砖木结构	占地面积约87.2亩	省级重点文物保护单位
玉皇后土庙	祠庙建筑	韩城市	元大德八年（1304年）	砖木结构	占地面积约421平方米	全国重点文物保护单位
韩城文庙	祠庙建筑	韩城市	元	砖木结构	占地面积约14000平方米	省级重点文物保护单位
渭南文庙	祠庙建筑	渭南市临渭区	元	砖木结构	建筑面积8100平方米	省级重点文物保护单位
户县文庙	祠庙建筑	户县	明洪武初年（1368年）	砖木结构	不详	省级重点文物保护单位
商州城隍庙	祠庙建筑	商洛市商州区	明洪武二年（1369年）	砖木结构	占地面积50亩，建筑面积848平方米	陕西省文物保护单位
礼泉文庙	祠庙建筑	礼泉县	明洪武二年（1369年）	砖木结构	面积2717.6平方米	省级重点文物保护单位
扶风城隍庙	祠庙建筑	扶风县	明洪武三年（1370年）	砖木结构	占地面积6668平方米	全国重点文物保护单位
咸阳文庙	祠庙建筑	咸阳市	明洪武四年（1371年）	砖木结构	占地面积约12.78亩	省级重点文物保护单位
兴平文庙大成殿	祠庙建筑	兴平市	明洪武五年（1372年）	砖木结构	占地面积246.92平方米	省级重点文物保护单位
三原城隍庙	祠庙建筑	三原县	明洪武八年（1375年）	砖木结构	占地面积约1.4公顷，建筑面积13390平方米	全国重点文物保护单位
府谷文庙	祠庙建筑	府谷县	明洪武十四年（1381年）	砖木结构	占地面积约1.2公顷，建筑面积2100平方米	全国重点文物保护单位
西安市城隍庙	祠庙建筑	西安市	明洪武二十年（1387年）	砖木结构	占地面积11024平方米，建筑面积约4466平方米	全国重点文物保护单位
洛南文庙	祠庙建筑	洛南县	明洪武	砖木结构	占地面积3115平方米	省级重点文物保护单位
旬阳县文庙	祠庙建筑	旬阳县	明洪武	砖木结构	不详	陕西省文物保护单位

续表

名称	类型	地点	始建时期（建成年代）	材料结构	规模特征	文保等级
二郎山庙群	祠庙建筑	神木县	明正统八年（1443年）	砖木结构	不详	省级重点文物保护单位
天台山庙群	祠庙建筑	神木县	明成化元年（1465年）	砖木结构	不详	省级重点文物保护单位
泾阳文庙	祠庙建筑	泾阳县	明嘉靖	砖木结构	建筑面积1531平方米	省级重点文物保护单位
韩城城隍庙	祠庙建筑	韩城市	明隆庆五年（1571年）	砖木结构	占地面积1.56万平方米，建筑面积1576平方米	全国重点文物保护单位
玄武庙青石殿	祠庙建筑	合阳县	明万历四年（1576年）	砖石结构	占地面积64平方米	省级重点文物保护单位
七星庙	祠庙建筑	府谷县	明万历六年（1578年）	砖木结构	不详	全国重点文物保护单位
澄城城隍庙神楼	祠庙建筑	澄城县	明万历十年（1582年）	砖木结构	建筑面积220平方米	全国重点文物保护单位
合阳县文庙	祠庙建筑	合阳县	明万历	砖木结构	占地面积6750平方米，建筑面积2173平方米	省级重点文物保护单位
东营庙	祠庙建筑	韩城市	明	砖木结构	占地面积约3000平方米	省级重点文物保护单位
韩氏祠堂	祠庙建筑	城固县原公镇西坝村	明	砖木结构	占地面积1170平方米	县重点文物保护单位
留侯祠（张良庙）	祠庙建筑	留坝县	明清	砖木结构	占地面积约1.42公顷	全国重点文物保护单位
龙凤山庙	祠庙建筑	横山县	明清	砖木结构	不详	陕西省文物保护单位
江神庙	祠庙建筑	略阳县	明清	砖木结构	占地面积约2000平方米	省级重点文物保护单位
韩蕲王庙	祠庙建筑	绥德县	清乾隆三十二年（1767年）	砖木结构	不详	陕西省文物保护单位
宁陕城隍庙	祠庙建筑	宁陕县	清乾隆五十三年（1786年）	砖木结构	占地面积约6000平方米，建筑面积1000余平方米	陕西省文物保护单位
略阳江神庙	祠庙建筑	汉中市略阳县	不详	砖木结构	占地面积2000平方米，建筑面积1210平方米	省级重点文物保护单位
眉县横渠书院	书院	眉县城东横渠镇	元元贞元年（1295年）	砖木结构	占地面积约3075平方米	省级重点文物保护单位
关中书院	书院	西安市书院门街	明万历三十七年（1609年）	砖木结构	不详	省级重点文物保护单位
蒲城考场	考场	渭南市蒲城县	清光绪二十一年（1895年）	砖木结构	占地面积约6200平方米	省级重点文物保护单位

续表

名称	类型	地点	始建时期（建成年代）	材料结构	规模特征	文保等级
山阳禹王宫	会馆	商洛市山阳县	清乾隆五十七年（1792年）	砖木结构	总建筑面积3000平方米	省级重点文物保护单位
紫阳北五省会馆	会馆	安康市紫阳县向阳镇	清乾隆	砖木结构	占地面积约1300平方米	全国重点文物保护单位
丹凤船帮会馆	会馆	商洛市丹凤县	清嘉庆二十年（1815年）	砖木结构	占地面积约5460平方米	省级重点文物保护单位
山阳骡帮会馆	会馆	商洛市山阳县	清光绪七年（1880年）	砖木结构	不详	全国重点文物保护单位
朝阳书院	书院	延安市洛川县	清	砖木结构	建筑面积约1000平方米	省级重点文物保护单位
旬阳黄州会馆	会馆	安康市旬阳县蜀河镇	清	砖木结构	占地面积约2290平方米	省级重点文物保护单位
高塘会馆	会馆	渭南市华县	清	砖木结构	不详	省级重点文物保护单位
周穆王陵	陵墓	西安市长安区	西周	—	王陵东西最长边约18米，南北最长边约35米，高8米	省级重点文物保护单位
周陵	陵墓	咸阳市渭城区	西周	—	底部周长310米，高约12.0米	省级重点文物保护单位
王季陵	陵墓	西安市户县	周	—	占地面积约7000平方米	省级重点文物保护单位
公刘墓	陵墓	咸阳市彬县	周	—	占地2.25平方公里，高500米	省级重点文物保护单位
姜嫄墓	陵墓	咸阳市武功县	周	—	墓冢不规则圆台形，封土高7米，直径约20米	省级重点文物保护单位
老子墓	陵墓	西安市周至县	春秋	—	墓冢呈圆锥形，直径6米，高约2.8米	省级重点文物保护单位
秦东陵	陵墓	西安市临潼区	战国	—	陵园面积约27平方公里	省级重点文物保护单位
秦庄襄王墓	陵墓	西安市新城区	战国	—	占地面积约2公顷	省级重点文物保护单位
扁鹊墓	陵墓	西安市临潼区	战国	—	墓体周长约30米，高约2.75米	省级重点文物保护单位
秦始皇陵	陵墓	西安市临潼区	秦	—	占地面积约56.25平方公里	全国重点文物保护单位
秦二世胡亥墓	陵墓	西安市雁塔区	秦	—	占地面积约20余亩，封土堆直径25米，高5米	省级重点文物保护单位
符坚墓	陵墓	咸阳市彬县	秦	—	占地面积约360平方米，残存封土长24米，宽10米，高2米	省级重点文物保护单位
蒙田墓	陵墓	榆林市绥德县	秦	—	墓高50余米	省级重点文物保护单位

续表

名称	类型	地点	始建时期（建成年代）	材料结构	规模特征	文保等级
扶苏墓	陵墓	榆林市绥德县	秦	—	墓冢呈长方形，长约30米，宽6米，高约8米	省级重点文物保护单位
王翦墓	陵墓	渭南市富平县	秦	—	墓冢高约9米，周长达136米	省级重点文物保护单位
阳陵	陵墓	咸阳市渭城区	汉	—	占地面积约12平方公里	全国重点文物保护单位
杜陵	陵墓	西安市三兆村南	汉	—	占地面积约120多亩	全国重点文物保护单位
茂陵	陵墓	咸阳市兴平市	汉	—	占地面积约5.7公顷	全国重点文物保护单位
霸陵	陵墓	西安市灞桥区	汉	—	不详	全国重点文物保护单位
霍去病墓	陵墓	咸阳市兴平市	汉	—	占地面积约5841平方米	全国重点文物保护单位
长陵	陵墓	咸阳市窑店镇	汉	—	占地面积约90公顷	全国重点文物保护单位
黄帝陵	陵墓	延安市黄陵县	汉	—	总面积566.7公顷	全国重点文物保护单位
武侯墓	陵墓	汉中市勉县	汉	—	占地面积约21公顷	全国重点文物保护单位
张骞墓	陵墓	汉中市城固县	汉	—	南北长35.6米，东西宽20米，高5米	省级重点文物保护单位
蔡伦墓	陵墓	汉中市洋县	汉	—	墓区面积约5亩，冢高7米	全国重点文物保护单位
董仲舒墓	陵墓	西安市	汉	—	封土周长40多米，高6米	省级重点文物保护单位
薄太后陵	陵墓	西安市白鹿原	汉	—	王陵底边长173米，宽140米，顶边长55米，宽40米，高约24米	省级重点文物保护单位
窦皇后陵	陵墓	西安市灞桥区	汉	—	占地面积约2公顷	省级重点文物保护单位
蔡文姬墓	陵墓	西安市蓝田县	汉	—	不详	省级重点文物保护单位
马援墓	陵墓	宝鸡市扶风县	汉	—	墓冢南北长28.5米，东西宽25米，高6米，周长107米	省级重点文物保护单位
娄进墓	陵墓	咸阳市永寿县	汉	—	不详	省级重点文物保护单位
马超墓祠	陵墓	汉中市勉县	汉	—	周长90米，冢高8米，周围修砌墓墙350平方米	省级重点文物保护单位
四皓墓	陵墓	商洛市丹凤县	汉	—	冢现高5米，直径7米	省级重点文物保护单位
公孙贺墓	陵墓	咸阳市彬县	汉	—	残存封土东西长11米，南北宽7米，残高3米	省级重点文物保护单位
班固墓	陵墓	宝鸡市扶风县	东汉	—	墓冢呈圆形，直径6米，高3米	省级重点文物保护单位
李固墓	陵墓	汉中市南郑与城固二县之间	东汉	—	墓基东西长42米，南北宽23米，高6米，墓冢东西长14米，南北宽10米	省级重点文物保护单位

续表

名称	类型	地点	始建时期（建成年代）	材料结构	规模特征	文保等级
苏武墓	陵墓	咸阳市武功县	西汉	—	墓冢高约1.5米，面积330平方米	省级重点文物保护单位
陆贾墓	陵墓	咸阳市永寿县	西汉	—	不详	省级重点文物保护单位
勾弋夫人墓	陵墓	咸阳市淳化县	西汉	—	覆斗状，底部周长158米，高35米	省级重点文物保护单位
陈平墓	陵墓	西安市户县	西汉	—	墓基东西25米，南北30米，高17米	省级重点文物保护单位
永陵	陵墓	渭南市富平县	南北朝	—	冢高13米，周长230米	全国重点文物保护单位
成陵	陵墓	渭南市富平县	北周	—	不详	省级重点文物保护单位
孝陵	陵墓	咸阳市渭城区	北周	—	墓道全长68.4米	省级重点文物保护单位
冯晖墓	陵墓	咸阳市彬县	五代	—	南北水平长44.2米，东西宽16.3米，地面距墓室底部高8米	省级重点文物保护单位
隋炀帝陵	陵墓	咸阳市武功县	隋	—	墓冢圆丘形，底部周长22米，高约3米	省级重点文物保护单位
牛弘墓	陵墓	咸阳市长武县	隋	—	墓冢封土圆锥形，底周长53米，高4米	省级重点文物保护单位
昭陵	陵墓	咸阳市礼全县	唐	—	占地面积约113.15平方公里	全国重点文物保护单位
乾陵	陵墓	咸阳市乾县	唐	—	占地面积约133.2平方公里	全国重点文物保护单位
顺陵	陵墓	咸阳市渭城区	唐	—	占地面积约109公顷	全国重点文物保护单位
贞陵	陵墓	咸阳市泾阳县	唐	—	内城面积约629万平方米	全国重点文物保护单位
泰陵	陵墓	咸阳市杨林区	唐	—	占地面积约达49万余公顷	全国重点文物保护单位
李茂贞墓	陵墓	宝鸡市金台区	唐	—	占地面积约2000多平方米	全国重点文物保护单位
桥陵	陵墓	渭南市蒲城县	唐	—	占地面积约8.5平方公里	全国重点文物保护单位
扬珣墓	陵墓	宝鸡市扶风县	唐	—	不详	省级重点文物保护单位
李晒墓	陵墓	咸阳市渭城区	唐	—	墓冢呈圆锥形，底周长133米，高约5米	省级重点文物保护单位
安金藏墓	陵墓	咸阳市永寿县	唐	—	墓冢圆锥形，底部周长45米，高2.5米	省级重点文物保护单位
长孙无忌墓	陵墓	咸阳市永寿县	唐	—	占地面积约1840平方米，圆锥形，封土高0.7米	省级重点文物保护单位
杨贵妃墓	陵墓	咸阳市兴平市	唐	—	占地3000平方米，冢高3米	省级重点文物保护单位
柳公权墓	陵墓	铜川市耀州区	唐	—	墓冢东西82米，南北64米	省级重点文物保护单位

续表

名称	类型	地点	始建时期（建成年代）	材料结构	规模特征	文保等级
令狐德墓	陵墓	铜川市耀州区杨家河村	唐	—	墓冢高3.5米，底围27.5米	省级重点文物保护单位
永康陵	陵墓	咸阳市三原县	唐	—	墓冢高7米，底部周长430米	省级重点文物保护单位
高力士墓	陵墓	渭南市蒲城县	唐	—	墓冢面积约166.52平方米	省级重点文物保护单位
李重俊墓	陵墓	渭南市富平县	唐	—	墓冢底部边长37米，高20余米	省级重点文物保护单位
寇准墓	陵墓	渭南市临渭区	北宋	—	墓冢南北长15米，东西宽8米，高4米	省级重点文物保护单位
杨从仪墓	陵墓	汉中市城固县	宋	—	底部直径8米，上部直径5.4米，高4.5米	省级重点文物保护单位
张载墓	陵墓	宝鸡市眉县	宋	—	占地面积约38亩	省级重点文物保护单位
刘古愚墓	陵墓	咸阳市秦都区	宋	—	墓冢呈圆丘形，底周长18米，高1.65米	省级重点文物保护单位
袁氏家族墓地	陵墓	西安市周至县	元末至清	—	总面积12万平方米	省级重点文物保护单位
马理墓	陵墓	咸阳市三原县	明	—	墓冢周长30米，墓高3米，面积500多平方米	省级重点文物保护单位
明秦王墓群	陵墓	西安市南郊	明	—	不详	全国重点文物保护单位
胡登州墓	陵墓	咸阳市渭城区	明	—	墓高1.5米，长3米	省级重点文物保护单位
王九思墓	陵墓	西安市户县	明	—	面积约136亩	省级重点文物保护单位
李柏墓	陵墓	宝鸡市眉县	清初	—	占地面积约225平方米，墓冢高0.55米，直径约2.5米	省级重点文物保护单位
李颙墓	陵墓	西安市周至县	清	—	不详	省级重点文物保护单位
李氏家族墓地	陵墓	渭南市大荔县	清	—	大型石墓22座，清理发掘11座	全国重点文物保护单位
李仪祉墓	陵墓	咸阳市泾阳县	近代	—	底部周长36米，高2米	省级重点文物保护单位

备注：陕西古建筑（群）普遍存在建筑多次加建、改建、修缮的实际情况，无法在本表中加以详细说明。为统一格式起见，本表仅列出建筑（群）始建年代，具体内容请参见正文及其他资料。

参考文献

[1] 赵立瀛.陕西古建筑[M].西安：陕西人民出版社，1992.

[2] 佟裕哲.陕西古代景园建筑[M].西安：陕西科学技术出版社，1998.

[3] 王军.西北民居[M].北京：中国建筑工业出版社，2009.

[4] 周若祁.韩城党家村[M].北京：中国建筑工业出版社，2009.

[5] 侯继尧，王军.中国窑洞[M].郑州：河南科学技术出版社，1999.

[6] 赵新良.中华名祠：先祖崇拜的文化解读[M].沈阳：辽宁人民出版社，2013.

[7] 张驭寰.中国古建筑源流新探[M].天津：天津大学出版社，2010.

[8] 唐龙.汉长安城遗址保护[M].北京：文物出版社，2012.

[9] 陕西省考古研究所.镐京西周宫室[M].西安：西北大学出版社，1995.

[10] 朱士光，吴宏岐.西安的历史变迁与发展[M].西安：西安出版社，2003.

[11] 西安市文物局，西安市汉长安城遗址保管所，西安文物保护修复中心，西安文物保护修复工程有限公司.汉长安城遗址保护[M].北京：文物出版社，2012.

[12] 王富春，谢静.榆林万佛楼[M].西安：陕西旅游出版社，2012.

[13] 郭彦强，王正云.中国名城榆林[M].西安：陕西人民出版社，2005.

[14] 罗哲文，刘文渊，刘文英.中国名祠[M].天津：百花文艺出版社，2002.

[15] 杨宽.中国古代陵寝制度史研究[M].上海：上海古籍出版社，1985.

[16] 中国建筑工业出版社.帝王陵寝建筑：地下宫殿[M].北京：中国建筑工业出版社，2010.

[17] 罗哲文，刘文渊，黄彬，韩桂艳.中国名陵[M].天津：百花文艺出版社，2003.

[18] 马建岗.陕西古塔[M].西安：三秦出版社，2014.

[19] 赵克礼.陕西古塔研究[M].北京：科学出版社，2007.

[20] 顾延培，吴熙堂.中国古塔鉴赏[M].上海：同济大学出版社，1996.

[21] 傅熹年.中国古代建筑史（第二卷）：两晋、南北朝、隋唐、五代建筑[M].北京：中国建筑工业出版社，2001.

[22] 潘谷西.中国建筑史[M].第六版.北京：中国建筑工业出版社，2009.

[23] 刘叙杰.中国古代建筑史（第一卷）：原始社会、夏、商、周、秦、汉建筑[M].北京：中国建筑工业出版社，2003.

[24] 孙大章.中国古代建筑史（第五卷）：清代建筑[M].北京：中国建筑工业出版社，2009.

[25] 路秉杰.中国伊斯兰教建筑[M].上海：上海三联出版社，2005.

[26] 中共陕西省委研究室，陕西省社会科学院，陕西省社会科学学会联合会.陕情要览[M].西安：陕西人民出版社，1986.

[27] 陕西省地方志编纂委员会.陕西省志 宗教志[M].西安：三秦出版社，2012.

[28] 咸阳市地方志编纂委员会.咸阳市志（二）[M].西安：三秦出版社，2001.

[29] 榆林市志编纂委员会.榆林市志[M].西安：三秦出版社，1996.

[30] 佳县地方志编纂委员会.佳县志[M].西安：陕西旅游出版社，2008.

[31] 杨志春.眉县志[M].西安：陕西人民出版社，2000.

[32] 张史杰.铜川揽胜[M].西安：陕西旅游出版社，1991.

[33] 米脂县地方志编纂委员会.米脂县志[M].西安：陕西人民出版社，1993.

[34] 王建章，朱宗柱，冯伯瑜，范希忠.宝鸡市志[M].

西安：三秦出版社，1998.

[35] 山阳县政协,山阳县旅游开发协调领导小组办公室.山阳政协文史资料（第十三辑）[Z]，1989.

[36] 刘昫.旧唐书卷五：高宗本纪[M].北京：中华书局，1997.

[37] 卢连成.西周丰镐两京考[J].中国历史地理论丛，1988（3）：157.

[38] 王树声.宇文恺：划时代的营造巨匠[J].城市与区域规划研究，2013（1）：129–143.

[39] 陕西省考古研究院，榆林市文物考古勘探工作队，神木县文体局.陕西神木县石峁遗址[J].考古，2013(7)：15–25.

[40] 刘振东，张建锋.西汉长乐宫遗址的发现与初步探究[J].考古，2006(10)：22–30.

[41] 任云英，朱士光.从隋、唐长安城看中国古代都城空间演变的功能趋向性特征[J].中国历史地理论丛，2004（4）：48–56.

[42] 韩建华.秦咸阳城郭形态的再探讨[J].文博，2004（4）：37–40.

[43] 王树声.隋唐长安城规划手法探析[J]. 城市规划，2009(6)：55–59.

[44] 吴宏岐.论唐末五代长安城的形制和布局特点[J].中国历史地理论丛，1999（2）：146.

[45] 景亚鹏、王原茵.西安大兴善寺建置沿革与文化遗存[J].文博，2013（5）：92–96.

[46] 李卫.智果寺大殿修缮研究[J].考古与文物，1994(6)：26–29.

[47] 孙倩，丁勇，尹逸娴.长安城东岳庙调查研究[J].中外建筑，2011（10）：46–49.

[48] 黄光琦，贺林.华阴西岳庙维修工程[J].文博，2005（4）：30–31.

[49] 赵立瀛.高山仰止，构祠以祀——记陕西韩城司马迁祠的建筑[J].西安建筑科技大学学报(自然科学版),1982(4)：12–34.

[50] 赵静.船帮会馆的现状与发展[J].文博，2006（1）：64–67.

[51] 徐卫民.陕西帝王陵墓概论[J].长安大学学报（社会科学版），2015(3)：16–21.

[52] 徐卫民.秦帝王陵墓制度研究[J].唐都学刊，2010（1）：43–52.

[53] 朱学文.试论秦始皇陵园选址的相关问题[J].考古与文物，2010(6)：50–56.

[54] 陕西省考古研究院秦汉考古研究部.陕西秦汉考古五十年综述[J].考古与文物，2008（6）：96–160.

[55] 张明惠，杨武站，葛西军，刘君幸，岳起，马永赢，赵旭阳，王东，曹龙.汉武帝茂陵考古调查、勘探简报[J].考古与文物，2011（2）：3–14.

[56] 马永赢.汉武帝茂陵陵园布局的几点认识[J].考古与文物，2011（2）：70–75.

[57] 陕西省考古研究所，昭陵博物馆.2002年度唐昭陵北司马门遗址发掘简报[J].考古与文物，2006（6）：3–16.

[58] 陕西省文物管理委员会.唐乾陵勘察记[J].文物，1960（4）：53–60.

[59] 陕西省考古研究所，蒲城县文物局. 唐玄宗泰陵陵园遗址考古勘探、发掘简报[J].考古与文物，2011（3）：3–11.

[60] 杨鸿勋.唐长安慈恩寺大雁塔原状探讨[J].文物建筑，2007：52–58.

[61] 赵克礼.陕西古塔的类型特征与发展历程（上）[J].文博，2007（1）：68–76.

[62] 常青.陕西麟游慈善寺石窟的初步调查[J].考古，1992(10)：909–914.

[63] 员安志.陕西富县石窟寺勘察报告[J].文博，1986（6）：1–15.

[64] 李圣庭.米脂万佛洞石窟[J].文博，1992（5）：37–40.

后记

《陕西古建筑》历经五年，终于顺利付梓，实可谓不易。回首五年前接受编写任务时，自觉编写组成员曾参与"中国数字化建筑博物馆"项目，以较为充实的陕西古建筑普查资料作支撑，辅以多年硕士学位论文选题、写作的研究积累，该书应该不难完成。然而，随着调研、写作工作的不断推进，方知要在只言片语间，全面诠释陕西各类古代建筑的特征与内涵、深入描绘陕西建筑文化遗产的博大精深，绝非易事。

1990年初，我的老师赵立瀛教授主编出版了《陕西古建筑》一书。彼时，我还是一名青年教师，负责带领建筑学专业学生对陕西境内的古建筑进行测绘并绘制成图。当初条件艰苦，教师、学生都是自带被褥去现场测绘实习，尽管工具简陋，经常搬梯上房爬高上梯，但师生工作却是一丝不苟。时至今日，1984年旬邑县唐家大宅、1985年陕南张良庙建筑群、1986年陕北姜氏庄园等测绘情景仍历历在目，让人难忘。

30年弹指一挥间，留存至今的陕西古建筑大多得以修缮，人们的古建筑保护意识也已今非昔比。当年养在深闺人不识的米脂姜氏庄园，现今已是国家级文物保护单位。但也有个别地方为迎合旅游业发展，盲目将古建筑的环境扩展、增建，使得原有建筑规模成倍扩大且真伪混杂，破坏了原有古建筑的基本格局，为此本书不得已舍弃了部分案例的总平面图，实属无奈之举。

本书在初稿时尚有"陕西古建筑营建的地域特征"一章，在深入写作之际方觉陕西地域差别之巨大，建筑特征内容之丰富，工匠建造技艺之复杂，鉴于篇幅所限，实无法展开详述，只得忍痛割爱，留待后续陕西古建筑研究著作再行论述。同时，受体例所限，仅能选取古建筑中的重点案例进行论述，并以书后附表的形式罗列出陕西古建筑的基本信息。尽管如此，仍未能将陕西古建筑的全貌加以展示，此乃本书之缺憾。

本书的编写离不开众多单位与个人的鼎力支持。特别感谢西安建筑科技大学建筑学院，为本书编写特意申请了无人机拍照设备经费。令人惋惜的是，自审批通过至设备购置历经坎坷，直到书稿尾声，无人机才正式投入使用。但仍在有限的时间内抢拍了陕西帝王陵墓以及部分古建筑群的高空鸟瞰照，为书中插图增添了亮点。

感谢古建筑专家刘临安教授对本书的认真审阅。

感谢西安摄影家李志萍女士，西安政法学院张小郁先生为本书提供的珍贵照片。

感谢咸阳市博物馆馆长王晓谋先生、王金花女士为本书提供的秦汉建筑构件实物照片。

感谢"十二五"国家重大出版工程《中国古建筑丛书》总编委对作者的信任和包容。

最后还要感谢那些可爱的博士、硕士研究生们，他们为本书的测绘与拍照，不辞辛苦奔波于陕西广袤的城镇与山乡之间，他们是：闫杰、崔文河、钱利、康渊、涂俊、师立华、陈聪、房琳栋、周蕾、赵雯迪、胡春霞、李冰倩、宋祥、张嫩江、赵普尧、刘冲、梁一航、陈迪、程华旸、曹俊华、李辉。

王军
2015年11月于西安建筑科技大学

作者简介

王军，男，1951年出生，汉族。现任西安建筑科技大学建筑与环境研究所所长、教授、博士生导师。近年来担任中国民族建筑研究会民居建筑专业委员会副主任委员、中国建筑学会生土建筑分会副理事长、住房和城乡建设部传统村落保护专家委员会副主任委员等学术职务。

长期以来从事地域文化与乡土建筑研究，在黄土高原、青藏高原人居环境研究领域获多项成果。近十年来主持完成了国家自然科学基金面上项目三项、"十一五"国家科技支撑计划课题两项、"十二五"国家科技支撑计划课题一项以及多项研究课题。2014年获青海省优秀工程设计一等奖。

结合科研课题项目，先后发表相关学术论文40余篇，出版《中国窑洞》、《西北民居》等学术专著，承担"十二五"国家重点出版计划图书《西北生态环境与乡土建筑系列丛书》（共5卷）主编。近年来指导的本科生、硕士生多次获得国内外设计竞赛奖项。2009年获宝钢教育基金优秀教师奖。2011年评为陕西省高等学校优秀共产党员。2012年评为陕西省师德先进个人。2013年获陕西省优秀博士论文指导教师奖。

李钰，男，1977年生，汉族。工学博士、城乡规划学在站博士后。西安建筑科技大学副教授，硕士生导师。研究方向为西北乡土建筑、乡村人居环境、传统村镇更新与保护。

先后主持国家自然科学基金青年项目"河西走廊乡村适宜性人居环境建设模式研究"，住建部项目"公共安全视野下黄土高原新型窑居聚落建设研究"，中国博士后科研资助项目"宁夏西海固地区乡村聚落空间转型模式及规划策略研究"，陕西省博士后科研资助项目"新型城镇化导向下陕南乡村聚落空间转型发展模式及规划引导策略研究"等多项研究课题。作为子课题负责人参与国家科技支撑计划三项，国家自然科学基金五项。

在此研究基础上，指导本科生获2007年陕西省土木工程类优秀毕业设计一等奖，指导硕士生获得"2015台达杯国际太阳能建筑设计竞赛"优秀奖。2013年获陕西省优秀博士论文奖。

迄今在国际、国内重要期刊以第一作者发表相关的学术论文十余篇。出版学术专著《陕甘宁生态脆弱地区乡村人居环境建设研究》，主编《建筑形态构成审美基础》教材1部。

靳亦冰，女，1976年生，汉族。工学博士，西安建筑科技大学副教授，硕士生导师。担任中国民族建筑研究会民居建筑专业委员会副秘书长、陕西省青年科技工作者协会副秘书长。主要研究方向为西北地区乡村人居环境研究、生态可持续建筑研究。

主持国家自然科学基金青年基金项目"农业转型期西北旱作区乡村聚落形态演进机制及营建模式研究（51208419）"，住建部项目"西北地区乡村新民居设计及清洁能源利用技术研究(2013-K1-18)"，陕西省自然科学基金"基于清洁能源利用的陕西乡村新民居营建技术体系研究"，陕西省教育厅项目（12JK0927）等相关研究课题。作为第二参加人参与国家十一五、十二五科技支撑计划四项，参与2011年度国家星火计划重大项目一项；作为主要参加人参与国家自然科学基金项目四项。结合科研方向指导研究生、本科生多次获奖。

迄今在国际、国内重要期刊，学术会议上以第一作者发表相关的学术论文十余篇，作为第二主编出版国家星火计划培训读本《绿色乡村社区设计及住宅建造技术》，作为副主编出版教材《建筑学专业业务实践》。